农民合作组织视角下
我国低碳农业发展机制研究

NONGMIN HEZUO ZUZHI SHIJIAO XIA
WOGUO DITAN NONGYE FAZHAN JIZHI YANJIU

杨　果◎著

人民出版社

目　录

绪　论

第一节　研究背景

　　伴随着世界经济规模的持续扩大和化石资源的过度消耗,大量温室气体排放到空气中,导致全球持续变暖、生态系统愈发脆弱和全球极端气候变幻无常,在此背景下低碳经济、低碳农业应运而生。联合国政府间气候变化专门委员会 (IPCC, 2007) 在其第四份环境综合评估报告中指出,全球地表的平均温度在1906—2005年的短短100年间增加了0.74℃,且最近50年间的全球增暖趋势攀升到每十年增加0.13℃,全球变暖趋势加快;农业成为温室气体的第二大排放源,占到人为总排放的13.5%,[1] 主要来自于农业生产过程中农膜、农业机械和农业灌溉所产生的二氧化碳 (CO_2) 及焚烧农业秸秆排放的二氧化碳、反刍动物和动物粪便释放的甲烷 (CH_4),化肥施用以及土壤释放的一氧化二氮 (N_2O) 和稻田释放的甲烷。[2] 联合国粮食及农业组织 (FAO) 指出全球农业活动造成的温室气体排放占到人为温室气体排放的14%,农业甲烷的排放占人为甲烷排放总量的47%,农业一氧化二氮排放占到人为排放的58%。据专家估算,中国农业温室气体排放占全国人为总排放的17%,其中农田的甲烷 (稻田)、一

---

　　[1]　IPCC, *Fourth Assessment Report of the Intergovernmental Panel on Climate Change*, Cambridge University Press, 2007, p. 42.

　　[2]　尚杰、杨果、于法稳:《中国农业温室气体排放量测算及影响因素研究》,《中国生态农业学报》2015年第3期。

氧化二氮、二氧化碳排放量分别为 589 万吨、78 万吨和 2.3 亿吨，动物的甲烷和一氧化二氮排放量为 1414 万吨和 19 万吨。《中国应对气候变化国家方案》指出，在全球变暖的大背景下，中国地表年平均气温在近百年间增加了 0.5—0.8℃，且近五十年的变暖趋势更加明显，1986—2005 年间中国连续出现 20 个全国性暖冬。据科学家预测，中国 2020 年的年平均气温将在 2000 年的基础上升高 1.3—2.1℃，而到 2050 年则会增加 2.3—3.3℃，未来中国的气候变暖形势不容乐观。

在全球持续变暖和极端气候变幻无常的大背景下，最先受到冲击且受冲击最大的就是农业。世界银行（WB）发布《2010 年世界发展报告：发展与气候变化》并指出，在应对全球气候变化带来的威胁时，发展中国家显得更为脆弱，将会承受 75%—80% 的气候变化的潜在影响，这主要是由于发展中国家对农业产业的依赖性更强，气候变化和生态恶化使得自然资源的压力持续增加，从而增大了农业管理的复杂性。英国于 2010 年发布《粮食 2030》指出，随着人口增加、经济发展和气候变化等问题的日益凸显，粮食安全面临重大挑战。中英"气候变化对中国农业的影响"合作研究小组指出，随着全国气温升高、水资源短缺、病虫害加剧和耕地面积减少，2050 年中国的粮食生产水平将会在 2000 年基础上下降 14%—23%。

我国是一个人口大国和发展中国家，根据全国第六次人口普查，可知当前农村人口占全国总人口的 50.32%。农业作为国民经济的基础产业，在国内生产总值（GDP）中占有相当大的比重，直接解决人们的温饱问题，对我国社会经济的发展与和谐起着至关重要的作用。我国的农业经济长时间按照粗放型经济的模式发展，农业生产高度依赖化肥和农药等，高投入、低产出、资源过度消耗、土壤退化、环境恶化等一系列问题困扰着我国农业发展。以化肥为例，2000—2011 年期间我国化肥施用量从 4146.4 万吨增加到 5704.2 万吨，而播种面积仅从 15630 万公顷增加到 16228.3 万公顷，平均增加了 0.09 吨/公顷（t/hm²）。因此，我国农业的发展亟须由高投入、高污染、高碳排放的发展模式向低污染、低碳排放、高效率和高碳汇的低碳农业发展模式转变。但是我国农业经营以家庭小规模为主，低碳农业技术、发展模式等推广难度大、成本高。伴随着农业产业化的推进和农村市场的发展，在大市场与小生产矛盾的不断撞击下，各地涌现出了一批不同类型的农民专业合作组织。农民专业合作组织的出现，提高了小农抗击农业风险的能力，提升了农产品的市场竞争力，但与此同时，对能源、资源等的需求量将会急剧膨胀，温室气体排放潜力必将释放出来。而这些变化，无疑为低碳农业的推行创造了新的契机。借助农民专业合作组织的力量，有效地整合农业资源，通过先进的生产技术增加农业碳汇、减少碳排放、转变农业发展方式，实现我国低碳农业发展，从根本上解决"三农"问题，进而推动社会主义新农村建设。

当然这种市场经济环境下的农民专业合作组织对低碳农业推进模式是否是一种可以广泛推演的模式，还是有待进一步探讨的问题，但这并不妨碍市场经济环境下的农民专业合作组织成为推进低碳农业发展的一种有效途径。现今我国对低碳农业发展的研究尚未形成系统的、完善的体系，政策也不够重视。大量高碳的农业活动还在进行，国家也并未对此制定出有力的规章制度进行管理，这使得低碳农业在我国的深入发展研究成为一个刻不容缓的问题。

第二节　研究目的与意义

一、研究目的

本书在前人研究基础上，参考国内外有关农民专业合作组织以及低碳农业的发展经验，基于农民专业合作组织的视角，对我国低碳农业发展机制进行深入研究。本书研究的主要目的如下：

第一，深入分析我国低碳农业发展面临的困境和迫切性，将具有特殊性的农民专业合作组织纳入我国低碳农业发展中，期望借助新的主体、新的激励和约束政策，实现低碳农业发展。

第二，通过演化博弈理论，构建农民专业合作组织、农民专业合作组织与地方政府及社会公众参与条件下的演化博弈，对各参与主体的决策行为进行深入研究，进而探寻农民专业合作组织对低碳农业发展的作用机理。

第三，构建以区域温室气体排放量、碳汇量和净碳汇量为指标的评价体系，量化分析我国农业温室气体的排放与碳汇情况；依据脱钩理论，分析我国农业经济发展与农业温室气体排放之间的关联度，以及农业发展和农业碳汇之间的耦合情况，以期找到我国农业经济发展对农业温室气体循环的作用；通过对农业温室气体循环的影响因素进行分解，为后续政策的制定提供依据。

第四，以规划机制、运行机制、激励机制、反馈控制机制为子机制构建我国低碳农业发展机制。以农民专业合作组织为核心，构建以区域、农民专业合作组织内部农业低碳化发展目标为导向的规划机制、以促进整个系统良性运行为前提的运行机制、以实现各主体积极参与形成发展联盟为初衷的激励机制、以信息反馈和信息系统构建及效率评价为主要内容的反馈控制机制，最终实现农民专业合作组织视角下我国低碳农业的发展。

二、研究意义

（一）理论意义

本书以农民专业合作组织为视角，提出了我国低碳农业发展的规划机制、运行机制、激励机制和反馈控制机制，对于我国农业由高碳向低碳化发展方式的转型有重要的理论指导意义，这主要体现在以下方面：

本书从机制设计的视角对低碳农业发展的微观参与主体及规划机制、运行机制、激励机制和反馈控制机制进行深入的研究，拓展了低碳农业及低碳经济理论的研究基础和范畴。同时，本书在机制的设计过程中注重整个机制的可操作性和适用性，这样有助于区域低碳农业发展微观主体的积极参与，进而为低碳农业发展机制开拓新的方法和视角。

低碳经济及低碳农业相关理论还处在发展之中，对低碳农业发展的相关理论和实践过程中涉及的一些关键的深层次问题研究相对较少，如低碳农业各个微观主体间的利益关系问题。这些主体能否形成发展联盟，是低碳农业发展目标实现的前提，而已有的国内外研究成果鲜有涉及此问题的。只有在社会公众的监督下，在激励和约束机制的导向下，地方政府、农民专业合作组织和农户才能形成发展联盟。本书通过演化博弈，分析各个参与主体的行为策略，以期为达到低碳农业发展联盟提供理论指导。

本书以农民专业合作组织为视角，同时考虑其余参与主体，对我国低碳农业发展机制进行设计。在此，将农民专业合作组织这一新的发展势力纳入低碳农业发展进程中，并作为主体的力量，这是现有研究鲜有的，通过本书的研究以期为我国社会主义新农村建设及农业可持续发展提供较为系统的理论指导和主体保障。

（二）实践意义

本书研究借助农民专业合作组织力量，把分散的农户集中起来推动低碳农业发展，对政府扶持农民专业合作组织的发展壮大，创新农业适度集约化、低碳化的发展模式，实现党的十八大关于"三农"问题的目标、推动社会主义新农村建设和农业可持续发展具有巨大的实践指导意义。

这是农业生产方式及经济发展方式转变的必然。由于现代农业发展过程中，农业面源污染使得生态环境恶化、农业资源不断减少，甚至枯竭，食品不安全问题困扰着人们的日常健康生活，这些问题使得农业可持续发展面临严峻形势，原有的单向线性的发展方式不得不发生转变。本书的研究以期找寻解决这些问题的关键所在，实现我国的农业生产和经营方式在本质上的转变。

这是解决"三农"问题的重要途径。"三农"问题的关键是实现美丽乡村、现代高效农业和富裕农民，而核心是农民的增收，根本是农业的持续发展。党的十八大提出要发展现代农业，增强农业的综合生产能力，发展多种形式规模经营，构建集约化、专业化、组织化、社会化相结合的新型农业经营体系。而近年来，农民专业合作组织迅速发展，逐渐成为我国农业发展的重要主体，本书以农民专业合作组织为视角，研究我国农业发展问题，对于实现我国高效、现代、绿色农业发展目标以及"三农"问题的缓解具有重要的现实意义。

这对于保障我国中长期的粮食安全具有重要的意义。农业资源有限且不断减少、人口众多使得我国粮食安全问题面临非常严峻的挑战。现代高碳农业在短期内可以保持土地的高产出，但是多取少予的经营模式使得土地肥力持续下降，中长期土地产出可能减少。而低碳农业发展模式可以改善农业生态环境、提升土壤肥力，对保障我国中长期粮食安全具有重要的实际意义。

第三节　国内外研究现状及评述

一、国外研究现状

（一）国外有关低碳农业的研究现状

为了控制温室气体的排放，延缓温室效应所带来的全球气候变暖，国外学者对低碳农业展开了大量的研究，主要集中在农业中碳源和碳汇的特性、低碳农业的必要性以及低碳农业的实现途径等。

1. 农业生态系统中的碳循环

农业是重要的碳源。自 2003 年英国首先提出低碳经济发展理念以来，产业低碳成为实现低碳经济目标的主要方式之一。联合国政府间气候变化专门委员会（2007）指出，被称作"石油农业"的现代农业是温室气体的第二大排放源，占人为温室气体排放总量的 13.5%，[1] 其中，非二氧化碳温室气体排放中的 60% 来自于农业领域。[2] 农业作为重要的温室气体排放源，成为国内外相关科学家的重点关注领域之一。国外学者对农业碳排放问题进行研究时，多集中在种植业和养殖业温室气体排放量的测算以及对两者的相对水平和不同类别温室气体内在结构关系的研究上，如：亨利（Henry，2006）等综合利用 DNDC 模型和 EFEM 模型估算了德国西南部农

---

[1]　IPCC, *Climate Change 2007: Mitigation of Climate Change*, London: Cambridge University Press, 2007, p. 23.

[2]　Steven K. Rose, "Non - CO$_2$ Greenhouse Gas Emissions Data for Climate Change Economic Analysis", *GTAP Working Paper*, No. 43, 2008.

业种植业和养殖业的温室气体排放，结果发现养殖业的温室气体排放密度
为种植业的两倍，达到了 2.6—3.4 兆克（Mg）等量二氧化碳/公顷
（CO_2/hm^2），平均值达到了 4.5 兆克等量二氧化碳/公顷，其中甲烷的排放
占到了 40%；[①] 世界观察研究所（2009）刊登了牲畜与气候变化报告，指
出牲畜及副产品造成的温室气体排放至少为 325.64 亿吨二氧化碳当量，占
全球温室气体总排放的 51%，超过了联合国粮食及农业组织先前估计的
18%。[②] 在农业非二氧化碳温室气体的种类研究上，国外学者较侧重对甲
烷的研究，其研究内容大多集中在水稻生产的甲烷排放、畜牧业反刍动物
的甲烷排放和化肥、农药等化学农业生产资料的过度使用造成的甲烷排
放。穆赫辛（Mohsin，2008）根据联合国政府间气候变化专门委员会的国
家温室气体清单方法及相关的已有研究估算了巴基斯坦的农业温室气体排
放状况，研究发现甲烷的排放量最大，主要源于反刍动物、水稻种植和畜
禽粪便等农业残留物，而肥料的固体化处理可以有效抑制甲烷的排放量。[③]

　　农业是重要的碳汇。这主要体现在农业的生产要素和产物上，如土
壤、草地、森林、固碳植物等。针对农业的碳汇功能，国外学者分别选取
了不同的研究区域和研究对象，对其进行研究分析，如：约曼等（Freibau-
er，2004）以欧洲农业生产过程为研究对象，对其农业生产和土壤固碳能
力的相关问题进行了分析，研究发现，农业对增加土壤碳库作用潜力很
大，应加快促使现代农业向低碳农业转型的步伐；[④] 托德等（Todd，2009）
研究了墨西哥的低碳农业发展状况，发现了可再生生物能源的利用对农业
碳排放的抑制有着突出的贡献。[⑤]

[①]　Henry Neufeldt, "Disaggregated Greenhouse Gas Emission Inventories from Agriculture via a Cou-
pled Economic – ecosystem Model", *Agriculture, Ecosystems and Environment*, No. 112, 2006.

[②]　Goodland R., Anhang J., "Livestock and Climate Change", *World Watch*, No. 11, 2009.

[③]　Mohsin M. Iqbal, "Greenhouse Gas Emissions from Agro – Ecosystems and Their Contribution to
Environmental Change in the Indus Basin of Pakistan", *Advances in Atmonpheric Sciences*, No. 6, 2008.

[④]　Freibauer A., Rounsevell M. D. A., Smith P., et al., "Carbon Sequestration in the Agricultural
Soils of Europe", *Geoderma*, No. 1, 2004.

[⑤]　Todd M. Johnson, Claudia Alatorre, Zayra Romo, Feng Liu, *Low – Carbon Development for
Mexico*, World Bank Press, 2009.

2. 低碳农业的必要性及其评价指标

低碳农业发展的趋势和必要性早在 20 世纪 80 年代就被国外学者所关注，布朗（Brown，1981）在《建立一个可持续发展的社会》（*Building a Sustainable Society*）中就表述了减少农业碳排放的问题，并提出和阐述了农业的可持续发展，即把可持续发展的思想引入农业中，创新农业组织生产方式，强调农业在满足当代人需要的同时不能危及后人的利益。[1] 然而，"低碳农业"作为一个词汇首次被政府部门正式提及却是在英国政府 2003 年出台的能源白皮书中。大量学者对其发展的必要性进行了论述，如：联合国粮食及农业组织估计，低碳农业系统可以抵消约 80% 的因农业生产过程导致的温室气体排放，发展低碳农业十分必要（朱小雯，2009）;[2] 威利（Willey，2007）等在低碳农业的既定目标下，提出了综合利用森林资源和农场的必要性及农业温室气体排放权交易的重要性;[3] 鲍德尔等（Poudel，2002）通过研究发现有机农业和低投入的农业生产方式使得土壤总矿化氮含量高于常规的农业生产方式，可以提升农业的可持续性和改善农业生态环境。[4] 伴随着低碳农业的概念和必要性的理论研究逐步完善，有学者注意到对于低碳农业发展状态的评价缺乏有力的依据，至此，国外学者开始把对低碳农业的研究重心放在其评价指标的选取和评价指标体系的构建上：经济合作与发展组织（OECD，2002）运用"脱钩"概念，通过研究经济发展、物质资料消耗以及生态环境之间的关系，分析环境压力状况，进而对区域经济模式的可持续性进行评价，最后通过整合能源、运输、制造业各部门以及农业实现低碳化发展。[5] 塔皮奥（Tapio，2005）提出了弹

---

① Brown L. R. , *Building A Sustainable Society*, New York：Norton & Co. , 1981.

② 朱小雯:《气候变化威胁粮食安全，低碳农业应运兴起》,《农村经济与科技》2009 年第 10 期。

③ Willey Z. , Chameides B. , *Harnessing Farms and Forests in the Low – Carbon Economy：How to Create , Measure and Verify Greenhouse Gas Offsets* , Duke University Press, 2007, p. 31.

④ Poudel D. D. , Horwath W. R. , *Our Energy Future：Creating a Low Carbon Economy*, Great Britain Parliament, House of Commons, Environmental Audit Committee, 2002, pp. 87—89.

⑤ OECD, *Indicators to Measure Decoupling of Environmental Pressure from Economic Growth*, Summary Report, OECD SG/SD, 2002, p. 68.

性脱钩理论，并对 1970—2001 年间的欧洲交通领域经济增长、运输量变化及温室气体排放之间和芬兰交通业脱钩情况进行了分析，结果表明在 20 世纪 90 年代欧盟十五国基本上处于脱钩状态。[①]

3. 低碳农业的实现路径

国外学者对低碳农业实现路径的研究主要集中在低碳农业生产技术研究和政府政策研究两方面，针对前者，相关研究数量不多，研究重心多为可再生生物燃料对化石燃料的替代技术、改善土壤碳汇功能的土地利用技术等，如：基思（Keith，1998）指出化石燃料的消耗与温室气体排放密切相关，通过农业领域的可再生生物燃料对化石燃料的替代，减少碳排放的潜力巨大，而且这些措施对提升土壤肥力、减少化肥施用以及增加农民收入等有巨大的促进作用，对农业的可持续发展有着巨大的指导意义；约翰（John，2006）以肯尼亚、塞内加尔、秘鲁为案例研究了农业土壤的碳收支对三国农业生态系统的可持续性和贫困农户的潜在影响，并提出了改善措施。[②] 针对后者，不同国家制定了各异的低碳农业发展支持政策，以实现现代农业向低碳农业的转变：巴西政府在 2010 年提出 "低碳农业计划"，旨在通过对农业经营者提供长期低息信贷，鼓励其采用免耕直播方式、农业轮作、扩大人造林等利于减少碳排放的农牧经营方式，巴西现在采用免耕直播技术的农田达到了 3000 多万公顷（吴志华，2012）。[③] 日本在 20 世纪 90 年代推行 "环境保全型农业"，建立新型的农业支持政策以确保农业的可持续发展。随着 2005 年《食物、农业、农村基本计划》的颁布实施，日本农业环境政策支撑体系形成，并在实施过程中因地制宜采取多种措施确保目标的实现（金京淑，2010）。[④] 德国历来重视农业环境的

---

① Tapio P. , "Towards a Theory of Decoupling: Degrees of Decoupling in the EU and the Case of Road Traffic in Finland between 1970 and 2001", *Journal of Transport Policy*, No. 12, 2005.

② John M. Antle, Jetse J. Stoorvogel, "Predicting the Supply of Ecosystem Services from Agriculture", *American Journal of Agricultural Economics*, No. 5, 2006.

③ 吴志华：《巴西：低碳农业助推可持续发展》，《农村·农业·农民（A 版）》2012 年第 9 期。

④ 金京淑：《日本推行农业环境政策的措施及启示》，《现代日本经济》2010 年第 5 期。

保护，为此德国制定了一系列的农业环境法规和农业生态补偿政策，使得德国在 1998—2003 年期间粮食增产 5% 的同时化肥的施用量减少 9%，同时农业氮的有效利用率在 1980 年基础上几乎提升了三倍多，达到了 70%—80%，推动了农业的低碳化、可持续化发展（万晓红等，2010）。[①]

（二）国外有关农民专业合作组织的研究现状

国外学者对合作组织的研究可追溯到 19 世纪 20 年代以后，农民专业合作组织经过长期的经营发展并不断地变革完善，成为许多国家不可或缺的经济组织之一。20 世纪 90 年代以后，农民专业合作组织理论研究成为经济学研究的一个新热点，有关国外对农民专业合作组织的研究，主要集中在农民专业合作组织发展的影响因素、治理问题以及对其治理机制等方面的研究。

1. 有关农民专业合作组织发展的影响因素研究

针对影响农民专业合作组织发展的因素研究主要集中在两个方面：一是对于农户参与农民专业合作组织决策的影响因素的研究；二是对于农民专业合作组织运行的影响因素的研究。研究发现，影响农户参与农民专业合作组织决策的因素包括很多方面，例如，农户自身特征（教育背景、年龄、收入、心理特点等）、农户拥有的农业生产资料状况（土地面积、机械化水平等）、经济利益的驱动等等，这些因素都会在很大程度上决定农户是否参与农民专业合作组织（露莎士等，Arayesh，2011）。[②] 农民专业合作组织的发展也在很大程度上取决于农户自身的行为和特征，如：祖斯曼等（Zusman，1994）采用纳什—海萨尼（Nash—Harsanyi）方法，建立均衡组织模型，探讨了群体行为对合作组织发展的影响；[③] 哈里斯（Harris，1996）、兰格（Lang，2011）指出农户自身的非经济特征，例如人们的感情、年龄、价值观等，对农民专业合作组织的垂直一体化的发展和管

---

① 万晓红、秦伟：《德国农业生态补偿实践的启示》，《江苏农村经济·月刊》2010 年第 3 期。

② Arayesh, Bagher, "Identifying the Factors Affecting the Participation of Agricultural Cooperatives Members", *American Journal of Agricultural and Biological Sciences*, No. 4, 2011.

③ Zusman P., G. C. Rausser, "Inter Organizational Influence and Optimality of Collective Action", *Journal of Economics Behavior and Organization*, No. 24, 1994.

理都存在极大的影响。[1] 而影响农民专业合作组织发展的因素除了农户自身的一系列特征外，还取决于组织整体的农业生产技术水平的革新，如富尔顿等（Fulton，2005）认为农业技术的创新直接影响着农民专业合作组织的生存和发展；[2] 葛瑞克赫森等（Gerichhausen，2007）指出农业发展过程中，新技术的出现，借助农民专业合作组织的力量，可以使农民更快更好地利用新技术，提高资源的利用效率，从而增加农民的收入。[3]

2. 有关农民专业合作组织的治理问题研究

罗耶（Royer，1999）认为，随着合作组织实践的发展，合作组织的治理难题主要源于内部成员的差异性，这是由于不同的成员有着不同的利益需要所造成的，而在追求共同利益时，他们的利益冲突问题则会显得更加严重。[4] 此外，合作组织内部的利益冲突问题，不仅存在于成员与成员之间，也存在于管理者与成员之间，同时由于合作组织内部成员受其自身年龄、资源禀赋、受教育程度等反面差异的影响，很难在合作组织内部协调成员与成员以及成员与管理者之间的利益冲突（约翰，2002）。[5] 除了组织内部各成员之间的利益问题外，很多学者还对组织内部的产权问题、投资问题、运营手段问题等一系列经济相关问题做了大量研究，如：道琼斯（Dow，2003）指出合作组织内部出现的信任问题，是由于"模糊定义的产权"，这些制约着合作组织的发展，甚至给合作组织的生存问题带来了严重的挑战；[6] 林恩（Lynn，2008）和富尔顿等（2009）都对合作组织内部

---

[1]　Harris, et al., "New Generation Cooperatives and Cooperative Theory", *Journal of Cooperatives*, No. 11, 1996. Lang Richard, Roessl Dietmar, "Contextualizing the Governance of Community Cooperatives: Evidence from Austria and Germany ", *Voluntas*, No. 5, 2011.

[2]　Fulton M. E., "The Future of Canadian Agricultural Cooperative a Property Rights Approach", *American Journal of Agricultural Economics*, No. 12, 2005.

[3]　Gerichhausen M., Berkhout E. D., Hamers H. J. M., et al., *Game Theoretic Approach to Analyse Cooperation between Rural Households in Northern Nigeria*, AAAE Conference Proceedings, 2007, p. 22.

[4]　Royer J. S., "Cooperative Organizational Strategies: A Neo – institutional Digest", *Journal of Cooperatives*, No. 14, 1999.

[5]　John R. Dunn, Anthony C. Crooks, Donald A., et al., "Agricultural Cooperatives in the 21st Century", *Cooperative Information Report 60*, *Washington D. C.*, No. 1, 2002.

[6]　Dow G., *Governing the Firm*, Cambridge: Cambridge University Press, 2003.

的产权结构问题做了研究，研究发现在合作组织内部剩余索取权和管理者决策控制权的冲突问题，是由于合作组织内部不明晰和多样化的产权结构设计造成的，[1] 且产权问题和管理者水平高低问题、投资结构、资本缺乏问题共同影响着合作组织的重组、失败或者变迁。[2] 德莱瓦斯（Drivas，2010）运用博弈理论，通过构建一个关于产品质量的事前价格竞争、消费者行为以及事中价格竞争、事后价格竞争的三阶段模型，对农民专业合作组织的运行模式和技术创新管理问题进行了研究，目的是为了提升产品的创新能力和改善产品的质量。[3]

3. 有关农民专业合作组织治理模式的研究

只采用机会主义的行为或者通过交易成本等来说合作组织的存在形式是否合理是不准确的，不同地域的制度以及历史背景对应的是不同类型的合作组织治理模式（莫拉特，Moulaert，2005）。[4] 国外学者对不同类型的农民专业合作组织治理模式的研究主要是从两个角度开展的：第一，吸引组织内部成员投资的角度，采用不安全契约理论对组织内的产权的重要性进行剖析，如约翰（John，2011）总结多年对合作组织的管理经营经验，指出合作组织成员角色的不同，使得合作组织不同于其他商业组织，合作组织内部的成员可以是管理者，因此其成员的忠诚和信任是合作组织成功的关键所在。[5] 第二，从合约的角度对影响合作组织的治理模式进行深入的分析（亨德里克斯等，Hendrikse，2001）。[6] 如：比乔曼（Bijman，

---

[1] Lynn Pitman, "Valuing Your Coop Meeting Weighs Value of Coops in Fast – changing Business Climate", *Rural Cooperatives*, No. 1, 2008.

[2] Fulton M. E, Hueth B., "Cooperative Conversions, Failures and Restructurings: An Overview", *Journal of Cooperatives*, No. 3, 2009.

[3] Drivas K., Giannakas K., "The Effect of Cooperatives on Quality – enhancing Innovation", *Journal of Agricultural Economics*, No. 2, 2010.

[4] Moulaert F., Nussbaumer J., "Defining the Social Economy and its Governance at the Neighborhood Level: A methodological Reflection", *Urban Studies*, No. 42, 2005.

[5] John Dilland, "The Most Important Things I Learned about Running a Coop", *Rural Cooperatives*, No. 1 – 2, 2011.

[6] Hendrikse G. W. L., Veerman C. P., "Marketing Cooperatives: An Incomplete Contracting Perspective", *Journal of Agricultural Economics*, No. 1, 2001.

2006）指出合作组织的治理结构，主要是为了解决保护和协调两类问题。交易频率、不确定性和相互依赖决定了合作社存在着保护问题；资产专用性、计量的困难决定了合作社必然存在着协调问题。因此，需要通过协调机制、合约机制、社会机制和产权安排来解决这两个问题。[1]

二、国内研究现状

（一）国内有关低碳农业的研究现状

虽然国内对于低碳农业的相关研究起步较晚，但是通过相关学者的努力，对其进行了一定的思考和前期探索，也取得了一定的研究成果。我国对低碳农业的研究主要集中在农业碳源与碳汇、低碳农业概念的阐述及其必要性、低碳农业的评价指标、低碳农业发展机制等的问题研究。

1. 关于农业碳源与碳汇的研究

国内学者对农业碳源与碳汇功能的研究，较国外起步稍晚，研究内容主要集中在农业碳排放的来源和测算、农业碳循环的主导功能评价以及对农业碳汇功能的提升对策上。在农业碳排放来源和测算问题研究中，蔡松锋（2011）等研究了我国农业领域的非二氧化碳温室气体排放状况，发现我国农业非二氧化碳温室气体主要来自于反刍动物和水稻种植；[2] 王平（2009）运用甲烷 MOD 参数法估算了我国 1955—2005 年间水稻田的甲烷排放状况和时空规律；[3] 闵继胜等（2012）对中国的农业温室气体排放进行了测算，结果发现全国农业温室气体排放一直在波动上升，从全国农业温室气体排放的地域特征看，湖南、河南、山东等农业大省的农业温室气体排放量一直居于全国前列。[4] 在农业碳循环的主导功能评价研究中，学

① Bijman J. , "Governance Structures in the Dutch Fresh Produce Industry, in Christien Ondersteijn and Jo Wijnands", *Quantifying the Agri - Food Supply Chains*, No. 9, 2006.

② 蔡松峰：《中国农业源非二氧化碳类温室气体减排政策研究》，中国农业科学院，硕士学位论文，2011 年。

③ 王平：《基于模型和 GIS 技术估算 1955—2005 年中国稻田甲烷排放》，南京农业大学，博士学位论文，2009 年。

④ 闵继胜、胡浩：《中国农业生产温室气体排放量的测算》，《中国人口·资源与环境》2012 年第 22 期。

者选取不同的研究范围,从整体与部分两个角度出发,验证了我国农业的主导功能为碳汇功能,如:刘允芬(1995)研究了我国农业碳循环,对一定时间范围内碳的吸收、排放、固定和转移量进行估算,进而绘制全国农业生态系统碳循环框图。结果发现,无论是我国农业的现有碳循环系统状况还是在气候不断变化后的状况,我国农业系统的碳吸收量都大于碳排放量,农业领域是一个巨大的碳汇,而不是碳源;① 马涛(2011)对上海市多年的农业领域的碳吸收及碳排放进行了测算,发现随着上海及周边地区耕地的不断减少,碳汇能力在逐渐地弱化,但是上海农业仍是一个巨大的碳汇,数量达到了380万吨/年。② 针对提升农业碳汇功能的研究,目前并不多见,谢淑娟等(2010)研究了我国农业的碳汇状况,并提出了发展农业碳汇的六种途径和针对农业碳汇政府需采取的六条措施,包括技术改良、将农业碳汇融入碳交易市场体系,并激励广大农户参与低碳农业发展等。③ 此外,吴贤荣等(2014)、张明洁等(2014)、程红等(2011)、夏庆利(2010)、梁龙等(2011)相关专家学者分别对中国不同省域和地市的农业碳排放量及排放强度进行了测算,从理论和实证方面研究了我国农业碳排放的地域特征状况。④

2. 有关低碳农业概念的阐述及其必要性

高文玲等(2011)指出低碳农业是在应对全球气候变化的大背景下产生的,是一种必然选择,提出了低碳农业的内涵进而阐述了低碳农业的价

---

① 刘允芬:《农业生态系统碳循环研究》,《自然资源学报》1995年第1期。

② 马涛:《上海农业碳源碳汇现状评估及增加碳汇潜力分析》,《农村环境与发展》2011年第5期。

③ 谢淑娟、匡耀求、黄宁生:《中国发展碳汇农业的主要路径与政策建议》,《中国人口·资源与环境》2010年第12期。

④ 吴贤荣、张俊飚、田云、李鹏:《中国省域农业碳排放:测算,效率变动及影响因素研究——基于DEA - Malmquist指数分解方法与Tobit模型运用》,《资源科学》2014年第1期。张明洁、李文韬、张京红、黄海静、车秀芬:《海南省农业温室气体排放核算研究》,《中国人口·资源与环境》2014年第3期。程红、高建中:《发展以秸秆还田为对象的农业碳汇项目的SWOT分析——以宝鸡市为例》,《安徽农业科学》2011年第31期。夏庆利:《基于碳汇功能的我国农业发展方式转变研究》,《生态经济》2011年第10期。梁龙、杜章留、吴文良、孟凡乔:《北京现代都市低碳农业的前景与策略》,《中国人口·资源与环境》2011年第2期。

值表现，即低碳农业是以减缓温室气体排放为目标，以减少碳排放、增加碳汇和适应气候变化技术为手段，通过加强基础设施建设、调整产业结构、提高土壤有机质、发展农村可再生能源等，促进农业生产和农民生活方式转变，实现高效率、低能耗、低排放、高碳汇的农业发展模式。①

此外，王昀（2008）、罗吉文等（2010）、王松良等（2010）、赵其国（2011）、徐庆国（2010）、孙超（2010）等专家和学者从不同的角度（生态角度、经济角度、低碳角度等）对低碳农业的内涵、特征进行了描述，推动了低碳农业相关理论的研究热潮。② 在发展低碳农业的必要性方面，郭新梅（2010）研究了黑龙江省的农业发展状况，提出处于转型期的黑龙江省农业要巩固商品粮基地地位，低碳农业势在必行。③ 此外，刘兆征（2009）、何蒲明（2012）、马友华（2009）等相关的学者和专家从我国农业发展现状出发，对我国发展低碳农业的必要性进行了论证。④

3. 低碳农业的评价指标研究

国内学者对于低碳农业的评价指标研究由来已久，并且取得了一定成果。该类研究多是以不同的理论为基础、选取不同的视角来进行不同层次的评价指标体系的构建，并借助评价指标体系对研究区域的低碳农业发展现状进行评价。在低碳农业评价指标的构建上，黄祖辉等（2009）以劳动产出率、土地产出率和资源利用率为核心构建了基于资源利用效率的评价

---

① 高文玲、施盛高、徐丽、卞新民：《低碳农业的概念及其价值体现》，《江苏农业科学》2011 年第 2 期。

② 王昀：《低碳农业经济略论》，《中国农业信息》2008 年第 8 期。罗吉文、许蕾：《论低碳农业的产生、内涵与发展对策》，《农业现代化研究》2010 年第 6 期。王松良、C. D. Caldwell、祝文烽：《低碳农业：来源、原理和策略》，《农业现代化研究》2010 年第 5 期。赵其国、黄国勤、钱海燕：《低碳农业》，《土壤》2011 年第 1 期。徐庆国、刘红梅、黄丰：《低碳农业与可持续发展探讨》，《作物研究》2010 年第 4 期。孙超：《关于低碳农业的几点思考》，《农业经济》2010 年第 8 期。

③ 郭新梅：《黑龙江省发展低碳农业的必要性研究》，《农场经济管理》2011 年第 11 期。

④ 刘兆征：《我国发展低碳经济的必要性及政策建议》，《中共中央党校学报》2009 年第 6 期。何蒲明：《我国发展低碳农业的必要性、前景与对策分析》，《农业经济》2010 年第 1 期。马友华、王桂苓：《低碳经济与农业可持续发展》，《产业观察》2009 年第 8 期。

指标体系,并以浙江省农业为例构建了县域层次和农户层次的评价指标体系。[1] 还有大量学者在构建指标体系的基础上,对研究区域的低碳农业发展现状进行评价,如:伍国勇等(2012)以贵州省为例,运用全要素生产率分解理论,以投入产出为视角,构建了低碳农业评价指标体系,并采用马尔奎斯特(Malmquist)生产率指数对贵州省相对落后地区的低碳农业发展状况进行了评价;[2] 骆旭添等(2011)以闽北地区南平市炉下镇为例,采用 AHP 法、Delphi 法和 FCE 评价法相结合,通过指标筛选、权重确定和指标值的计算,构建了一个 3 层 20 个指标的低碳农业效益的综合评价指标体系,并对炉下镇低碳农业综合效益进行评价,结果表明,该地区的低碳农业的综合效益为 0.7239,效果良好,生态效益达到了 0.6982;[3] 张海英(2011)以江西省作为案例,把层次分析法和综合评价模型相结合,对江西省 2000—2009 年的相关数据进行整理,并对影响江西省低碳农业发展的主要因素运用 STIRPAT 扩展模型进行分析,结果发现江西省低碳农业质量在逐步提升,但是整体水平较差,发展呈现阶段性的特征。[4]

4. 低碳农业发展机制研究

国内学者对低碳农业发展的已有研究,多集中在其发展路径及模式选择上,针对低碳农业发展机制的研究相对较少。赵其国等(2011)认为低碳农业发展机制应着重从完善相关法律法规、转变农业增长方式、大力依靠科技进步、民众广泛参与和建立碳市场五个方面入手。[5] 但从研究内容上看,已有对低碳农业发展机制的研究多是选取机制设计的某一方面或环节来进行的,如:虞洪(2012)对低碳农业发展机制框架中的利益驱动机

① 黄祖辉、林本喜:《基于资源利用效率的现代农业评价体系研究——兼论浙江高效生态现代农业评价指标构建》,《农业经济问题》2009 年第 11 期。

② 伍国勇、马俊丽、白玉、陆安霞:《基于投入型 Malmquist 生产率指数的低碳农业评价方法与应用——以贵州为个案》,《农村经济与科技》2012 年第 10 期。

③ 骆旭添、吴则焰、陈婷、林文雄:《闽北地区低碳农业效益综合评价体系的构建与应用》,《中国生态农业学报》2011 年第 6 期。

④ 张海英:《江西省低碳农业发展质量评价及影响因素分析》,南昌大学,硕士学位论文,2011 年。

⑤ 赵其国、黄国勤、钱海燕:《低碳农业》,《土壤》2011 年第 1 期。

制进行了研究，旨在增强我国发展低碳农业的内在动力；[①] 张开华等
（2012）对我国低碳农业发展机制框架中的支持机制进行了研究；[②] 张艳等
（2011）将碳金融引入我国低碳农业的发展中，研究了两者的良性互动机
制；[③] 齐振宏等（2010）以发展低碳农业的重要载体低碳农业生态产业链
为研究对象，通过对其共生耦合发展机制的探析，间接地分析了低碳农业
的发展机制，包括资源循环利用机制、生态价值补偿机制和利益合作与风
险分享机制。[④] 从研究视角来看，现有研究多是从宏观视角即政府政策保
障机制角度出发的，如大量学者研究了政府出台的绿色信贷政策、财政税
收支撑体系、土地流转制度、生态补偿机制等在低碳农业发展机制设计和
运行中的作用；[⑤] 从微观层面即农户视角出发的研究相对较少，且研究内
容多集中在农户对低碳农业生产技术支持体系的采纳和意愿分析上，如祝
华军等（2013）、冯俊等（2015）通过分析实证调查数据，对农户采用低
碳技术的意愿和采纳行为进行了研究。[⑥]

（二）国内有关农民专业合作组织的研究现状

20 世纪 80 年代中期以来，随着农民专业合作组织迅速地兴起和发展，
国内相关学者也开始关注农民专业合作组织的发展和建设，该研究日益上
升为经济学的一个研究热点，与此相关的理论研究也不断增加，研究主要

[①] 虞洪：《低碳农业的利益驱动机制》，《农村经济》2012 年第 6 期。

[②] 张开华、陈胜涛：《试论低碳农业发展的支持机制》，《中南财经政法大学学报》2012 年
第 1 期。

[③] 张艳、漆雁斌、贾阳：《低碳农业与碳金融良性互动机制研究》，《农业经济问题》2011
年第 6 期。

[④] 齐振宏、王培成：《博弈互动机理下的低碳农业生态产业链共生耦合机制研究》，《中国科
技论坛》2010 年第 11 期。

[⑤] 张燕、施圣杰：《助推低碳农业发展的绿色信贷法律制度分析——以金融机构践行赤道原
则为基础》，《农业现代化研究》2013 年第 6 期。张雪凤：《我国低碳农业发展及财政税收支持路
径探析》，《河南农业科学》2013 年第 8 期。陈卫洪、漆雁斌：《土地利用形式对发展低碳农业的
影响分析》，《农业技术经济》2012 年第 5 期。张新民：《农业碳减排的生态补偿机制》，《生态经
济》2013 年第 10 期。

[⑥] 祝华军、田志宏：《稻农采用低碳技术措施意愿分析——基于南方水稻产区的调查》，《农
业技术经济》2013 年第 3 期。冯俊、王爱民、张义珍：《农户低碳化种植决策行为研究——基于
河北省的调查数据》，《中国农业资源与区划》2015 年第 1 期。

集中在以下几个方面：

1. 农民专业合作组织产生的必要性的相关研究

国内相关学者从不同的视角对该问题进行了大量的研究。从国家农业经济健康发展的角度，白立忱（2005）指出农民合作经济组织是市场经济发展的必然趋势，是促进经济与社会协调稳定发展的重要力量。[①] 从节约交易成本的角度，尤庆国等（2007）认为农民专业合作组织相对于其他组织来讲，其自身具有节约交易成本的独特优势，可以大量节约合作组织内部的内生交易费用。[②] 从经济学的角度，何昌清等（2011）指出农民专业合作组织，是建立在家庭联产承包责任制基础上的一种崭新的农业经营组织形式，它的迅猛发展是源于农民在新时期对经济利益的诉求；[③] 王孝莹等（2006）基于"智猪博弈"，认为农民专业合作组织是在合作各方的需求基础上建立起来的，其目的是满足相互各方的利益。[④] 从农业发展的角度，夏英（2001）指出分散的小农经营影响了农业现代化的进程，农民合作经济组织的发展，成为农民可以依赖的经济组织，是链接企业和农户之间的纽带，在政府与农户之间起到了桥梁的作用。[⑤] 从生态学的角度，钟春燕等（2012）以北京市农业发展为切入点，研究了农民专业合作组织对该地区循环农业发展的推动效应，发现农民专业合作组织可以联系分散农户，起到宣传推广循环农业的理念和技术、解决循环农业产品的销售、保障农民与政府之间的沟通等作用，其大力发展对于促进我国农业的生态、低碳转型十分必要；[⑥] 费广胜（2012）研究发现，农民专业合作组织的价

① 白立忱：《社会主义市场经济的必然产物——关于发展合作经济的一些思考》，《求是》2015 年第 1 期。

② 尤庆国、林万龙：《新农村建设中专业合作组织的作用及发展对策》，《山东工商学院学报》2007 年第 1 期。

③ 何昌清、龙绍飞、马培华：《农民专业合作经济组织的发展分析——基于经济学视角》，《中国市场》2011 年第 26 期。

④ 王孝莹、张可成、胡继连：《农户生产合作博弈模型》，《运筹与管理》2006 年第 3 期。

⑤ 夏英：《农村合作经济：21 世纪中国农业发展的必然选择》，《调研世界》2001 年第 9 期。

⑥ 钟春艳、周连第、郝利：《以农民合作组织推动北京循环农业的发展》，《软科学》2012 年第 1 期。

值取向与生态文明价值理念十分契合，是农村生态文明建设的重要基础和支柱力量。①

2. 农民专业合作组织与政府间关系的相关研究

农民专业合作组织与政府之间的关系研究主要集中在两个方面：第一，农民专业合作组织在政府执政中充当的角色；第二，政府在农民专业合作组织发展中所起的作用。针对前者，张建桥（2005）指出农民专业合作组织与政府间的关系决定了农村改革与发展的方向，这是由我国农村改革的实质，即调整中央政府、地方政府与农民、企业的依赖、合作、博弈关系，使其不断地适应生产力发展的需要所决定的；② 喻国良（2008）认为政府与农民专业合作组织之间存在着互动关系，农民专业合作组织的产生和发展符合各级政府的实际需要，有助于政府农业产业政策的实施，同时地方政府可借助于农民专业合作组织的天然优势，有效地降低行政成本，并促进政府目标的实现。③ 对于政府在农民专业合作组织发展中所起作用的相关问题研究，谢鑫（2012）研究了我国农村基层政权与农民专业合作组织的相互关系，提出了农村基层政权参与农民专业合作组织发展的形式以及应注意的问题；④ 研究认为，农户参与政治的水平以及政府角色的合理定位，影响着农民专业合作组织的发展，因此政府应做到"全力扶持，适当干预"的原则（卓成霞，2009）；陈楠（2014）的研究也支持了上述观点，认为农民的有限理性会束缚农民专业合作组织的发展壮大，为适应我国自上而下的制度体系，满足农民自身的需要，要发展以政府为主导、农民为主体的农民专业合作组织。⑤

---

①　费广胜：《农村生态文明建设与农民合作组织的生态文明功能》，《农村经济》2012 年第 2 期。

②　张建桥：《当代中国乡村改革的动力与进程——中央、地方与农民三方博弈关系》，见 www. xschina. org/ show. php? id =4008。

③　喻国良：《农民合作经济组织与政府关系的研究》，《中国集体经济》2008 年第 1 期。

④　谢鑫：《农民合作组织与农村基层政权互作关系分析》，《农业经济》2012 年第 9 期。

⑤　卓成霞：《政治学视角下的农民合作组织考察——以吴湾村为例》，《东岳论丛》2009 年第 11 期。陈楠：《农民合作经济组织发展中的政府作用机制分析》，《中国农机化学报》2014 年第 4 期。

3. 农民专业合作组织的发展模式研究

关于农民专业合作组织发展模式的研究，袁迎珍（2006）提出我国应发展"诱导型、渐进性、差异化"的农民合作模式，[1] 但对此问题，学术界存在着不同的观点和想法，其研究的角度也存在很大差异。从农民专业合作组织发展的参与主体角度，李晓宇等（2008）提出了我国农民专业合作组织的四种发展模式，分别为企业主导型、政府主导型、自我管理型和混合一体型发展模式，并且根据四种模式的不同特点和发展趋势，提出了相应的对策建议，推动我国农民专业合作组织的发展；[2] 高伟（2004）指出市场诱导型和政府强制型的农民合作化发展模式都是不合理的，农民专业合作组织要吸纳优点，摒弃缺陷，发挥自身的优势，走出一条由农民自愿为基础、政府诱导型的农民合作化的发展道路。[3] 从农民专业合作组织的自身条件角度，易远宏（2010）指出要因地制宜，充分发挥区域的比较优势，在充分考虑我国资源禀赋、资产专用等相关因素的基础上，发展具有中国特色的混合模式的农民专业合作组织。[4] 从农业专业合作组织的类型角度，欧阳慧（2012）把农业分为抵挡商品农业部门和正常商品农业部门两种类型，并阐述了两类农业部门面临的困境，进而指出建立在这两类不同农业类型之上的合作组织的创办基础和职能都有所不同，最后对两类农民专业合作组织各自不同的发展模式进行了分析。[5]

三、国内外研究现状评述

通过梳理国内外关于低碳农业的相关研究，发现国内有关低碳农业的研究相对较少，但是随着对全球变暖等问题的持续关注和农业可持续发展问题的日益重视，低碳农业的相关研究在今后将会不断得到加强。整理现

---

① 袁迎珍、郝永翔：《论中国经济定型的目标与条件》，《经济问题》2006 年第 6 期。
② 李晓宇、张明玉：《我国农村专业技术合作组织发展模式研究》，《管理现代化》2008 年第 2 期。
③ 高伟：《我国发展农村合作经济组织的必要性和模式选择》，《实事求是》2002 年第 5 期。
④ 易远宏：《农民专业合作经济组织发展模式理论分析》，《商业时代》2010 年第 22 期。
⑤ 欧阳慧：《两类农民合作经济组织不同发展模式研究》，《经营管理者》2012 年第 5 期。

有国外关于低碳农业的研究主要集中在低碳农业本质阐释和低碳农业具体技术措施方面。在低碳农业的本质上，国外强调了低碳农业是低碳经济的一部分，森林和土壤的碳汇功能成为低碳经济的重要组成部分。在低碳农业的具体措施及实现路径上，国外注重建立低碳农业的相关法律法规体系，减少化肥、农药等农业化学生产资料的使用，提升资源利用效率，发展精准农业。此外，很多学者也从改善农业生产方式、将农业碳汇融入碳交易体系等方面进行研究，这些研究为低碳农业的发展奠定了理论基础。整理国内关于低碳农业的相关文献发现，低碳农业研究与实践尚处在初级阶段，主要集中在低碳农业概念阐述、区域低碳农业发展状况、低碳农业发展的必要性、低碳农业发展的制约因素、低碳农业发展模式与实现路径、低碳农业对策等方面，但是都比较笼统，还处在学习、借鉴国外经验的状态。

通过梳理国内外有关农民专业合作组织的相关文献，发现农民专业合作组织发源并盛行于西方发达市场经济国家，因此，有关农民专业合作组织的实践和研究，在这些国家相对比较多也比较领先，主要体现在其农民专业合作组织形式以及管理模式的领先，同时也体现在研究的全面和深入。虽然国外专家学者对农民专业合作组织的研究取得了一定的成果，但大多集中在对农民专业合作组织的影响因素、组织治理问题以及发展机制等方面的探讨。这些研究对于我国起步较晚的农民专业合作组织来讲，有一定的借鉴意义。我国目前对农民专业合作组织的研究，主要集中在农民专业合作组织的必要性、农民专业合作组织与政府间的关系以及农民专业合作组织的发展模式和实现路径等方面的研究。2007年《中华人民共和国农民专业合作社法》颁布实施，加快了我国的农民专业合作组织的发展步伐，但在理论研究方面，缺乏农民专业合作组织内部管理模式、发展机制等研究。

综上所述，国内外学者针对低碳农业发展以及农民专业合作组织已展开了大量研究，并取得了一定成果，但仍存在不足和有待进一步研究的地方。主要体现在：一是关于低碳农业发展的已有研究，其研究内容主要集中在对低碳农业概念及必要性、低碳农业的评价指标、低碳农业的发展模式及实现路径的研究上，针对低碳农业发展机制的研究较少，且研究多选取了发展机制的某一方面，缺乏系统性。二是已有的低碳农业发展机制研究，多是对发展机制的设计、运行机理及效果评价等相关内容体系的研究，对其相关主体（政府、农户、涉农企业等）在机制中的作用研究较少。三是从低碳农业发展主体角度出发对低碳农业发展机制的研究，一般是从政府角度出发分析机制的设计与运行，从农户角度出发的低碳农业发展机制研究较为缺乏，农民专业合作组织作为我国农村经济发展的主力军，在参与低碳农业发展中的作用、参与方式以及发展机制方面的相关研究更是凤毛麟角。鉴于此，本书将研究重点放在我国低碳农业发展的具体实践方式上，选取农民专业合作组织作为研究视角，充分分析农民专业合作组织在低碳农业发展中的作用机理，并在此基础上探讨我国低碳农业发展的机制，以期为我国农业的可持续发展和相关部门的决策行为提供理论支持。

第四节　研究方法和技术路线

一、研究方法

（一）文献综述与实际调查相结合

本书首先对国内外低碳农业、农民专业合作组织等理论文献进行梳理研究，在充分了解国内外研究成果与方法的基础上，重点关注低碳农业及农民专业合作组织与低碳农业作用机理方面的文章、研究报告等研究资料，为本书的研究奠定良好的理论基础。同时，通过实地的调研，掌握一手资料，使得本书尽可能地翔实。

（二）数据收集与处理

在调研基础上，通过各种途径获取我国不同区域低碳农业发展的翔实数据，并通过统计图表、文字等进行定量分析和定性描述，了解我国总体的低碳农业发展状况和区域状况，并进行归纳比较相同与差异之处，为以后的分析打好基础。

（三）数理分析与模型构建

构建以区域农业温室气体排放总量、碳汇量和净碳汇量为指标的农业温室气体评价指标，对我国的农业产值和碳排放进行脱钩分析，对农业碳汇和农业产值增长进行耦合分析，基于数据包络分析法测算我国区域农业碳效率，通过 GM（1，1）预测模型分析中期我国农业温室气体排放状况，为农业温室气体减排目标的设定奠定基础，结合机制设计理论和委托—代理理论等相关理论，构建低碳农业发展机制。

（四）系统分析和比较分析

用系统的观点研究以农民专业合作组织为视角的低碳农业发展，探析政府、农民专业合作组织、农户和社会公众等众多主体之间的利益关系，从规划机制、运行机制、激励机制、反馈控制机制角度进行综合的研究。同时，运用数据包络分析法，根据农业碳效率将我国农业发展分为高效率区、中效率区和低效率区，并因地制宜设定农业温室气体的减排和农业碳汇发展目标。

二、技术路线

首先，通过文献整理、资料搜集和实地调研，掌握关于低碳农业发展、农民专业合作组织以及二者相结合的翔实资料，然后确定本书的研究目的、研究思路、研究方法和研究内容。其次，对我国低碳农业发展现状及其水平进行分析，并结合农民专业合作组织对低碳农业发展的作用机理，对基于农民专业合作组织视角的低碳农业发展机制框架思路进行设计。最后，在农民专业合作组织的视角下，对我国低碳农业发展机制进行详细的设计。

第一章　主要概念界定和相关理论基础

　　本章首先对与研究内容相关的主要基础概念进行了阐释和界定，包括低碳农业、农民专业合作组织、规划机制、运行机制、激励机制和反馈机制；在对农民专业合作组织概念界定的基础上，对农民专业合作组织与低碳农业发展之间关系做了初步分析，表明农民专业合作组织是促进低碳农业发展以实现农业发展和农业温室气体排放绝对脱钩，实现农村经济、社会和环境效益协调统一的主要作用主体。其次，详细地介绍了农民专业合作组织视角下低碳农业发展机制的相关基础理论，包括低碳经济理论、演化博弈理论、机制设计理论和委托—代理理论，为后文研究的开展奠定了理论基础。

第一节　主要概念界定

一、低碳农业

　　低碳农业的概念是伴随着低碳经济发展思路被提出的。英国政府在2003 年的《我们能源的未来：创建低碳经济》报告中，首次提出了"低碳经济"，并将其做了阐释：以低污染、低能耗为特征的生态经济模式。产业低碳化是实现低碳经济的重要途径，农业作为一个重要的碳汇，农业低碳化发展成为产业低碳化发展的重要组成部分。

　　目前在学术界还没有形成准确统一的概念。低碳农业的低碳主要体现在以下方面：间接减排，即减少农业生产对化肥等工业用品的依赖；直接减排，减少不合理生产方式和动物排放等农业废弃物的碳排放；碳汇作用，主要指的是森林植被、农作物、草原和土壤等的碳吸收。[①] 因此，低碳农业具有"低排放、低投入、高碳汇、高效率"的特征，是一种多功能的新型高效农业。[②] 本书认为，低碳农业是一种减少农业领域碳排放的农业经济发展模式，就是要对现有的农业经济发展模式进行低碳化改造，以技术进步减少农业生产活动中的化学产品应用、采用合理的耕作和饲养方式、综合利用和处理农业废弃物、发挥农业碳汇功能，实现传统"高碳"经营模式的低碳化并增强农业的碳汇能力。发展低碳农业要求统筹社会效益、经济效益和环境效益，实现农业经济向低能耗、低排放、高效率和高碳汇模式转变，推动农业的可持续发展。[③]

　　研究以往已有相关文献发现有些专家把低碳农业的概念混淆了，把低碳农业和循环农业、生态农业、有机农业、绿色农业等同起来，相关概念混淆不清。循环农业、生态农业、有机农业和绿色农业都属于环境友好型农业模式，但是低碳农业和这些模式存在着很大的区别。循环农业突出农业领域的减量化、再利用和再循环，侧重农业领域资源和废弃物的资源化再利用；生态农业针对整个农业生产体系，以生态经济学原理为指导实现农业资源、环境、效率的协调统一；有机农业强调遵循自然规律和有机农业生产标准，不得采用化学合成物质和转基因技术；绿色农业侧重绿色农产品的生产、加工和销售；低碳农业则侧重于减少碳排放、增加碳汇和应对全球变暖。它们都是要把高消耗、高排放和低效率的农业模式转变为低消耗、低排放和高效率的模式，实现农业的可持续发展。

二、农民专业合作组织

　　农民专业合作组织的诞生是源于我国 20 世纪 80 年代开始的农村经济体制改革，依托统分结合的家庭联产承包责任制和发达的商品经济，是市

---

　　① 王青、郑红勇、聂桢祯：《低碳农业理论分析与中国低碳农业发展思路》，《西北农林科技大学学报（社会科学版）》2012 年第 3 期。

　　② 徐威威、马晓旭：《江苏省低碳农业发展的 SWOT 分析》，《经济研究导刊》2011 年第 12 期。

　　③ 魏超儒：《发展低碳农业实现可持续发展》，《科学咨询》2012 年第 1 期。

场经济的产物，也是农民改革和创新的产物。农民专业合作组织具有为农民参与公共政治生活提供载体、提升农业资源有效整合和农民收益水平、推动农户对生态文明理念的认知和对农业绿色生态生产技术的应用等社会功能、经济功能和生态功能。[1] 随着社会主义新农村建设的推动，农民专业合作组织日益得到国家和社会的关注与支持，发展迅速，[2] 大致经历了由民间自发、零散的农民技术互助组织逐渐拓展到农业产前、产中和产后等其他农业生产服务领域的发展过程。

由于农民专业合作组织的迅猛发展，我国于 2006 年 10 月 31 日颁布实施了《中华人民共和国农民专业合作社法》，并在其中首次对农民专业合作组织的内涵作了权威性阐释。随后，国内相关学者也对农民专业合作组织的概念进行了界定，但多是从不同角度、基于农民专业合作组织的不同类型提出的。根据本书的研究目的及研究需要，对其概念做了如下界定：农民专业合作组织是同类农产品或农业生产经营服务的相关主体以家庭承包经营为基础，以自愿联合、民主管理为原则，以服务成员为宗旨，向组织内部成员提供农业生产资料的购买，农产品的销售、加工、运输、贮藏以及与农业生产经营有关的技术、信息等服务的互助性经济组织。

现有的农民专业合作组织与传统农业合作组织的区别主要体现在以下方面：

第一，产生时间。相比较传统农业合作组织产生于新中国建立初期农业生产力发展水平较低的特殊时期，农民专业合作组织产生于 20 世纪 80年代的农村经济体制改革之后。

第二，产生背景。传统农业合作组织产生于新中国成立初期农民刚获得土地、生产力极端落后的小农经济的背景下，农业生产难以满足需求，农民合作是不得已而为之的，同时立足于计划经济体制的农民合作组织，

---

[1] 阚和庆：《论农民合作组织对农村政治发展的功能价值》，《山东省农业管理干部学院学报》2010 年第 6 期。费广胜：《农村生态文明建设与农民合作组织的生态文明功能》，《农村经济》2012 年第 2 期。

[2] 张晓山、苑鹏著：《合作经济理论与中国农民合作社的实践》，首都经济贸易大学出版社2009 年版，第 149—156 页。

合作效率低下。农民专业合作组织是产生于我国计划经济体制向市场经济体制过渡时期，依托统分结合的家庭联产承包责任制和发达的商品经济，是市场经济的产物，也是农民改革和创新的产物。

第三，组织目的。传统农业合作组织是为了满足全国最基本的农产品需求，解决全国的食品严重短缺问题，为保证工业优先政策的实施提供物资支持，以求实现社会的基本稳定。然而农民专业合作组织的产生是农民为了追求自身利益的最大化而自发组织的，摆脱小农民在大市场中的不利地位，降低农业经营成本、增加农业经营收入、提升农业的比较收益、增加农民收入水平，实现农业的现代化、市场化经营，最终为解决"三农"问题提供条件。

第四，参与主体。传统农业合作组织的参与主体主要是缺乏生产技能的弱、贫、愚、私的小农，虽然成员主要是农民，但是由于农民缺乏独立性，并不是真正的参与主体。传统农业合作组织是政府为了克服农业生产困难，大力宣传和组织，自上而下成立和发展起来的，政府控制资源的经营权和配置权，生产经营经过统一安排，合作社和农民缺乏生产的独立性。农民专业合作组织主要是农民为了自身利益最大化自愿参与的，在农民专业合作组织中农民至少占成员总数的百分之八十，管理层也主要是农民，农民是真正的参与主体，同时政府在农民专业合作组织的发展过程中承担着服务、政策扶持与引导等方面的职责，为农民专业合作组织的发展提供合适的环境。[①]

第五，产权制度。传统农业合作组织以单一的公有制为基础，否认生产资料的农民个人所有权，将所有生产资料统一到集体中，按照计划生产，农民没有任何经营权，取消了集市交易，农民没有任何的产权。农民专业合作组织建立在多元所有制的大背景下，在家庭联产承包责任制的基础上，吸收社员股金，股份合作制的合作社成员都拥有合作社的股份，是农户之间的商业合作，承认和保障农户的个人财产权和自营经济，社员是独立的财产主体。

---

① 齐力著：《农村新型合作经济组织的理论与实践》，暨南大学出版社 2010 年版，第 25—28 页。

第六，运行机制和管理机制。传统农业合作组织具有浓厚的政治运动色彩，强制农户加入，管理上集中控制，以行政指令作为合作社发展的方针，在财产分配上采取平均分配，背离合作制原则。农民专业合作组织强调农户的自愿参与，承认和保障农民经济和政治上的民主，坚持"民办、民管、民享"原则，利润分配方式是在提取必要的公积金等合作社发展基金之后按交易额比例返还。

第七，合作形式。传统农业合作组织实行"一刀切"，合作形式单一。农民专业合作组织采取股份合作制、"农户+合作社+公司"、农业合作协会等多种模式，合作形式多样化。

三、规划机制

(一) 规划的含义

规划一般是指时间跨度较大、内容较概括、具有巨大的变革内容的长远发展计划，是反映国家或区域某些特定事业在一定年限内全局性部署的一种文体，是尚未付诸实践的设想和远景，是服从于和服务于国家或区域经济建设和社会发展的长远大计，是以科学为基础并具有充分可行的奋斗目标和发展远景。农业规划是在一定的时期和一定的区域内的农业生产建设规划，其包含农业区域规划、农业园区规划和产业化基地规划等，是规划区域内农业经济发展的总体部署，是开展农业相关管理工作的依据和发展方向，目前我国农业规划的主要任务是以科学的规划指导现实农业生产发展，在保证农产品充足供应和农业经济迅速发展的同时力争解决我国农业发展过程中存在的农药和化肥施用不合理、畜禽粪便和农膜等引起的面源污染、水体和农用地污染、农业源温室气体排放等环境问题，有效地协调农业发展中的经济效益、环境效益和社会效益，以实现农业的可持续发展。[1]

---

[1]　孙瑜、李笑光、朱琳：《农业规划环评编制的主要内容与方法分析》，《农业经济问题》2008 年第 1 期。

从系统演化的视角来看，区域低碳农业发展的目标是重组和完善区域内农业发展的各项要素以实现低碳农业发展，而区域低碳农业发展规划就是通过特定措施对现有的农业经济系统进行重组和完善。假设现有农业经济系统为 $F_{(x)}$，未来的目标系统为 $T_{(x)}$，a 为实现目标系统的措施和手段，由此可以得到如下的映射关系式：

$$T_{(x)} = a \cdot F_{(x)} \tag{1—1}$$

（二）规划的性质

目前我国的区域规划体系根据不同的行政层次和功能，可以分为"三级三类"，三级为国家级、省级和县（市）级三级规划，三类指的是总体规划、专项规划和区域规划三类，总体规划是国务院以国民经济和社会发展的整个领域为规划对象，是规划期内国民经济各个领域的行动纲领；区域规划时以一定地区范围为规划对象，为实现该区域国民经济发展目标而进行的整体部署；专项规划是以特定的领域为规划对象以实现该领域的既定目标，是总体规划的补充以及在特定领域的延伸和细化（见图1—1）。① 低碳经济作为一个新兴领域，关于低碳经济的规划还处在起步阶段，概括而言，目前我国关于低碳经济方面的规划主要集中在低碳城市和低碳工业园区规划，而低碳城市规划的核心就是确立合理的低碳发展目标，进而明确规划的重点领域；低碳城市规划重点关注领域主要包含城市空间布局、建筑、产业、基础设施和交通五大领域，最后构建适当的保障机制。② 而循环经济作为低碳经济的重要实现方式，其规划已在全国形成了一定的规范体系，第一种是通过设定区域循环经济发展的目标和指标，提出循环经济发展的重点、任务和应对措施等，制定专门的循环经济规划；第二种是通过增设章节、内容和循环经济实施方案，将循环经济理念融入已有的总体规划、区域规划和专项规划中。③

---

① 徐东：《关于中国现行规划体系的思考》，《经济问题探索》2008年第10期。
② 陈洪波：《低碳城市规划：目标选择与关键领域》，《华中科技大学学报（社会科学版）》2011年第2期。
③ 刘祥国：《我国循环经济规划制度的完善》，《山东社会科学》2011年第1期。

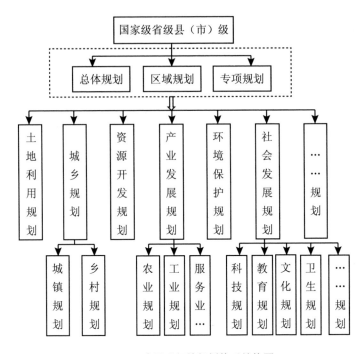

图1—1　我国现行的规划体系结构图

　　循环农业作为循环经济的重要部分，其规划愈发得到重视，但是就目前而言，循环农业规划还没有形成体系，主要是通过增设章节和内容将循环农业纳入到循环经济规划中，例如2009年1月1日生效的《中华人民共和国循环经济促进法》中的第三章第二十四条和第四章三十四条、三十五条对农业节水、节肥、节药、节能作出规定，并强化农作物秸秆、畜禽粪便、农产品加工业副产品、废农用薄膜、林业废弃物和次小薪材等的综合利用，发展循环农业。制定专门循环农业发展规划的较少，以黑龙江省双城市为例，通过有机种植业规划、有机畜牧业规划、农业废弃物循环利用规划、有机农产品加工物流规划、环境保护规划和支撑保障体系规划，进而制定专门的循环农业发展规划，即《双城市农业生态循环经济"十二五"发展规划》。低碳农业发展规划和循环农业规划相类似，本书认为，低碳农业发展规划应以实现农业碳排放和农业发展之间的脱钩为目标，包含低碳农业发展的现状描述、规划的基本思路、框架及定位、农业环境保护规划、重点内容专题规划、低碳农业技术体系规划、支撑保障体系规划。

（三）规划的特征

规划是弥补市场失效、保证空间秩序、避免由于市场的原因而造成空间混乱的一种政治行为，是政府根据法律体系对土地利用进行控制与管理的工具。① 从公共产品供给角度来看，规划是由政府规划部门组织编制、实施和管理，由政府提供给社会公众的公共产品，是政府履行公共服务、宏观调控等职责的重要载体。② 规划具有可预见性、长远性、可行性、全局性、战略性、方向性、概括性和鼓动性，同时规划还具有空间的地域性和规划过程的社会性。我国地域广阔，区域间气候、土壤和种养习惯等农业资源和要素差别大，低碳农业规划必须充分考虑地域性问题，因地制宜地创造能充分发挥区域比较优势和竞争优势的发展模式；低碳农业规划的实施过程也是低碳农业理念的全社会普及过程，因此低碳农业发展理念的普及依赖于其行为主体乃至全社会的广泛参与。

（四）农民专业合作组织视角下低碳农业发展规划机制

农民专业合作组织视角下低碳农业发展规划机制是通过低碳农业信息流在政府、农民专业合作组织、社会公众和农户之间的传输，并实现信息共享，进而借助信息流的"矢量"作用对低碳农业系统内外的物质流、能量流、价值流和资本流等进行引导，进而促进区域低碳农业的发展。主要分为两个阶段：第一阶段是基础信息搜集阶段，主要是低碳农业发展现状的实际调查和研究资料搜集，是规划的基础；第二阶段是规划阶段，主要是区域农业碳排放测算、碳效率测算、影响因素分解、规划指标与目标的量化、支撑保障体系的确定等，是规划的核心。而农民专业合作组织视角

---

① 于立：《控制型规划和指导型规划及未来规划体系的发展趋势——以荷兰与英国为例》，《国际城市规划》2011 年第 5 期。

② 余建忠：《政府职能转变与城乡规划公共属性回归——谈城乡规划面临的挑战与改革》，《城市规划》2006 年第 2 期。

下低碳农业发展规划机制则要求农民专业合作组织在遵循政府关于低碳农业发展规划的同时编制适合自己的低碳农业发展规划，分析自身在低碳农业发展中的优劣势，确立规划指标与目标，谋求在最低限度的农业碳排放基础上实现农民专业合作组织经济利益的最大化，最终建立政府、农民专业合作组织双层规划体系，为实现农业低碳化、可持续化发展提供保证和支持。

四、运行机制

（一）运行机制

运是循序移动的意思，行是行动的意思，运行就是周而复始地运转。而运行机制是能使系统保持正常循序运转所需的各种要素和功能的组合，以及构成系统的各个要素、环节等相互之间的错综复杂的制约或促进关系的总称。[1] 系统主要分为机械事物系统、自然事物系统、有机生命事物系统和社会综合事物系统，本书的系统更偏向于经济系统。经济运行机制指的是促进和制约经济系统协调运转的一整套机能，是经济信息子系统、经济规则子系统、经济调节子系统和经济组织结构子系统等系统基本要素之间相互关系的总称。其中，经济调节可以分为行政调节、价值调节和自动调节；经济规则子系统则主要包含经济主体的权力、经济利益以及经济利益实现方式的法律规范；而组织结构子系统包含各类经济行为主体的横向和纵向联系的组织结构。经济系统运行机制的本质是经济系统内若干要素和功能的组合、联动、循环，具有以下的基本功能：整合功能，将构成系统的各要素和功能进行联结，使其成为一个有机整体，是整个系统功能的基础；动力功能，为系统的运行提供必需的动力，是系统运行的关键；定向功能，使得系统沿着预期的目标和方向运行，是系统运行的方向；调控功能，当系统运行偏离预期的目标和方向时，进行适当的调节使得系统恢

---

① 薛庆林：《我国区域农业科技成果转化运行机制与模式研究》，天津大学，博士学位论文，2009 年。

复到正常的运行轨道，是系统运行的调控器；发展功能，是系统自我发展、不断壮大的内在要求，进而实现发展的功能，是系统运行的核心。

从运行机制的内涵及其功能可以看出运行机制所具有的特点：运行机制是由多个基本要素和功能组成的，且这些基本的要素和功能也能自成一体形成相对独立的子系统，而运行机制是针对动态系统而言的，是作为动态系统所特有的一种整体的功能，独立的物质或事物单元则形不成运行机制；运行机制具有较强的稳定性，同时具有很大的"自组织—自生长"性，即系统的运行具有强大的内部动力，使得系统的运行可以不完全依赖系统外部的动力，但是这种内部的"自组织—自生长"是相对的和有限度的，即系统的运行仍需要和外界进行信息、能量和物质的交换，因此系统运行机制是系统内的"自组织—自生长"和系统外力相互作用的结果；运行机制是抽象的、无形的，只有通过相应的运行载体才能形象化，因此通过观察和接触运行机制的载体进而抽象出系统的运行机制。

（二）农民专业合作组织视角下低碳农业发展运行机制

低碳经济作为一种新的经济形态，是以追求经济发展和温室气体排放脱钩的绿色发展为目标的新的发展方式，是构建资源节约型和环境友好型社会以及落实科学发展观的关键。低碳经济作为新的经济形态，在发展的初期需要一定的政策、资金和技术扶持以提升其自我发展的能力，进而实现低碳经济系统的自我运行和自我调节，最终实现经济效益、社会效益和环境效益等社会福利的提升。低碳经济运行机制是经济运行机制的细化，其主要的观点有：

从宏观管理视角来看，国家应该推行可持续发展战略，完善低碳经济的立法、政策和管理体系、拓展低碳经济产权交易体系、转变经济发展方式和居民消费方式以及完善以节能减排技术供求机制、新能源供求机制、碳金融机制、碳排放权交易机制、碳贸易机制和节能减排国家间合作机制为主要内容的低碳经济市场机制。从中观来看，区域或部门的低碳经济运行方式主要分为五个环节：优化规划环节，即低碳经济相关政策法规指导下的整合机制；投资准入环节，项目投资要遵循节能减排为核心目标和基于低碳经济原则下优胜劣汰的市场竞争的原则；运行控制环节，低碳经济运行要置于国家相关政策、法律规范的指导和监管之下，发挥根本作用的是以价格机制和金融机制为主要内容的市场机制；验收评估环节，对节能减排项目进行验收评估，实行公正公开的淘汰机制和奖罚机制，促进节能减排工作的顺利进行；对外贸易环节，调整我国出口贸易、进口贸易的产品结构，使得对外贸易对我国节能减排有正向的促进作用。从微观来看，节能减排纳入到企业的内部成本管理和个人消费管理，在科学发展观指导下，企业采取符合可持续发展的生产方式，个人消费也转向绿色消费、合理消费。[1]

低碳经济运行机制是绿色管理、生态人文和绿色科技的有机融合，是相关法律、道德约束机制、生态管理机制有机结合的复杂的绿色系统工程，包括法律保障机制、道德机制、目标管理机制、综合决策统筹协调机制、低碳经济投入机制、市场机制、激励创新机制、电子网络机制、低碳经济区域建设机制、促进低碳经济企业成长机制和低碳经济社会政府评价机制等。[2]

低碳经济运行机制是以政府、企业和居民为运行主体，以温室气体减排和经济增长相协调为运行目标，以人类社会双重理性和市场价值规律为运行动力，以市场、技术和法律为运行手段，以政府环境政策、环境资金和环境项目的绩效考核为运行的绩效考核体系。

经过文献归纳总结再创新，本书认为低碳经济运行机制以政府、企业和居民为主体，以市场机制为导向，以政府引导机制为核心，以节能减排技术为依托，以法律政策机制为保障，通过外部约束和自我约束相结合的约束机制、外部促进和系统自组织相结合的动力机制，以促进低碳经济的发展。

低碳农业是低碳经济的细化和实现方式，因此低碳农业运行机制和低碳经济运行机制在本质上是一致的。本书提出了农民专业合作组织视角下低碳农业发展运行机制的概念：在以农民专业合作组织为农业经营主体的环境下，以政府、农民专业合作组织、农户和社会公众为参与主体，以利益机制

---

[1] 史东明：《中国低碳经济的现实问题与运行机制》，《经济学家》2011年第1期。
[2] 李鸣：《生态文明背景下低碳经济运行机制研究》，《企业经济》2011年第2期。

和市场机制为导向，以政府引导机制为核心，以生物质能源技术、低碳生产技术等低碳技术为依托，以法律政策为保障，实现农业生态系统的自我调整，以促进农业的低碳化发展。在本质上是农业系统中多种要素和功能间的相互作用，其具备经济运行机制的基本功能：整合功能，将构成低碳农业系统的各要素和功能进行联结，使其成为一个有机整体；动力功能，为低碳农业系统的运行提供动力支撑；定向功能，使得低碳农业系统沿着预期的目标和方向运行；调控功能，当低碳农业系统运行偏离预期的目标和方向时，进行适当的调节，使得系统恢复到正常的运行轨道；发展功能，在保障低碳农业经济系统正常运行的同时，促进低碳农业发展。

五、激励机制

（一）激励机制

激励机制是一种借助有效的激励措施激发组织内部成员的积极性，从而努力工作，尽力完成既定的任务以实现既定目标的有效机制。《宣传舆论学大辞典》中提出组织系统可以凭借自身的资源、信息优势，积极地影响甚至干预其组织内部成员的激励过程，最终使得组织成员在努力实现自身目标的同时达到组织的期望，实现个人利益和组织利益的协调统一。但也必须看到，只有系统组织成员最终得到的成果与自身的期望值相一致，其才会把组织的目标和个人的期望紧密联系在一起，进而努力工作以实现个人和组织的利益，否则会对系统组织成员的激励产生副作用，这是激励机制的功能。而系统内部自行发挥激励作用需要多种要素相组合。在经济学中，激励机制指的是在系统中存在某种委托—代理关系，委托人通过刺激、鼓励等方式与代理人之间实现利益联结的相互作用关系的总和。在委托—代理关系中，委托人在系统组织中具有绝对的资源和信息优势，这些资源和信息可以决定组织内成员的生活质量和生存方式，而代理人则是需要依靠委托人所掌握的资源和信息并通过其激励机制以追求自身利益的最大化，同时实现委托人的既定目标。激励机制分为内部激励机制和外部激励机制，内部激励机制指的是组织对内部成员的激励，外部激励机制指的是具有公共管理职能的政府、具有政府背景的非政府组织对公众、企业和民间自发组织的激励。本书的激励机制是内部激励机制和外部激励机制的综合：在外部激励机制中，政府是委托人，农民专业合作和农户是代理人；在内部激励机制中，农民专业合作是委托人，农户是代理人。

（二）农民专业合作组织视角下低碳农业发展激励机制

农民专业合作组织视角下低碳农业发展激励机制是为了克服在农业发展过程中人们片面追求自身经济利益最大化的自利性而对农业生态环境产生负面影响，通过刺激、鼓励手段，使得低碳农业的相关利益主体积极采取可持续的发展方式，以达到农业环境保护、低碳排放、污染预防和农业可持续发展目标的有效机制，其中政府是引导者，农民专业合作组织（农户）是主导者，社会公众是参与者。低碳农业发展激励机制是低碳农业发展的制度和环境要素，是其动力所在，因此，必须使低碳农业相关利益主体都会在激励机制的实施中获得长期的、额外的收益，进而使得区域经济、社会和生态效益的协同共进。低碳农业发展激励机制中，中央政府通过经济、法律等手段，激励和约束地方政府的行为，发挥地方政府的引导作用，激励和约束农民专业合作组织（农户）的行为，引导其从自身利益出发自觉发展低碳农业，发挥其在低碳农业发展中的主导作用，激励和约束社会公众的行为，充分发挥其参与者和监督者的作用，使得各参与主体相互配合，推动低碳农业的全面发展，具体见图1—2。

六、反馈控制机制

（一）反馈机制

反馈是现代科学技术的一个基本概念，来源于无线电工程技术，指的是被控制的过程会对控制机构产生一种反作用力，进而反过来影响整个系统的实际运行过程和效果。[①] 反馈是控制论的核心，对系统的稳定起着决

---

① 肖文、戴益信：《论大众传播系统中的反馈机制及其现实效果》，《湖南大众传媒职业技术学院学报》2005年第6期。

定性的作用。随着控制论和信息论的迅速发展，反馈的内涵和外延也不断
扩展，其已成为研究生物、社会学、科学技术等众多研究领域的自动调节
现象的基础原理。反馈运行的一般过程为：在环境影响下，系统将信息输
送出去的同时又将输出信息所产生的效益回馈回来，在对反馈信息进行系
统分析之后，根据分析结果，系统作出必要的自我调整，再次将信息输送
出去，进而形成一个系统的循序自动调整，保持系统的稳定性和发展动
力。也就是系统的输出效应作为被控系统的输入，进而作用于被控系统并
产生新的信息输送出去，进而对系统的再输入和再输出产生影响，是系统
自我调整、自我完善的动态过程。[①]　而反馈机制是以系统输出结果再输入
以调整整个系统运行的作用方式，其运行方式见图1—3。

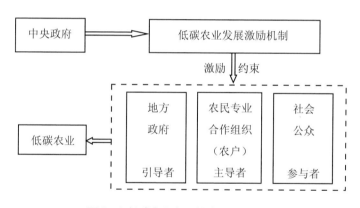

图1—2 低碳农业发展激励机制运行图

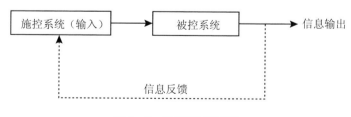

图1—3　反馈机制原理图

---

①　魏宏森、姜炜：《科技、经济、社会与环境持续协调发展的反馈机制研究》，《系统工程理论与实践》1996年第6期。

　　反馈又可以分为正反馈和负反馈两种。正反馈相对比较少见，系统输出和输入作用相似，系统输出与系统预期目标的偏差增大，系统出现震荡，即系统中某一要素或功能变化所引起的一系列的变化，进而加速系统最初发生变化的要素或功能，使得系统远离平衡状态；负反馈比较常见，其作用刚好与正反馈相反，系统输出和输入作用相反，系统误差缩小，系统趋于稳定或平衡状态，即系统中某一要素或功能变化所引起的一系列的变化，进而抑制系统最初发生变化的要素或功能，使得系统保持平衡状态。任何一个系统的运行过程都会受到负反馈机制的制约作用，也会受到正反馈机制的促进作用，这种系统的正反馈和负反馈相互作用以实现系统的自动调节，使得系统在稳定平衡中不断发展。

　　低碳农业发展活动作为一个经济社会大系统，也是由施控系统和受控系统为基础的若干子系统相互作用、相互联系而形成的一个大系统。而农民专业合作组织视角下低碳农业发展反馈机制就是将低碳农业发展系统运行过程中所出现的实际状况与预期目标之间的偏差信息及时、准确地反馈给施控和被控系统，进而对施控和被控系统的输入和输出信息进行修正，以保证系统的平稳运行，进而增强低碳农业发展系统对实际运行中所产生的干扰信息的免疫力，最终实现系统内经济效益、社会效益、生态效益的协调统一和整个社会的福利最大化，其反馈机制运行方式见图1—4。

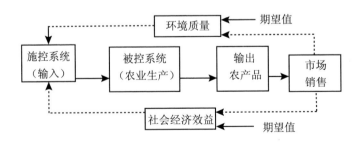

图1—4　低碳农业发展反馈机制原理图

（二）控制机制

控制机制是在有效的信息反馈基础上，通过一系列的政策措施，引导物质流、信息流、能量流等的矢量改变，进而促进整个系统内部的资源优化，最终实现规划机制中的规划目标，以促进整个系统的良性运行。农民专业合作组织视角下低碳农业发展控制机制，指的是在建立低碳农业发展相关信息的有效反馈的基础上，政府主管部门通过评价机制对低碳农业发展状况进行评价，并通过政策制定等方式引导整个系统的良性运转，最终实现低碳农业发展目标。

对于农民专业合作组织参与低碳农业发展这一复杂的系统进行控制，必须以农民专业合作组织作为最重要主体，以系统内外各要素间的相互作用模式、强度和形成的现有状态等进行调控为着眼点。主体调控，制定政策、法律规范等引导农民专业合作组织的优化发展，提升农民专业合作组织这一核心主体的竞争力和生产效率；碳效率调控，采取必要的经济激励和技术激励手段，提高土地、化肥、农药、能源等资源的投入产出效率；产业调控，通过产业结构优化、农业发展目标规划等，使得区域资源和环境的容量相协调；价值调控，通过大量宣传，使得低碳化发展深入人心，树立经济发展与环境相协调的价值观；环境调控，将市场激励和政策命令有机结合，从根源上减少污染，提升区域生态环境。

第二节　相关理论基础

一、低碳经济理论

随着世界各国对全球气候变化的认识不断深入以及采取应对措施，低碳经济应运而生。低碳经济发展理念最先产生于英国，2003年英国颁布《能源白皮书》，首次明确提出低碳经济，并为低碳经济发展模式制定了详细的目标和路线图，但是并没有明确给出低碳经济的内涵以及评价指标体系。随后国内外学者对低碳经济进行了广泛而深入的探索，目前被广泛接受的低碳经济概念是由英国环境专家鲁宾斯德提出的：低碳经济是一种新兴的经济发展模式，其核心是以市场机制为基础，通过制定制度框架和创新政策措施，推进能效提升技术、能源节约技术、可再生能源技术以及温室气体减排技术等新技术的研发与应用，以促进整个经济社会朝高能效、低能耗和低温室气体排放的模式转变。① 在国内学术界，庄贵阳最先从技术经济特性角度对低碳经济进行定义：指出低碳经济要在不影响社会经济发展目标的前提下，通过能源结构调整、能源效率提高、产业结构调整、遏制奢侈浪费、发挥碳汇潜力以及寻求国际经济技术合作等途径实现低碳发展。② 低碳经济是经济发展向生态经济过渡的一种特殊历史形态，③ 低碳转型过程具有阶段性特征，且低碳经济包括发展阶段、低碳技术、资源禀赋和消费模式四个核心要素，而低碳经济发展水平与其发展阶段高度相关，同时又受制于后三个核心要素等多种驱动要素。④ 随着低碳经济发展理念愈发得到重视，低碳经济理论也逐渐成熟和系统化，并指导今后经济发展的重要理论。而农业作为一个重要的产业部门，是国民经济发展的基础，其低碳化发展必然要以低碳经济理论为指导。

二、演化博弈理论

（一）博弈与演化博弈

博弈原指围棋、赌博、牌类等游戏，在博弈理论中博弈指的是理性群体或人之间的冲突与合作。博弈论，又称对策论，指的是理性人或群体间在一定的现实环境和规则约束下，根据自己掌握的信息，选择并实施最优决策，并从中获取应有的收益的过程。演化博弈论作为博弈论的一个重要分支，它是演化理论和博弈理论相结合的产物。⑤ 演化博弈论以生物进化论和遗传基因理论作为思想基础，摒弃了经典博弈论的致命缺陷，即参与者的完全理性假设和纳什均衡的不唯一性，提出参与者有限理性假设（赫

---

① 中国人民大学气候变化与低碳经济研究所著：《低碳经济——中国用行动告诉哥本哈根》，石油工业出版社 2010 年版，第 49—53 页。
② 庄贵阳：《中国经济低碳发展的途径与潜力分析》，《国际技术经济研究》2005 年第 3 期。
③ 张连国：《低碳经济：向生态经济过渡的历史形态》，《生态经济》2012 年第 12 期。
④ 潘家华、庄贵阳、郑艳等：《低碳经济的概念辨识及核心要素分析》，《国际经济论》2010 年第 4 期。
⑤ 王文宾：《演化博弈论研究的现状与展望》，《统计与决策》2009 年第 3 期。

伯特·西蒙，Herbert A. Simon），注重博弈的过程分析。威廉姆斯（1991）
经过归纳总结指出人的有限理性主要是由以下两个原因造成的：一是人的
感知能力有限，不可能在信息的获取、存储和使用等过程中完全不出错；
二是语言上的限制，使得沟通的过程中信息传递完全不出错是不可能的，
这就说明了没有完全理性的人。[1]

演化博弈最早可以追溯到纳什（1950）对均衡概念的解释，纳什认为
均衡存在两种解释：一是理性主义解释，另一种是"群体行为"解释。前
一种是传统博弈论的解释方式，后一种是演化博弈论的解释方式。[2] 一般
认为演化博弈论的核心思想经历了两个发展阶段：第一阶段主要成果是提
出参与者的有限理性和演化博弈论中的演化稳定策略（ESS），[3] 这一时期
的代表人物主要是 J. M. 史密斯（J. M. Smith）、普赖斯（Price）和萨格登
等；第二阶段主要成果是扩展演化博弈论的外延和强化演化博弈论在解决
实际问题中的应用，代表人物有威布尔（Weibull）、谢识予等。演化博弈
论存在两大理论分支，分别是演化稳定策略和随机稳定均衡（SSE）。

1. 演化稳定策略

演化稳定策略的思想是借鉴生物学中生物某些重要特征在进化过程中
具有稳定状态以及向稳定状态演化、收敛的性质，在经济领域指的是群体
或人经济行为中的行为方式或策略的均衡以及向均衡状态演化、收敛的性
质，是梅纳德（Maynard，1974）和普赖斯提出来的，并宣称动物和植物
进化过程中的稳定状态可以理解为适当的博弈的纳什均衡。其基本思想
是：假设存在一个大群体 N 和一个突变小群体 n，N 的成员都选择特定策
略 s，n 采取策略 s'，当 n 进入到 N 中形成一个混合群体 N^*，如果 n 在
N^* 中经过博弈所得到的支付 r^* 大于原群体 N 中个体的支付 R，这样 n 就
成功侵入 N，反之 n 就会在博弈过程中消失，若是 N 能消除任何突变群体
n 的侵入，这样该群体就达到了演化稳定状态，此时该群体采取的策略 s

[1]　Friechnan D. , "Evolutionary Game in Economics", *Econnom Etrica*, No. 4. 1991.

[2]　黄凯南：《演化博弈与演化经济学》，《经济研究》2009 年第 2 期。

[3]　Maynard Smith J. , Price G. R. , "The Logic of Animal Conflicts", *Nature*, No. 246, 1974.

就是演化稳定策略。演化稳定策略是一种对称博弈，其定义为：s 是群体 N 的一个演化稳定策略，若存在 $\varepsilon^* \in (0, 1)$ 使得任意的 $s' \neq s$ 都满足不等式 $f(s, (1-\varepsilon^*)) > f(s', (1-\varepsilon^*) s + \varepsilon^* s')$，其中 $f(a, a)$ 指的是当博弈双方采取的策略为 (a, a) 时的支付矩阵，即适应度。演化博弈是一个动态博弈过程，演化稳定策略并没有构建明显的动态过程，生物学中为此引入了"复制动态"的概念，其实就是一个群体中采用特定的策略 s 的频度的动态微分方程，即 $\dfrac{\mathrm{d}s_k}{\mathrm{d}t} = s_k (f(k, s) - f(s, s))$，其中 $k = 1$，2，3，……，K，代表不同的策略。

演化博弈模型描述的是状态 s 随时间演进的动态过程。对于时间连续情形，状态 s 对时间 t 的导数可以定义为 $S = (S^1, S^2, \cdots, S^k)$，$S^k = (S_1^k, S_2^k, \cdots, S_n^k)$，其中 $S_n^k = \mathrm{d}S_n^k/\mathrm{d}t$，可以用函数 $s = F(s)$ 表示，若给定初始条件 $s^0 \in S$，则 $s = F(s)$ 对应的微分方程的解所在的曲线就描绘了演化的过程，若这个解是稳定的，则该解就是演化稳定策略。

2. 随机稳定均衡

随机稳定均衡是杨（Young）和福斯特（Foster, 1990）提出的，并对其进行了定义：当演化过程遭受即使很小的突变的持续冲击，时间久了也能形成质的变化，使得一些状态在长期中出现的频度更高、打破系统传统的演化稳定策略。因此，演化稳定策略只是一个局部的稳定均衡，在长时期的随机环境中，并不能成为判断演化稳定的充分条件，其主要是为了克服演化稳定策略的局限性，即它只研究离散的、小规模的突变对策略稳定状态的影响，没有考虑连续随机突变对策略稳定状态的影响。杨同时指出与随机稳定均衡相关联的系统的关键属性是随机突变打破系统原有均衡状态的时间尺度，即惯性。随机稳定均衡也是一种对称的协调博弈。一个随机稳定均衡 p^* 用数学符号表示，即当 $\sigma \to 0$，存在任意的 $\varepsilon > 0$ 和 $N_\varepsilon(p^*) = (p: |p - p^*| < \varepsilon)$，就存在 $\lim\limits_{N_\varepsilon(p^*)} \int f_{\sigma \to 0} \sigma(p)\mathrm{d}p > 0$，$\sigma$ 指的是随机因素，$f\sigma(\cdot)$ 是在 $t \to \infty$ 时系统的极限密度函数，$N_\varepsilon(p^*)$ 是临近 p^* 的所有 $p(t)$ 的集合。随机稳定均衡完全是博弈论自身演化发展而来，摆脱了演化稳定策略借鉴生物学概

念在研究经济问题时的局限性，主要研究由认知能力支撑的制度演化理论，成为了博弈论和制度分析领域的前沿。

前文分析发现传统的演化博弈，包括演化稳定策略和随机稳定均衡都是基于单个群体的对称博弈的背景下。为此，李（Lee，2007）等学者基于多群体的不对称博弈或多维度连续策略的背景下研究演化稳定均衡策略，并提出了很多新的演化稳定概念，如局部有限策略（LSS）和局部 m 稳定策略（Lm—SS）以及由此细化出的临近入侵者策略（ESNIS）和连续稳定策略（CSS）。

（二）演化博弈应用于农户行为进化研究的可行性

威廉姆斯曾指出人是有限理性的。农户通过信息的搜集、处理和预测进而作出最优决策的可能性不大或者是完全不经济的，同时我国农民普遍受教育程度低、思想保守等缺陷导致其在低碳农业、农产品市场和农资市场等信息的搜集能力、分析能力进而作出科学决策的能力低下，大多数农民都是在有限理性下片面追求自身利益最大化，造成农业环境污染、农业可持续发展乏力等短视行为、搭便车行为频繁发生。但是农户可以通过模仿、学习和试错等方式，提升自身的信息搜集、处理能力。同时，农户的决策行为受到自身所处环境的影响，很多农民专业合作组织的成员并不是因为参与农民专业合作组织能给自己带来收益的增加，而是因为周围邻居、朋友都参与或受到这些人的劝说。但是舒尔茨曾说过农户是"会算计"的，因此农户在加入以后势必会为了自身利益最大化而进行博弈，这是一个长期的、复杂的、动态的过程，这与演化博弈的思想相一致，因此演化博弈在农户行为进化研究方面具有较强的适用性。

三、机制设计理论

机制设计理论起源于赫尔维茨的开创性工作，其于 1960 年和 1972 年在《资源配置过程中的最优化与信息效率》和《信息分散的系统》两篇论文中引入机制设计理论中的重要概念——激励相容，并在 1973 年发表《资源配置的机制设计》，整合了其相关研究成果，奠定了机制设计理论的框架结构。① 机制设计理论研究的一般性问题是对任意给定的特定经济或社会目标，在自由选择、信息不完全和自愿交换等分散化决策的前提条件下，能否设计或者怎样设计出一个有效的经济机制，使得经济活动的参与者自身的利益所得与机制设计者预期目标相一致。而机制设计主要会涉及信息效率和激励相容两方面问题。信息效率问题是通过经济机制实现预期经济或社会目标而产生的必要的信息量多少的问题，是经济机制的运行成本的问题，其在机制设计过程中越小，机制运行的成本就越小；激励相容是在特定的机制下，如果如实地报告自己的私人信息是行为主体的占优策略均衡，则该机制就是激励相容的。② 然而现实世界总是存在各种约束，使得市场难以充分地发挥作用，即存在"市场失灵"，使得市场机制难以自动实现资源的最优配置。但是为了尽可能地实现既定的经济或社会目标，克服不完全信息、不完全竞争、外部性等约束，这就需要进行机制设计，使得经济机制达到资源的有效配置、激励相容及信息高效率。在低碳农业发展过程中，低碳绿色农产品的生产者和消费者各自拥有自己的私人信息，其具有不完全信息特征，低碳农业发展参与主体分散决策，这就需要笔者对现有的经济机制的信息成本、资源配置效率等进行深入的研究，进而重新进行机制设计，以期实现农民增收、农业发展的同时农业环境得到有效改善、农业源温室气体排放量持续减少的低碳农业可持续发展目标。

四、委托—代理理论

委托—代理关系是源于企业的经营权和所有权的逐步分离而产生，而"委托人"和"代理人"的概念则源于法律，即 A 授权 B 以代表 A 从事某种活动，其中授权者 A 为委托人，被授权者 B 为代理人，此时委托—代理关系产生。而委托—代理理论作为现代企业契约理论中非常重要的组成部

---

① 梁海音：《机制设计理论中的执行问题研究》，吉林大学，博士学位论文，2010 年。
② 何德旭、王朝阳、张捷：《机制设计理论的发展与应用——2007 年诺贝尔经济学奖评介》，《中国经济时报》2007 年 10 月。

分，其主要是由威尔森（1969）、罗斯（1973）、莫里斯（1974，1975，1976）、斯宾塞和泽克海森（1979，1982）以及格罗斯曼和哈特（1983）等共同创立，[①] 其中心任务是在委托—代理双方存在信息不对称和利益相冲突的条件下，委托人怎样设计最优的契约以激励代理人（萨平顿，Sappington，1991）。委托—代理理论是在以"经济人"为核心的新古典经济学研究范式的基础上，[②] 并作出两个基本的假设，即委托人和代理人之间存在信息不对称和利益相互冲突。[③] 在委托—代理关系中，委托人看重的是某项活动的结果，不关心过程，而代理人关注的是付出的努力，即成本，因此委托人的收益就直接取决于代理人所付出的努力，而代理人的收益则直接是委托人的成本，双方的利益总是相互冲突的。由于委托人的收益取决于代理人的努力程度，然而委托人却无法直接观察代理人的努力水平，此时代理人就会利用自己的信息优势，使得委托人的成本最大化，也就是自身利益的最大化，进而产生代理问题。此时，委托人必须设计某种有效的机制，激励或约束代理人，使其选择符合委托人利益最大化的最优努力程度，以解决代理问题。

为了推动委托—代理理论对现实的解释力，以更好地解释复杂的现实经济社会问题，委托—代理理论外延不断扩展，形成了一系列新的委托—代理理论，主要有：多代理人理论（克罗克，Crocker，1985）等；多委托人理论（梯若尔，Tirole，1994）等；多任务代理理论（米格罗姆，Milgrom，1991）等；最优委托权安排理论（张维迎，1995）等。[④] 在农民专业合作组织视角下低碳农业发展过程中，存在多个委托—代理关系，笔者必须设计有效的机制或契约解决存在的代理问题，以求实现各参与方利益的均衡。

---

① 任勇、李晓光：《委托—代理理论：模型、对策及评析》，《经济问题》2007 年第 7 期。
② 刘有贵、年云：《委托—代理理论述评》，《学术界》2006 年第 1 期。
③ Wilson R. , "The Structure of Incentives for Decentralization Under Uncertainty", *La Decision*, No. 171, 1963.
④ Holmstrom B. , "MoralHazard and Observability", *Bell Journal of Economics*, No. 1, 1979.

第二章　我国低碳农业的发展现状、
影响因素及发展障碍

　　本章首先通过对我国农药、化肥、农膜、农业能源消耗量的测算，分析了我国低碳农业的发展现状，结果显示，1993—2012 年我国农业温室气体排放增加了 30.19%，而农业碳汇增加了 35.56%，净碳汇量仅增加 5.38%，农业源温室气体净排放和农业产值处于弱脱钩状态，农业碳汇和农业产值耦合度不高。在此基础上，又深入剖析了低碳农业发展的影响因素和主要障碍，发现畜禽粪便和尿液等废弃物成为我国农业源甲烷和一氧化二氮排放的主要诱因，农药和化肥的过度施用是我国农业源二氧化碳排放的主要诱因，播种面积和单位面积产量与农业碳汇有着正相关关系。低碳农业发展面临着农业人地矛盾愈发突出、以家庭联产承包责任制为基础的小生产与大市场的矛盾凸显、农业领域投入产出效率低下、农业生态环境愈发脆弱、农民认知不足和管理方式滞后等一系列问题的制约。

第一节　我国低碳农业的发展现状

一、我国农业生产资料的投入及污染状况

（一）化肥投入状况

　　长期以来，国家对化肥产业实行价格管制政策和对农户的农资补贴政策，以确保农民的种粮收益不会被化肥等农资的价格上涨所吞噬，化肥产业存在的要素市场扭曲现象导致了化肥的边际产出率与化肥价格的迅速上

涨脱钩，同时化肥要素的实际成本比市场价格低很多的现象造成了化肥要素对其他生产要素的替代，这些现象助长了农民的过度施用化肥的行为，造成我国化肥施用量迅速增加，化肥的过量施用又造成了农业化肥面源污染加剧，而由此引起的实际经济损失远远高于化肥流失所造成的资源浪费的损失。[①] 根据联合国粮食及农业组织数据库，2010 年世界化肥施用量为17844.4 万吨，氮肥的施用量为 10589.0 万吨，磷肥的施用量为 4544.2 万吨，钾肥的施用量为 2711.2 万吨，中国同期的化肥、氮肥、磷肥和钾肥的施用量分别占世界的 32.17%、33.12%、37.28% 和 19.87%。唐冬梅（2012）基于 2002—2010 年我国省级面板数据，运用 Shephard 投入距离函数分析了我国全要素化肥技术效率，结果发现全国全要素化肥技术效率在整体上处于较低的水平，且没有出现明显提升的迹象，表明在保证其他生产要素投入不变和稳产的条件下，实际上可以大幅度地减少化肥要素的投入量，全国全要素化肥技术效率区域差异较大，东部明显高于中西部地区，且中西部地区没有出现明显提升的迹象，这说明相对于东部地区农业生产由粗放型向集约型转变的现象，中西部地区农业生产仍处在粗放式经营模式。[②]

随着我国耕地面积的减少趋势加快、由人口增长和经济发展造成的农产品需求增加，为保证农产品的稳产、高产，化肥的施用量迅速增加。2001 年我国的化肥施用量为 4253.8 万吨（折纯量），到 2013 年就增加到了 5911.9 万吨（折纯量），年均增速达到了 3.24%。在化肥施用类别中，施用量最多的是氮肥，2013 年氮肥的施用量达到了 2394.2 万吨，施用量增速最快的是复合肥，由 2001 年的 983.7 万吨增加到 2013 年的 2057.5 万吨，年均增长率达到了 9.10%，按照这个趋势不难预测复合肥将会成为未来我国化肥消费的主体部分（见表 2—1）。

[①] 葛继红、周曙东：《要素市场扭曲是否激发了农业面源污染》，《农业经济问题》2012 年第 3 期。

[②] 唐冬梅：《中国区域农业全要素化肥技术效率分析》，《特区经济》2012 年第 11 期。

表2—1　我国2001—2013年化肥施用情况

年份	化肥施用量（万吨）	氮肥施用量（万吨）	磷肥施用量（万吨）	钾肥施用量（万吨）	复合肥施用量（万吨）
2001	4253.8	2164.1	705.7	399.6	983.7
2002	4339.4	2157.3	712.2	422.4	1040.4
2003	4411.6	2149.9	713.9	438.0	1109.8
2004	4636.6	2221.9	736.0	467.3	1204.0
2005	4766.2	2229.3	743.8	489.5	1303.2
2006	4927.7	2262.5	769.5	509.7	1385.9
2007	5107.8	2297.2	773.0	533.6	1503.0
2008	5239.0	2302.9	780.1	545.2	1608.6
2009	5404.4	2329.9	797.7	564.3	1698.7
2010	5561.7	2353.7	805.6	586.4	1798.5
2011	5704.2	2381.4	819.2	605.1	1895.1
2012	5838.8	2399.9	828.6	617.7	1990.0
2013	5911.9	2394.2	830.6	627.4	2057.5
年均增长率	3.24%	0.89%	1.47%	4.75%	9.10%

资料来源：《中国统计年鉴2014》整理得到。

全国总播种面积由2001年的15570.8万公顷增加到2011年的16228.3万公顷，年均增长率只有0.42%，其增速只有化肥施用量增速3.41%的12.32%，化肥施用量的迅速增加造成单位播种面积的施肥量由2001年的273.2千克/公顷迅速增加到2011年的351.5千克/公顷，年均增幅达到了2.87%（见表2—2）。

从区域来看，河南省的化肥施用量最多，其2013年化肥施用量为673.7万吨，占到了全国的11.81%，占到全国5%及以上的地区有：山东省的473.6万吨，占到了全国的8.30%；湖北省的354.9万吨，占到了全国的6.22%；江苏省的337.2万吨，占到了全国的5.91%；安徽省的329.7万吨，占到了全国的5.78%；河北省的326.3万吨，占到了全国的

5.72%；最少的为西藏的 4.8 万吨，仅占全国的 0.08%。单位播种面积施肥量最高的为海南的 569.3 千克/公顷，超过全国平均水平的 61.96%，超出全国平均水平且超过 500 千克/公顷的分别是福建的 529.1 千克/公顷、广东的 527.8 千克/公顷和天津的 521.1 千克/公顷，最少的为青海的 151.0 千克/公顷，河南省虽然施用量最多，但是由于耕地面积较多，使得其单位播种面积施肥量为 472.5 千克/公顷，单位播种面积施肥量较少的农业大省为黑龙江省的 186.9 千克/公顷。

表 2—2　我国 2001—2013 年单位面积施肥情况

年份	化肥施用量 （万吨）	总播种面积 （万公顷）	单位播种面积施肥量（千克/公顷）
2001	4253.8	15570.8	273.2
2002	4339.4	15463.6	280.6
2003	4411.6	15241.5	289.4
2004	4636.6	15355.3	302.0
2005	4766.2	15548.8	306.5
2006	4927.7	15214.9	323.9
2007	5107.8	15346.4	332.8
2008	5239.0	15626.6	335.3
2009	5404.4	15861.4	340.7
2010	5561.7	16067.5	346.1
2011	5704.2	16228.3	351.5
2012	5838.8	16341.6	357.3
2013	5911.9	16462.7	359.1
年均增长率	3.25%	0.48%	2.62%

资料来源：《中国统计年鉴 2014》整理得到。

（二）农膜投入状况

20 世纪 80 年代我国的农膜生产量和使用量已经跃居世界首位，现在我国每年生产和消费的农用薄膜量占世界总量的 60% 以上，我国的功能性农用薄膜从无到有、迅速发展，仅仅 20 年间就增长了 40 倍左右，种类繁多，达到了 40 多种，全国年均地膜使用量 120 万吨，其覆盖面积超过 2333.33 万公顷，棚膜使用量达到了 100 万吨，其覆盖面积超过 362.67 万公顷，位居世界第一。[①] 从表 2—3 中可以看出，2000 年以来我国农用塑料薄膜和地膜的使用量和使用面积迅速增加，农用塑料薄膜使用量由 2000 年的 133.5 万吨增加到 2012 年的 238.3 万吨，增加了 104.8 万吨，年均增长率达到了 7.14%；地膜使用量由 2000 年的 72.2 万吨增加到 2012 年的 131.1 万吨，增加了 58.9 万吨，年均增长率达到了 7.42%；地膜的使用面积由 2000 年的 10624.8 千公顷增加到 2011 年的 17582.5 千公顷，增加了 6957.7 千公顷，年均增长率达到了 5.95%；地膜的使用面积年均增长率虽然为负值，但是整体呈现波动状态。2011 年，海南政协委员梁源富指出废弃的农用塑料薄膜以及废弃农药包装物成为不可忽视的农业污染源，推动废弃农用塑料薄膜和废弃农药包装物的回收以确保农业生态环境的良性发展势在必行。[②]

表 2—3　我国 2000—2012 年主要年份农用薄膜使用情况

年份	农用塑料薄膜 使用量（万吨）	地膜使用量 （万吨）	地膜使用面积 （千公顷）	地膜使用密度 （吨/千公顷）
2000	133.5	72.2	10624.8	67.95
2005	176.2	95.9	13518.4	70.94
2007	193.8	105.6	14938.3	70.69
2008	200.7	110.6	15308.1	72.25
2009	208.0	112.8	15501.1	72.77
2010	217.3	118.6	15595.6	75.92
2011	229.5	124.5	19790.5	62.91
2012	238.3	131.1	17582.5	74.56
年均增长率（%）	7.14	7.42	5.95	0.88

资料来源：《中国农业统计资料》（2010—2012）、《中国环境统计年鉴》（2009—2013）。

[①] 杜晓枫：《中国农膜面积居世界首位》，《农资导报》2012 年 11 月 9 日。

[②] 陈望：《海南政协委员梁源富建议：回收废弃农膜和农药包装物，保护环境》，《农药市场信息》2011 年第 6 期。

（三）农药投入状况

长期以来，农民为了追求农作物高产和高商品率的同时降低农业生产管理成本，农药使用量迅速增加。在水稻种植业、玉米种植业、谷物种植业和棉花种植业等世界主要农作物种植业中，中国的除草剂、杀虫剂和杀菌剂等农药使用位居世界前列，有的方面甚至位居世界首位，例如水稻杀虫剂中的氟虫腈等。[①] 我国农药使用量由 2001 年的 127.5 万吨增加到 2012 年的 180.6 万吨，增加了 53.1 万吨，年均增长率为 3.79%（见图 2—1）。

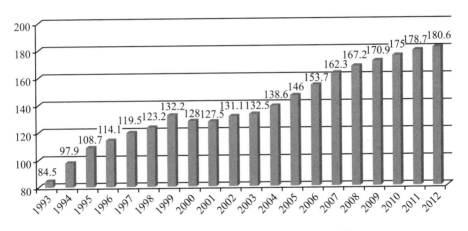

图 2—1　我国 1993—2012 年农药使用量（万吨）

资料来源：《中国农业年鉴 2013》整理得到。

农药的不合理使用已成为我国绿色、安全、低碳农产品的重要威胁。农民群众为了实现农产品高商品率以追求经济利益的最大化，根据传统经验过量使用农药，同时摒弃低毒、低残留的农药品种，大量使用高毒、高残留的农药品种，山东潍坊的姜农就是一个例证，他们为了追求姜的高产、稳产和高商品率，每亩姜使用剧毒农药神农丹 8—20 千克，是国家规定用药量的 3—6 倍，使得姜成为了危害健康的"毒姜"。[②] 以水果行业为例，据统计，高毒农药和中毒农药的比例分别为 48% 和 41%，然而低毒、

①　张一宾：《全球主要作物农药应用情况》，《农药市场信息》2013 年第 1 期。
②　冯秀斌：《减少农药污染途径何在?》，《中国环境日报》2013 年 5 月 23 日。

低残留的生物农药仅占 11%。① 陈国亮等（2013）以天水市麦积区为研究区域，调查了其农药使用情况，结果发现，农民的农药购买渠道较多，在农药选择上具有盲目性和从众性、保守心理强，致使对无公害农药具有一定认识的农户不超过 10%，同时无公害农药的市场占有比例低于 20%；农户在农药的使用过程中，配药随意性强、施药次数多、农药用量大、防止不适时、施药方法不科学和施药器械落后等，使得农药利用效率低下。② 农药使用量的增加和使用效率低下使得我国农作物和土地、灌溉水源等农药污染加剧，严重影响到我国的食品安全。但是提升农户的受教育程度、强化农民职业培训教育、增加农药残留达标农产品的收益水平、鼓励农民参加农民专业合作组织等可以有效规范农户的施药行为。③

（四）农村能源消费状况

随着我国农业现代化的不断推进，农业机械化水平不断提高。根据《中国统计年鉴 2014》可知我国农用机械总动力由 20 世纪 80 年代初的14745.7 万千瓦增加到 2013 年的 103906.8 万千瓦，33 年间增加了 89161.1万千瓦，年均增长率达到了 18.32%；农用大中型拖拉机由 744865 台增加到 2013 年的 527.02 万台，增长了 6.08 倍，年均增长率达到了 18.41%；小型拖拉机由 187.40 万台增加到 1752.28 万台，33 年间增长了 8.35 倍，年均增长率达到了 25.30%；农用排灌柴油机的数量由 289.90 万台增加到2013 年的 1259.40 万台，33 年间增长了 969.50 万台，年均增长率为 10.13%。

农用机械总动力的迅速增加，使得我国农业的能源消耗加快，农业发展对能源依赖度增强。从表 2—4 可以看出，我国农、林、牧、渔、水利业的能源消费量由 2000 年的 3913.77 万吨标准煤增加到 2012 年的 6784.43

---

① 汪海珍：《减少农药污染生产无公害果品的对策》，《现代农业》2013 年第 6 期。

② 陈国亮、雷强、孙万云、曹莉：《农药使用情况调查及发展对策》，《农药科学与管理》2013 年第 2 期。

③ 张星联、张慧媛、武文涵、唐晓纯：《农户对农药残留控制意愿的实证研究》，《农产品质量与安全》2013 年第 3 期。周曙东、张宗毅：《农户农药施药效率测算、影响因素及其与农药生产率关系研究——对农药损失控制生产函数的改进》，《农业技术经济》2013 年第 3 期。

万吨，增加了 2844.79 万吨标准煤，年均增长率达到了 6.11%；除了焦煤和煤油的消费量出现负增长外，其他种类的能源消费都呈现快速增长的态势，同时焦煤和煤油的消费量在总的能源消费中所占的比例微乎其微，其负增长对总体能源消费情况基本没有影响。燃料油消耗的增速最快，由 2000 年的 0.40 万吨增加到 2012 年的 1.98 万吨，年均增长率达到了 32.92%，柴油消耗量增速最小，但年均增长率也达到了 7.63%，煤炭在能源消费中仍处在最重要的地位，且所占比例还略有增加，2000 年其所占的比例为 23.85%，2012 年增加到了 26.03%。

表 2—4　我国 2000—2012 年主要年份农、林、牧、渔、水利业的能源消费情况

年份	总消费 （万吨标准煤）	煤炭 （万吨）	焦炭 （万吨）	汽油 （万吨）	煤油 （万吨）	柴油 （万吨）	燃料油 （万吨）	电力 （亿千瓦时）
2000	3913.77	933.38	70.93	89.16	1.50	697.10	0.40	532.96
2005	6071.06	1513.80	63.47	159.59	1.60	1286.35	0.66	776.33
2006	6330.71	1502.60	55.73	167.75	1.54	1365.53	0.69	827.04
2007	6228.40	1519.57	57.23	172.78	0.94	1218.97	1.00	878.96
2008	6013.13	1522.57	53.14	160.44	1.26	1098.87	1.50	887.05
2009	6251.18	1582.11	44.59	168.06	0.76	1134.15	1.05	939.90
2010	6477.30	1711.10	46.82	169.07	0.90	1206.73	1.14	976.49
2011	6758.56	1756.63	54.06	185.98	1.47	1271.91	1.31	1012.90
2012	6784.43	1766.12	57.48	192.86	1.19	1335.50	1.98	1012.57
年均增长率（%）	6.11	7.43	-1.58	9.69	-1.72	7.63	32.92	7.50

资料来源：《中国能源统计年鉴 2013》整理得到。

火电在农村电力消费结构中占了很大的比重，而火电基本都属于煤电，这就使得煤炭在农村的能源消费中所占比例更高。随着国家对农村中小型水电的扶持，根据《中国统计年鉴 2013》和《中国能源统计年鉴 2013》，我国农村水电建设年度完成投资额由 2001 年的 2133741 万元增加

到 2012 年的 3671548 万元，10 年间翻了一番；乡村办的水电站个数增长了 54.72%，其装机容量由 2001 年的 896.6 万千瓦增加到 2012 年的 6568.6 万千瓦，10 年间增加了 6.33 倍，使得农村水电年发电量由 2001 年的 949.0 亿千瓦小时增加到 2012 年的 2172.9 亿千瓦小时，年均增长率为 11.72%，但是其在农村电力消费中所占的比例却由 2001 年的 36.35% 降到了 2011 年的 26.81%（见图 2—2）。

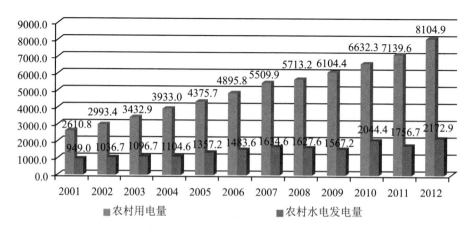

图 2—2　我国 2001—2012 年农村用电量和农村水电发电量（亿千瓦时）

资料来源：《中国统计年鉴 2014》整理得到。

（五）畜禽业废弃物排放状况

要分析我国畜禽业废弃物排放的现状，就必须得到我国不同年度各畜禽种类的养殖数量。各类畜禽的年度平均饲养数量是根据出栏量、存栏量和畜禽生命周期来确定，年度出栏率大于 1 的主要有生猪和家禽，其生命周期分别为 200 天和 55 天，[①] 其平均饲养量是用出栏量乘以平均生命周期除以 365 得到。对于出栏率小于 1 的畜禽，用相邻两年的年末存栏量的平均数表示，得到我国 2001—2012 年主要的畜禽平均饲养量，具体见表 2—5。

---

① 胡向东、王济民：《中国畜禽温室气体排放量估算》，《农业工程学报》2010 年第 10 期。张克强、高怀有著：《畜禽养殖业污染物处理与处置》，化学工业出版社 2004 年版，第 22—23 页。

表2—5 我国2001—2012年主要畜禽的年均养殖数量（万）

年份	牛	骡	马	驴	生猪	羊	家禽
2001	12081.2	444.6	851.3	902.1	29195.1	27786.6	476481.8
2002	11688.5	427.8	817.4	865.7	29667.9	27933.0	481425.3
2003	11501.1	407.6	799.4	835.3	30521.5	28774.2	489906.1
2004	11334.9	384.9	777.0	806.3	31385.5	29866.7	510906.1
2005	11113.1	367.2	752.0	784.6	33078.0	30109.3	524500.0
2006	10728.0	352.8	729.8	753.9	33538.3	29081.2	508500.0
2007	10530.0	321.8	711.2	709.9	30963.5	28476.3	493000.0
2008	10585.4	297.0	692.5	681.1	33525.6	28324.8	532372.8
2009	10651.3	287.4	680.3	660.8	35460.8	28268.6	552763.2
2010	10676.5	274.5	677.8	644.1	36640.9	28270.1	563527.3
2011	10493.5	264.8	674.0	643.8	36357.3	28161.9	589947.9
2012	10351.9	255.5	652.4	641.9	38346.1	28361.9	635789.5

资料来源：《中国统计年鉴2013》《中国畜牧业年鉴2013》整理得到。

我国主要畜禽粪便排放系数主要参考已有文献，王方浩等（2006）研究了我国近十年来公开发表的关于畜禽新鲜粪便的排泄系数，并取其平均值，[1] 有一定的参考价值，本书中生猪鲜粪便的排泄系数采用其数据5.3千克/天（kg/d）。张田等（2012）查阅了从1983年的《农业技术经济手册》编委会相关研究成果到2010年之间的关于我国畜禽新鲜粪便的排泄系数的相关文献，通过分析比较取平均值，也具有一定的实际参考价值，[2] 并测算出我国2009年畜禽养殖业的新鲜粪便排泄总量达到了32.64亿吨，其中污染物化学需氧量（COD）和生化需氧量（BOD）的含量分别为8039.96万吨和7273.95万吨，单位面积农地畜禽粪便的氮磷负荷分别为

---

[1] 王方浩、马文奇、窦争霞、马林、刘小利、许俊香、张福锁：《中国畜禽粪便产生量估算及环境效应》，《中国环境科学》2006年第5期。

[2] 张田、卜美东、耿维：《中国畜禽粪便污染现状及产沼气潜力》，《生态学杂志》2012年第5期。

158.42 千克/公顷和 47.92 千克/公顷，达到了或是即将达到土壤年化肥施氮（N）量和施磷（P）量不能超过 150 千克每公顷和 80 千克每公顷的国际标准，若加上化肥施用量就会超过这个标准。本书中其他畜禽的粪便和尿液排泄系数以及生猪的尿液排放系数均来自于张田等的研究，其中取役用牛、肉牛和奶牛的粪便排泄系数的平均值表示为牛的粪便排泄系数为 26.29 千克/天，其尿液排泄系数为 10.73 千克/天，羊的粪便和尿液的排泄系数分别为 2.60 千克/天和 1.00 千克/天，生猪的尿液排泄系数为 5.00 千克/天，驴和骡的排泄系数相同，其粪便和尿液的排泄系数分别为 4.80 千克/天和 2.88 千克/天，马的粪便和尿液的排泄系数分别为 9.00 千克/天和 4.90 千克/天，家禽的粪便排泄系数是取肉鸡、蛋鸡和鸭鹅的平均数为 0.12 千克/天。

从表 2—6 中可以看出，我国畜禽新鲜粪便排泄量除了 2007 年外，一直保持在 22 亿吨以上。从结构上看，牛和生猪是我国畜禽新鲜粪便排泄的主要制造者，以 2011 年为例，牛和生猪的新鲜粪便排泄分别达到了 100694.1 万吨和 70333.2 万吨，分别占全年全国畜禽业新鲜粪便排泄总量的 44.28% 和 30.93%，最少的为骡，其新鲜粪便排泄量仅占总量的 0.20%。从表 2—7 中可以看出，2001—2012 年间，畜禽的尿液排泄总量一直保持在 11 亿吨以上，2012 年最多，达到了 12.29 亿吨，和粪便排放结构一样，牛和生猪依然是畜禽尿液的主要排泄者，其分别占到了总的排泄量的 34.28% 和 55.34%。这主要是由于牛和生猪的数量较多同时粪便排泄系数较大，这在表 2—5 中可以得到体现。

表 2—6　我国 2001—2012 年主要畜禽粪便排泄量（万吨）

年份	牛	骡	马	驴	生猪	羊	家禽	总计
2001	115929.4	778.9	2796.5	1580.5	56477.9	26369.5	20869.9	224802.6
2002	112161.1	749.5	2685.2	1516.7	57392.6	26508.4	21086.4	222099.9
2003	110362.8	714.1	2626.0	1463.4	59043.8	27306.7	21457.9	222974.9
2004	108768.0	674.3	2552.4	1412.6	60715.2	28343.5	22377.7	224843.9
2005	106639.6	643.3	2470.3	1374.6	63989.4	28573.7	22973.1	226664.1

续表

年份	牛	骡	马	驴	生猪	羊	家禽	总计
2006	102944.3	618.1	2397.4	1320.8	64879.8	27598.1	22272.3	222030.8
2007	101044.3	563.8	2336.3	1243.7	59898.9	27024.0	21593.4	213704.4
2008	101575.9	520.3	2274.9	1193.3	64855.3	26880.2	23317.9	220617.8
2009	102208.3	503.5	2234.8	1157.7	68598.9	26826.9	24211.0	225741.2
2010	102450.1	480.9	2226.6	1128.5	70881.8	26828.3	24682.5	228678.7
2011	100694.1	463.9	2214.1	1127.9	70333.2	26725.6	25839.7	227398.6
2012	99335.3	447.6	2143.1	1124.6	69981.6	26915.4	27847.6	227795.3

资料来源：用畜禽粪便排放系数乘以畜禽的年平均饲养量得到。

我国2001—2012年间畜禽粪便和尿液排泄总量一直在33亿吨左右，最少的为2007年的32.42亿吨，最多的为2012年的35.08亿吨，畜禽业废弃物的排放量将会长期保持在这一水平，成为制约我国畜禽养殖业低碳化发展的重要因素，同时也是我国农村生态环境的重要威胁因素。

表2—7 我国2001—2012年主要畜禽尿液排泄量

单位：万吨

年份	牛	骡	马	驴	生猪	羊	家禽	总计
2001	47315.4	467.4	1522.6	948.3	53281.1	10142.1	–	113676.8
2002	45777.4	449.7	1461.9	910.0	54143.9	10195.5	–	112938.5
2003	45043.5	428.5	1429.7	878.1	55701.7	10502.6	–	113984.1
2004	44392.6	404.6	1389.7	847.6	57278.5	10901.3	–	115214.3
2005	43523.9	386.0	1345.0	824.8	60367.4	10989.9	–	117436.9
2006	42015.7	370.9	1305.2	792.5	61207.4	10614.6	–	116306.3
2007	41240.2	338.3	1272.0	746.2	56508.4	10393.8	–	110499.0
2008	41457.2	312.2	1238.5	716.0	61184.2	10338.6	–	115246.7
2009	41715.3	302.1	1216.7	694.6	64716.0	10318.0	–	118962.7
2010	41814.0	288.6	1212.2	677.1	66869.6	10318.6	–	121180.1
2011	41097.3	278.4	1205.4	676.8	66352.1	10279.1	–	119889.0
2012	40542.7	261.1	1166.8	656.0	69981.6	10352.1	–	122960.4

资料来源：用畜禽尿液排放系数乘以畜禽的年平均饲养量得到。

二、我国农业温室气体排放和吸收量的测算方法

（一）区域农业温室气体的排放总量及测算方法

区域农业碳排放总量是指在一定时期内（通常是一年）一定区域农业生产活动中所排出的二氧化碳等温室气体。为了准确地测算出我国农业温室气体排放量，笔者研究了关于如何测算区域温室气体排放的方法，主要有以下几种：

国际能源署（IEA）采用联合国政府间气候变化专门委员会的基准方法和世界各国能源平衡表，根据式（2—1）测算全球二氧化碳排放水平。

$$CO_2 = \sum CO_{2,i} = \sum (A_i \times CF_i \times c_i \times 10^{-3} - EC_i) \times OF_i \times 44/12$$

$$(2—1)$$

其中，CO_2 代表全球的二氧化碳排放量，$CO_{2,i}$ 表示第 i 类燃料的二氧化碳排放量，A_i 表示各国年度能源平衡表中的第 i 类燃料消耗量，且等于该燃料的年产量、进口量之和减去从事国际运输的燃料消耗、出口量和燃料储备年度变化量，CF_i 表示将第 i 类燃料的初始单位转换为国际通用的能量单位的系数，C_i 表示第 i 类燃料的含碳率（tC/TJ），EC_i 表示第 i 类燃料扣除的碳量，OF_i 表示第 i 类燃料碳氧化系数，44/12 表示将碳转化为二氧化碳。

李俊杰（2012）提出农地利用碳源主要为六种：化肥、农药、农膜、农业机械、农地翻耕和灌溉。并根据式（2—2）测算了我国民族地区1993—2010 年的农地利用碳排放。[①]

$$E = \sum E_i = \sum T_i \times \delta_i \qquad (2—2)$$

其中，E 为农地利用碳排放总量，E_i 表示第 i 类碳源的碳排放量，T_i 表示第 i 类碳源量，δ_i 表示第 i 类碳源碳排放系数。

闵继胜等（2012）根据式（2—3）、式（2—4）、式（2—5）和式

---

① 李俊杰：《民族地区农地利用碳排放测算及影响因素研究》，《中国人口·资源与环境》2012 年第 22 期。

（2—6）测算了我国及各个省 1991—2008 年种植业和畜牧业的甲烷和一氧化二氮排放量。[①]

$$CH_{4crop} = \sum_{i=1}^{n} S_i \times \alpha_i \qquad (2—3)$$

其中，CH_{4crop} 表示年度种植业的甲烷排放量，S_i 表示第 i 类农作物的播种面积，α_i 表示第 i 类农作物甲烷排放系数。

在种植业一氧化二氮年排放量测算时，用各类农作物播种面积乘以本底一氧化二氮排放通量加上各类化肥施用总量与其氮肥一氧化二氮排放系数的乘积，如式（2—4）所示：

$$N_2O_{crop} = \sum_{i=1}^{n} (S_i \times \beta_i + Q_i \times \gamma_i) \qquad (2—4)$$

在畜牧业温室气体排放量测算方面，分别用各类畜禽的平均饲养量与该种畜禽甲烷、一氧化二氮排放系数的乘积进行加总，如式（2—5）和式（2—6）所示：

$$CH_{4live} = \sum_{i=1}^{n} N_i \times \delta_i \qquad (2—5)$$

$$N_2O_{live} = \sum_{i=1}^{n} N_i \times \phi_i \qquad (2—6)$$

从现有文献资料来看，我国农业源温室气体排放主要是农膜、农业机械和农业灌溉所产生的二氧化碳、焚烧农业秸秆排放的二氧化碳、反刍动物和动物粪便释放的甲烷、化肥施用以及土壤释放的一氧化二氮和稻田释放的甲烷。[②] 并且稻田释放的甲烷是中国农业源甲烷排放的主要部分，对全球大气的甲烷增加也有着举足轻重的作用。[③] 本书在进行农业温室气体排放量的测算时，主要根据《中国统计年鉴》《中国农业年鉴》《中国畜牧业年鉴》等

[①] 闵继胜、胡浩：《中国农业温室气体排放量的测算》，《中国人口·资源与环境》2012 年第 22 期。

[②] DavidNorse, "Low Carbon Agriculture: Objectives and Policy Path Ways", *Environmental Development*, No. 1, 2012.

[③] 唐红侠、韩丹等著：《农林业温室气体减排与控制技术》，化学工业出版社 2009 年版，第 81—96 页。

各年统计数据分别计算我国稻田的甲烷排放，化肥和土壤引起的一氧化二氮排放，化肥、农药、农业机械和农业灌溉所产生的二氧化碳排放，以及畜牧业的甲烷、一氧化二氮排放量，并选择了下面的公式进行估算：

$$CH_{4rice} = \sum_{i=1}^{n} S_i \times \alpha_i \qquad (2—7)$$

其中，CH_{4rice} 为稻田的甲烷排放量，S_i 为第 i 地区水稻的种植面积，α_i 为稻田单位面积的甲烷排放量。

$$N_2O_{crop} = \sum_{i=1,j=1}^{n} (S_i \times \beta_i + N_j \times \chi_j) \qquad (2—8)$$

其中，N_2O_{crop} 为种植业的一氧化二氮排放量，S_i 为第 i 种农作物的播种面积，β_i 为第 i 种农作物的本底一氧化二氮排放系数，N_j 为第 j 种肥料的施用量，χ_j 为第 j 种肥料的一氧化二氮排放系数。

$$CO_{2crop} = \sum_{i=1}^{n} R_i \times \delta_i \qquad (2—9)$$

其中，CO_{2crop} 为种植业的二氧化碳排放量，R_i 为第 i 种碳源量，δ_i 为第 i 种碳源二氧化碳排放系数。

$$CH_{4livestock} = \sum_{i=1}^{n} T_i \times \phi_i \qquad (2—10)$$

其中，$CH_{4livestock}$ 为畜禽业甲烷排放量，T_i 为第 i 种畜禽的饲养量，ϕ_i 为第 i 种畜禽的甲烷排放系数。

$$N_2O_{livestock} = \sum_{i=1}^{n} T_i \times \phi_i \qquad (2—11)$$

其中，$N_2O_{livestock}$ 为畜禽业的一氧化二氮排放量，T_i 为第 i 种畜禽的饲养量，ϕ_i 为第 i 种畜禽的一氧化二氮排放系数。

（二）区域农业碳汇及测算方法

区域农业碳吸收总量是指在一定时期内（通常是一年）一定区域农业生产活动中农作物通过光合作用同化空气中的二氧化碳，释放出氧气，并减去作物呼吸作用产生的二氧化碳量。不同的农作物由于生长期、植株自身大小等的不同使得碳吸收量差异很大，李克让等（2002）引用了联合国政府间气候变化专门委员会（1995）的相关数据并测算了中国1992年的农作物二氧化碳吸收量，具有重要的实际参考价值。[①] 本书参考其研究方法测算中国 1993—2012 年的农业碳吸收量，具体方法如下：

$$C_d = C_f \times D_w = C_f Y_w / H_i \qquad (2-12)$$

式中，C_d 为农作物的年度碳吸收量，C_f 为农作物通过光合作用合成 1 克干物质所吸收的碳量，D_w 为农作物的总干物质量，Y_w 为农作物的经济产量，H_i 为农作物的经济系数。

（三）区域农业净碳汇及测算方法

区域农业净碳汇是指在一定时期内（通常是一年）一定区域农业生产活动中农作物的碳吸收量减去碳释放量。区域农业净碳汇是衡量低碳农业的重要指标。净碳汇若是大于零，说明该区域农业呈现低碳化发展；若是小于零，就说明该区域低碳农业发展形势严峻。低碳农业发展就是要寻求农业领域的碳平衡，力争实现碳汇盈余，也就是净碳汇大于零。

三、我国农业温室气体的排放和吸收量测算

（一）我国农业温室气体排放测算

1. 温室气体排放系数的确定

本书选取的农作物品种主要为小麦（包括春小麦和冬小麦）、玉米、大豆、水稻五种粮食作物、蔬菜、棉花和其他旱作物（除烟草）。前文分析过种植业甲烷的排放主要是水稻引起的，种植业（包括水稻）一氧化二氮的排放主要是因为本底排放和氮肥所引起的，种植业二氧化碳的排放量主要是化肥、农药、农用柴油、农业灌溉等引起的。王明星等（1998）根据《中国农业统计资料》对我国北方地区和西南地区（西藏）的单季稻的单位面积甲烷排放系数进行了计算。[②] 但是我国地域非常广阔，从炎热的热带气候到寒冷的寒温带气候，从湿润的海洋性气候到干旱的沙漠气候，

---

　　① 李克让著：《土地利用变化和温室气体净排放与陆地生态系统碳循环》，气象出版社 2002 年版，第 260—265 页。

　　② 王明星、李晶、郑循华：《稻田甲烷排放及产生、转化、输送机理》，《大气科学》1998 年第 4 期。

各地区的农业区位因素差异很大，因此稻田的甲烷排放系数也差异很大。本书根据联合国政府间气候变化专门委员会（1995）从水稻的生长周期视角按着 85 天、100 天和 105 天把水稻分为早稻、晚稻和中季稻，同时本书结合王明星、闵继胜、《中国农业统计资料》和《新中国农业 60 年统计资料》计算出我国各区域稻田的甲烷排放系数。[①]

　　全球农业土壤和热带土壤已经成为大气中一氧化二氮的主要来源之一，占到了 70%—90%，[②] 而氮肥的过度施用是一氧化二氮排放增加的重要原因之一。关于我国种植业一氧化二氮排放系数，很多专家做了大量的研究。王智平（1997）研究了我国水稻和旱地作物的农田本底一氧化二氮排放系数以及肥料氮肥和复合肥一氧化二氮排放系数。[③] 邢光熹等（2000）采用田间测算和联合国政府间气候变化专门委员会的第二阶段的算法经过计算得出 1995 年中国农田的一氧化二氮的排放量达到 398 兆克和 336 兆克，发现水田是我国农田一氧化二氮重要排放源，占到了中国农田一氧化二氮总排放量的 22%，并计算了我国不同区域稻田的一氧化二氮排放系数。[④] 本书的稻田一氧化二氮排放系数采用邢光熹等的数据，因其对我国不同区域水田的一氧化二氮排放数据分区域计算一氧化二氮排放系数，更符合中国实际，其早稻、晚稻和中稻的一氧化二氮排放系数分别为 1.63 千克/公顷（kg/hm^2）、3.98 千克/公顷和 4.59 千克/公顷。张强等（2010）运用修正的联合国政府间气候变化专门委员会（2006）方法计算了我国农田一氧化二氮排放量，结果发现化学氮肥对我国农田一氧化二氮排放量的贡献率达到了 77.64%，并用样本法结合 Mata Analysis 得出我国水田和旱

　　① IPCC, *IPCC Guidelines for National Greenhouse Gas Inventories*, IPCC Bracknell, 1995, p. 25. 王明星、李晶、郑循华：《稻田甲烷排放及产生、转化、输送机理》，《大气科学》1998 年第 4 期。闵继胜、胡浩：《中国农业温室气体排放量的测算》，《中国人口·资源与环境》2012 年第 22 期。

　　② Bouwman A. F., *Exchange of Greenhouse Gases between Terrestrial Ecosystems and the Atmosphere*, Soils and the Greenhouse Effect, 1990, pp. 62—127.

　　③ 王智平：《中国农田 N_2O 排放量的估算》，《农村生态环境》1997 年第 2 期。

　　④ 邢光熹、颜晓元：《中国农田 N_2O 排放的分析估算与减缓对策》，《农村生态环境》2000 年第 4 期。

地的一氧化二氮排放因子分别为 0.54% 和 1.49%。[1] 本书的春小麦、冬小麦、大豆、玉米、蔬菜和其他旱作物的排放系数数据来自于闵继胜，棉花的氮肥排放系数来自于徐华[2]（见表 2—8）。

表2—8 我国农作物不同品种的一氧化二氮排放系数

排放系数	春小麦	冬小麦	大豆	玉米	蔬菜	棉花	其他旱地作物
本底一氧化二氮排放（千克/公顷）	0.40	1.75	2.29	2.532	4.944	0.95	0.95
氮肥一氧化二氮排放（%）	0.15	1.10	6.605	0.83	0.83	0.13	0.3
复合肥一氧化二氮排放（%）	0.11	0.11	0.11	0.11	0.11	0.11	0.11

本书选用了 5 种碳源测算种植业二氧化碳排放，分别为化肥、农药、农膜、农用柴油和农业灌溉，其中化肥、农药、农膜的碳排放主要是在其生产过程中对化石能源的消耗以及在农业生产活动中所形成的直接或是间接的碳排放，农业柴油主要是在农耕、收割等过程中农机具所消耗的柴油造成的碳排放，农业灌溉是农用水泵等对电能的消耗。这些碳源的排放系数如表 2—9 所示。

畜牧业温室气体的排放主要源自于肠胃发酵和畜禽粪便发酵形成的甲烷排放、动物粪便造成的一氧化二氮排放和动物饲养过程中对化石能源等的消耗造成的二氧化碳排放，鉴于畜牧业生产过程中化石能源消耗相关数据的缺乏，本书主要测算了畜牧业生产过程中的甲烷、一氧化二氮排放。联合国政府间气候变化专门委员会（2006）给出了不同畜禽的甲烷排放系数，但是和联合国粮食及农业组织一样未考虑家禽的肠胃发酵甲烷排放系

① 张强、巨晓棠、张福锁：《应用修正的 IPCC2006 方法对中国农田 N₂O 排放量重新估算》，《中国生态农业学报》2010 年第 1 期。

② 闵继胜、胡浩：《中国农业温室气体排放量的测算》，《中国人口·资源与环境》2012 年第 22 期。徐华、邢光熹、蔡祖聪、鹤田治雄：《土壤质地对小麦和棉花田 N₂O 排放的影响》，《农业环境保护》2000 年第 1 期。

数，本书亦不予考虑。[1] 胡向东（2010）采用联合国政府间气候变化专门委员会和联合国粮食及农业组织最新的畜禽温室气体排放系数和相关计算方法，结合中国畜牧业发展的实际，分别计算了我国主要畜禽品种的甲烷、一氧化二氮排放系数，并估算了我国 2000—2007 年及 2007 年各省区的畜禽温室气体排放量，具有重要的参考价值，本书采用其测算出的一氧化二氮排放系数。[2] 本书具体的畜禽温室气体排放系数见表 2—10。

表 2—9　种植业各类碳源的排放系数

碳源	化肥	农药	农膜	农用柴油	农业灌溉（千克/公顷）
碳排放系数	0.8956	4.9341	5.18	0.5927	20.476
二氧化碳排放系数	3.2839	18.0917	18.9933	2.1732	75.0787

注：化肥排放系数来自韦斯特（West），农药数据来自美国橡树岭实验室，农膜数据来自南京农业大学农业资源与生态环境研究所，农用柴油数据来自联合国政府间气候变化专门委员会，农业灌溉数据来自迪贝（Dubey）和李俊杰。二氧化碳排放系数＝碳排放系数乘以 44 除以 12。[3]

表 2—10　不同畜禽品种温室气体排放系数

排放系数		牛	骡	马	骆驼	驴	生猪	羊	家禽
甲烷排放系数	肠道发酵	59.7	10	18	46	10	1	5	–
	粪便发酵	8.75	0.9	1.64	1.92	0.9	3.5	0.16	0.02
	总计	68.45	10.9	19.64	47.92	10.9	4.5	5.16	0.02
一氧化二氮排放系数	粪便排放	1.183	1.39	1.39	1.39	1.39	0.53	0.33	0.02

注：肉牛的排放系数取奶牛、水牛和黄牛排放系数的平均数；羊取山羊和绵羊排放系数的平均数；家禽取鸡、鹅、鸭和火鸡排放系数的平均数。

---

[1]　IPCC, *IPCC Guidelines for National Greenhouse Gas Inventories Volume* 4：*Agriculture, Forestry and other Land Use*, Geneva, Switzerland：IPCC, 2006, p. 35.

[2]　胡向东、王济民：《中国畜禽温室气体排放量估算》，《农业工程学报》2010 年第 10 期。

[3]　West T. O., Marland G., "A Synthesis of Carbon Sequestration, Carbone Missions, and Net Carbon Flux in Agriculture：Comparing Tillage Practices in the United States", *Agriculture Ecosystems and Environment*, No. 9, 2002. Dubey A., Lal R., "Carbon Footprint and Sustainability of Agricultural Production Systems in Punjab, India and Ohio, USA", *Crop Improvement*, No. 23, 2009. 李俊杰：《民族地区农地利用碳排放测算及影响因素研究》，《中国人口·资源与环境》2012 年第 22 期。

2. 温室气体排放量测算结果

从表 2—11 中可以看出，1993—2012 年我国稻田的甲烷排放量呈现波动下降趋势，1993—1999 年虽有所上升，但是随后逐渐下降，由 1999 年的 1000.73 万吨降到 2012 年的 960.09 万吨。我国水稻的甲烷排放量主要集中在中稻或一季晚稻，且其排放总量还在不断增加，由 1993 年的 466.10 万吨增加到 2012 年的 641.04 万吨，早稻和晚稻的甲烷排放量在不断减少。从图 2—3 中可以看出，我国水稻播种面积波动下降，根据《中国农业统计资料》显示，我国水稻播种面积由 1993 年的 30355.4 千公顷减少到 2007 年的 28918.8 千公顷，此后虽有所增加，但增幅较小，早稻播种面积由 1993 年的 7999.1 千公顷减少到 2012 年的 5764.9 千公顷，晚稻由 1993 年的 10212.4 千公顷减少到 2012 年的 6363.2 千公顷。然而同期的一氧化二氮排放量在不断增加，由 1993 年的 51.85 万吨增加到 2012 年的 64.38 万吨，这主要是随着我国城市化的不断推进，耕地资源不断减少，为保持粮食产量的稳定增长，化肥、农药等农用物资投入增加，造成直接或间接的一氧化二氮排放量的增长，同时我国种植业结构不断变化，蔬菜、果树等经济作物的种植面积不断挤占粮食作物种植面积，而蔬菜等经济作物的化肥、农药施用量明显高于粮食生产，最终使得一氧化二氮排放量不断增加。

表 2—11　1993—2012 年我国种植业温室气体排放（万吨）

年份	甲烷排放量				一氧化二氮排放量			
	早稻排放量	中稻或一季晚稻排放量	晚稻排放量	总计	本底排放量	化肥排放量	稻田排放量	总计
1993	107.76	466.10	386.88	960.74	20.73	20.17	10.94	51.85
1994	107.86	481.62	368.92	958.40	21.15	20.44	10.89	52.48
1995	110.51	474.26	383.78	968.55	21.60	20.99	11.07	53.65
1996	111.64	542.83	343.71	998.17	22.37	21.71	11.41	55.49
1997	109.97	556.33	340.05	1006.35	22.85	22.78	11.62	57.25
1998	105.21	565.36	320.77	991.34	23.76	23.50	11.50	58.76

续表

年份	甲烷排放量				一氧化二氮排放量			
	早稻排放量	中稻或一季晚稻排放量	晚稻排放量	总计	本底排放量	化肥排放量	稻田排放量	总计
1999	102.07	579.13	319.53	1000.73	24.23	22.51	11.60	58.35
2000	91.74	586.30	287.41	965.45	24.76	23.11	11.27	59.15
2001	85.89	576.11	268.41	930.41	25.69	23.52	10.90	60.11
2002	78.92	595.81	249.65	924.39	25.67	22.65	10.81	59.13
2003	75.12	576.14	229.58	880.84	25.75	23.00	10.14	58.90
2004	79.96	616.03	242.15	938.14	25.72	24.15	10.88	60.75
2005	81.02	620.89	249.14	951.06	26.16	24.41	11.06	61.62
2006	79.33	633.87	236.32	949.53	25.77	25.16	11.16	62.09
2007	77.25	637.36	229.83	944.44	26.26	25.11	11.21	62.58
2008	76.74	644.16	232.43	953.33	26.83	25.40	11.36	63.60
2009	78.92	644.80	236.96	960.68	27.45	25.80	11.50	64.75
2010	77.80	647.85	236.57	962.22	28.01	25.51	11.62	65.13
2011	77.50	651.64	235.86	965.00	28.49	25.30	11.72	65.50
2012	77.67	641.04	241.38	960.09	28.34	25.37	10.67	64.38

资料来源:根据《中国农业统计资料》《中国农业年鉴》《新中国农业60年统计资料》《中国统计年鉴》(各年)测算。

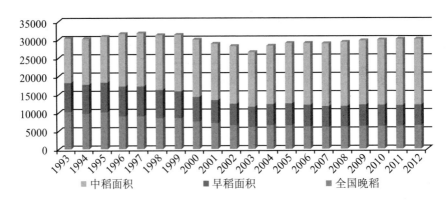

图2—3　1993—2012年中国水稻种植面积(千公顷)

在表 2—12 中可以看出我国种植业的二氧化碳排放量呈现增长趋势，由 1993 年的 15626.98 万吨增加到 2012 年的 32256.96 万吨，农膜、化肥、农用柴油、农药和农业灌溉源的二氧化碳排放量都有所增加，这主要是为了追求较高的农业产出，增加农业生产资料投入所造成的。

表 2—12　1993—2012 年我国种植业二氧化碳排放量（万吨）

时间	农膜源排放量	化肥源排放量	农用柴油源排放量	农药源排放量	农业灌溉源排放量	总计
1993	1342.83	10350.42	2039.14	1528.75	365.84	15626.98
1994	1684.71	10895.54	2100.65	1771.18	366.08	16818.15
1995	1737.89	11801.23	2364.04	1966.57	370.00	18239.73
1996	2005.70	12570.31	2338.62	2064.26	378.26	19357.15
1997	2207.03	13072.09	2671.99	2161.96	384.69	20497.75
1998	2292.50	13410.33	2857.15	2228.90	392.63	21181.50
1999	2391.26	13543.65	2943.21	2391.72	399.11	21668.95
2000	2535.61	13616.22	3053.39	2315.74	404.08	21925.04
2001	2752.13	13968.91	3227.90	2306.69	407.30	22662.94
2002	2907.88	14250.01	3276.15	2371.82	408.09	23213.95
2003	3023.74	14487.11	3421.97	2397.15	405.53	23735.50
2004	3190.88	15225.98	3954.20	2507.51	409.02	25287.58
2005	3346.63	15651.57	4135.01	2641.39	413.15	26187.74
2006	3504.27	16181.91	4178.69	2780.69	418.57	27064.13
2007	3679.01	16773.33	4391.67	2936.28	424.33	28204.63
2008	3811.96	17204.18	4102.85	3024.93	439.00	28582.92
2009	3950.61	17747.33	4259.32	3091.87	444.93	29494.06
2010	4127.25	18263.88	4396.67	3166.05	453.08	30406.93
2011	4358.97	18731.83	4471.21	3232.99	463.10	31258.10
2012	4526.10	19414.09	4580.24	3267.36	469.17	32256.96

资料来源：根据《中国农业统计资料》《中国农业年鉴》《新中国农业 60 年统计资料》《中国统计年鉴》（1994—2013）测算。

从表 2—13 可以看出，1993—2012 年我国畜禽的甲烷排放量整体上在波动中上升，从 1993 年的 1026.43 万吨增加到 2000 年的 1202.62 万吨，随后有轻微的下降。这和我国畜禽饲养量的增减有着一定的联系，根据《中国统计年鉴》可以知道中国的大牲畜由 1993 年的 13987.5 万头增加到 1999 年的 15028.8 万头，随后又减少到 2011 年的 11966.2 万头。与此相对应，畜禽一氧化二氮排放量从 1993 年的 41.36 万吨持续增加到 2012 年的 56.84 万吨，这主要是因为家禽类、生猪、羊等畜禽饲养量的增加。以家禽为例，据《中国农业统计资料》显示，中国家禽的年出栏量由 1993 年的 39.78 亿只增加到 2012 年的 120.8 亿只。

表 2—13　1993—2012 年我国畜禽的温室气体排放量（万吨）

年份	甲烷排放量	一氧化二氮排放量
1993	1026.43	41.36
1994	1100.31	44.09
1995	1197.97	47.91
1996	1132.52	44.82
1997	1111.73	45.48
1998	1170.51	48.26
1999	1200.01	50.04
2000	1202.62	51.73
2001	1171.88	51.56
2002	1146.74	51.37
2003	1142.16	51.95
2004	1140.82	52.89
2005	1134.09	53.79
2006	1102.24	52.82
2007	1071.83	50.58
2008	1085.98	52.64
2009	1098.71	54.08
2010	1105.64	54.90
2011	1091.58	55.01
2012	1061.63	56.84

资料来源：根据《中国农业统计资料》《中国农业年鉴》《新中国农业 60 年统计资料》《中国统计年鉴》《中国畜牧业年鉴》（各年）测算。

（二）我国农业碳汇量测算

1. 相关系数的确定

在农业生态系统中，植物对温室气体的吸收主要通过同化空气中的二氧化碳，并释放出氧气，因此农业吸收的温室气体主要是二氧化碳，本书在研究农业碳汇的时候只考虑二氧化碳。从长期（10 年及以上）农作物通过光合作用从大气中同化并固定的二氧化碳，在一定时间内又会以三种主要的形式重新释放到大气中：一是暂存植物体内（农作物秸秆、粮食等），随后转变为人类的食物（粮食）和动物饲料（秸秆、饲料粮）等，通过人、动物以及微生物作用重新排放到大气中；二是农作物本身的呼吸作用、农作物残体的腐烂分解（秸秆还田等）和燃烧（秸秆焚烧等），重新释放到大气；三是作为工业的原料存储起来（农作物副产品等），但是若干年后仍将释放到空气中。因此，从长期来看，农作物二氧化碳的吸收量对农业生态系统碳循环的影响几乎为零，但是从短期来看，农作物因为产量增加等所造成的二氧化碳吸收量的增加也会形成一定的净碳汇。因此，本书关于农作物碳汇的测算是基于短期时间，本书选取了水稻、玉米、小麦、薯类、大豆、高粱、谷子以及其他粮食作物和棉花、向日葵子、花生、烟草和油菜子五种经济作物作为研究对象测算中国农业的碳汇情况。李克让（2002）测算了中国主要农作物的单位播种面积碳汇量、中国主要农作物的经济系数和作物光合作用合成 1 克干物质所吸收的碳量，并测算了中国 1949—1996 年的几种主要农作物的年二氧化碳吸收量，[①] 具有重要的参考价值，因此本书借鉴其关于中国主要农作物的经济系数（H_i）和 1千克干物质所吸收的碳量（C_f）进行中国农业碳汇测算，具体系数见表2—14。

---

① 李克让著：《土地利用变化和温室气体净排放与陆地生态系统碳循环》，气象出版社 2002年版，第 89—91 页。

表2—14　中国农作物二氧化碳吸收系数

粮食作物	H_i	C_f	经济作物	H_i	C_f
水稻	0.45	0.4144	棉花	0.10	0.450
小麦	0.40	0.4853	油菜子	0.25	0.450
玉米	0.40	0.4709	向日葵子	0.30	0.450
高粱	0.35	0.4500	花生	0.43	0.450
谷子	0.40	0.4500	烟草	0.55	0.450
薯类	0.65 *	0.4226			
大豆	0.35	0.4500			
其他	0.40	0.4500			

注：原文为0.7/0.65，本书取0.65。

2. 测算结果

从表2—15中可以看出农作物的二氧化碳吸收总量整体上呈增加趋势，由1993年的52318.70万吨波动增加到2012年的70922.39万吨，年均增加1.87%，其中粮食作物的二氧化碳吸收总量占据主要部分，由1993年的48031.20万吨波动增加到2012年的62961.82万吨，年均增幅为1.64%。经济作物二氧化碳吸收量在农业总的二氧化碳吸收量中所占的比重虽小，但是增速较快，年均增幅达到4.51%。净碳汇量呈现微弱下降趋势，这主要是农业二氧化碳排放量的持续增加所致。

表2—15　我国1993—2012年农业碳汇和净碳汇量（万吨）

年份	粮食作物二氧化碳吸收量	经济作物二氧化碳吸收量	二氧化碳吸收总量	净碳汇[①]
1993	48031.20	4287.49	52318.70	36691.72
1994	46800.19	4703.40	51503.59	34685.44
1995	48945.16	5356.24	54301.40	36061.67
1996	53044.40	5071.53	58115.94	38758.79
1997	51909.43	5329.27	57238.71	36740.96

①　此处的净碳汇仅仅为农作物的二氧化碳吸收量减去农业经营造成的二氧化碳排放量，农业领域的一氧化二氮、甲烷不包含在内。

年份	粮食作物二氧化碳吸收量	经济作物二氧化碳吸收量	二氧化碳吸收总量	净碳汇①
1998	53837.99	5176.68	59014.67	37833.17
1999	53368.63	5336.26	58704.88	37035.93
2000	48131.65	6048.98	54180.63	32255.59
2001	47320.61	6358.00	53678.61	31015.67
2002	47865.12	6154.39	54019.51	30805.56
2003	45167.60	6093.13	51260.73	27525.23
2004	49279.80	7149.12	56428.92	31141.34
2005	51011.26	6930.29	57941.54	31753.80
2006	53064.77	7129.31	60194.08	33129.95
2007	53295.59	7071.69	60367.28	32162.65
2008	56286.52	7545.81	63832.32	35249.40
2009	56453.05	7411.37	63864.42	34370.36
2010	58228.70	7265.10	65493.80	35086.87
2011	58409.60	7664.17	66073.77	34815.67
2012	62961.82	7960.57	70922.39	38665.43

资料来源：《中国统计年鉴》（1994—2013）、《中国农业统计资料》（1993—2012）。

从图2—4中可以看出，农业二氧化碳吸收量中水稻、小麦和玉米的二氧化碳吸收量占据主要部分，且还在不断增加，尤其是玉米所占的比例快速增加，这主要是玉米种植面积不断扩大造成的，从《中国统计年鉴2013》中可以看出玉米的播种面积由1993年的2069.4万公顷持续增加到2011年的3503.0万公顷。

四、我国低碳农业发展评价

为了统一标准，本书根据各温室气体的温室效应把甲烷和一氧化二氮划归成二氧化碳。据联合国政府间气候变化专门委员会的报告，把一百年

---

① 此处的净碳汇仅仅为农作物的二氧化碳吸收量减去农业经营造成的二氧化碳排放量，农业领域的一氧化二氮、甲烷不包含在内。

作为衡量尺度，在增温效应方面 1 千克的甲烷相当于 21 千克的二氧化碳，1 千克的一氧化二氮相当于 310 千克的二氧化碳。[①] 用公式表示为：

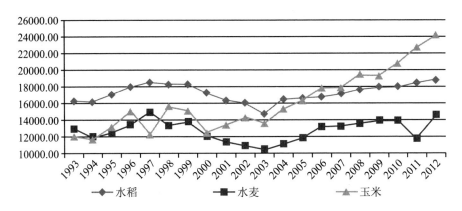

图2—4　我国1993—2012年水稻、小麦和玉米二氧化碳吸收量（万吨）

$$TN_{CO_2} = N_{CO_2} + 21 \times N_{CH_4} + 310 \times N_{N_2O} \qquad (2\text{—}13)$$

式中，TN_{CO_2} 表示农业年度总的二氧化碳排放当量，N_{CO_2} 表示农业年度的二氧化碳排放量，N_{CH_4} 表示农业年度的甲烷排放量，N_{N_2O} 表示农业年度的一氧化二氮排放量，21 和 310 为甲烷和一氧化二氮划归成二氧化碳的系数。经过测算，笔者得到 1993—2012 年我国农业源温室气体排放总的二氧化碳当量，详见表 2—16。

表2—16　我国1993—2012年农业源温室气体排放量（万吨二氧化碳当量）

年份	二氧化碳排放量	甲烷排放量	一氧化二氮排放量	总计
1993	15626.98	41730.55	28895.47	86253.00
1994	16818.15	43233.01	29937.94	89989.10
1995	18239.73	45497.00	31485.51	95222.24
1996	19357.15	44744.53	31094.42	95196.09
1997	20497.75	44479.55	31843.86	96821.17
1998	21181.50	45398.78	33175.94	99756.22

① Ramaswamy V., Boucher O., Haigh J., et al., *Radiative Forcing of Climate Change*, Cambridge University Press, 2001, pp. 59—61.

续表

年份	二氧化碳排放量	甲烷排放量	一氧化二氮排放量	总计
1999	21668.95	46215.67	33600.80	101485.42
2000	21925.04	45529.64	34371.26	101825.93
2001	22662.94	44148.08	34618.68	101429.71
2002	23213.95	43493.55	34254.89	100962.39
2003	23735.50	42483.13	34363.85	100582.49
2004	25287.58	43658.01	35228.60	104174.19
2005	26187.74	43788.23	35777.40	105753.37
2006	27064.13	43087.18	35623.62	105774.93
2007	28204.63	42341.65	35079.43	105625.70
2008	28582.92	42825.58	36033.84	107442.34
2009	29494.06	43247.21	36837.51	109578.78
2010	30406.93	43425.10	37210.28	111042.31
2011	31258.10	43187.99	37357.85	111803.93
2012	32256.96	42456.12	37578.20	112291.28

资料来源：采用式（2—7）、式（2—8）、式（2—9）、式（2—10）和式（2—11）等温室气体排放量测算方法计算得到。

（一）我国农业源温室气体排放与农业产值增长的脱钩分析

"脱钩"一词在汉语词典的解释为火车车厢挂钩脱落，引申的意思就是事物之间联系的中断，用在农业减排领域，指的就是减少农业生产过程中造成的温室气体排放，实现农业经济增长与温室气体排放之间的脱钩。经济合作与发展组织（OECD，2002）最先提出脱钩理论，以求阻断经济增长与环境污染之间的耦合关系。[1] 随后经合组织成员国对脱钩理论进行了大量的研究，并建立了一套脱钩指标体系（DPSR）以实现脱钩指标的量化，运用脱钩指标和脱钩因子对区域经济增长和环境污染的关系进行量

---

[1]　OECD, *Indicators to Measure Decoupling of Environmental Pressure from Economic Growth*, Paris OECD, 2002, pp. 8—9.

化实证分析，脱钩指标指的是末期经济增长变量和环境污染变量的比值除以初期的经济增长变量和环境污染变量的比值。但是经济合作与发展组织的脱钩理论由于模型的初期和末期的选定具有高度敏感性极易导致偏差过大，为了进一步地提升脱钩模型的客观性，塔皮奥（Tapio，2005）提出了弹性脱钩理论，通过构建"经济增长—交通运输量—碳排放量"关系链，运用脱钩指标对经济发展与碳排放之间的关系进行实证分析。[①] 塔皮奥通过计算弹性值和经济增长、环境压力情况将脱钩指标进行了细化，脱钩指标分为负脱钩、脱钩和联结，使得脱钩理论更加完善、成熟和更具实际操作性。具体指标如表2—17所示。

表2—17　Tapio 的脱钩指标的细化分类

状态		环境压力	经济增长	弹性值 t
负脱钩	扩张负脱钩	$(0, +\infty)$	$(0, +\infty)$	$t \geqslant 1.2$
	强负脱钩	$(0, +\infty)$	$(-\infty, 0)$	$t < 0$
	弱负脱钩	$(-\infty, 0)$	$(-\infty, 0)$	$0 < t < 0.8$
脱钩	强脱钩	$(-\infty, 0)$	$(0, +\infty)$	$t < 0$
	弱脱钩	$(0, +\infty)$	$(0, +\infty)$	$0 < t < 0.8$
	衰退脱钩	$(-\infty, 0)$	$(-\infty, 0)$	$t \geqslant 1.2$
联结	增长联结	$(0, +\infty)$	$(0, +\infty)$	$0.8 \leqslant t < 1.2$
	衰退联结	$(-\infty, 0)$	$(-\infty, 0)$	$0.8 \leqslant t < 1.2$

资料来源：肖宏伟、易丹辉、周明勇：《中国区域碳排放与经济增长脱钩关系研究》，《山西财经大学学报》2011年第11期。

本书运用塔皮奥的脱钩指标对中国农业源的温室气体排放（GGS）、非二氧化碳温室气体（NGS）及二氧化碳排放量和农业总产值（GDP）之间的脱钩弹性进行了测算，具体公式如下：

$$e_{(GGS, GDP)} = \frac{\Delta GGS}{GGS} \Big/ \frac{\Delta GDP}{GDP} \qquad (2—14)$$

---

① Tapio P., "Towards a Theory of Decoupling: Degrees of Decoupling in the EU and the Case of Road Traffic in Finland between 1970 and 2001", *Journal of Transport Policy*, No. 12, 2005.

1. 农业源温室气体排放与农业产值增长之间的脱钩分析

从表2—18中可以看出,我国农业温室气体排放与农业产值主要处于弱脱钩状态,但总体呈波动状态,从1994年的弱脱钩逐渐过渡到1996年的强脱钩,随后又逐渐发展到1999年的强负脱钩,从2001开始保持了3年强脱钩以后就一直处在弱脱钩状态。

表2—18 我国1993—2012年农业温室气体排放与农业产值之间的脱钩状况

年份	GGS (万吨)	ΔGGS (万吨)	ΔGGS/GGS	GDP* (亿元)	ΔGDP (亿元)	ΔGDP/GDP	弹性值t	脱钩状态
1993	86253.00	–	–	9619.5	–	–	–	–
1994	89989.10	3736.10	0.0433	13841.2	4221.7	0.4389	0.0987	弱脱钩
1995	95222.24	5233.14	0.0582	17929.6	4088.4	0.2954	0.1969	弱脱钩
1996	95196.09	−26.15	−0.0003	19555.3	1625.7	0.0907	−0.0030	强脱钩
1997	96821.17	1625.08	0.0171	20687.9	1132.6	0.0579	0.2947	弱脱钩
1998	99756.22	2935.05	0.0303	21267.7	579.8	0.0280	1.0816	增长联结
1999	101485.42	1729.20	0.0173	21103.8	−163.9	−0.0077	−2.2490	强负脱钩
2000	101825.93	340.51	0.0034	21266.7	162.9	0.0077	0.4347	弱脱钩
2001	101429.71	−396.22	−0.0039	22425.9	1159.2	0.0545	−0.0714	强脱钩
2002	100962.39	−467.32	−0.0046	23386.1	960.2	0.0428	−0.1076	强脱钩
2003	100582.49	−379.90	−0.0038	24408.9	1022.8	0.0437	−0.0860	强脱钩
2004	104174.19	3591.70	0.0357	30312.2	5903.3	0.2418	0.1477	弱脱钩
2005	105753.37	1579.18	0.0152	32924.2	2612.0	0.0862	0.1759	弱脱钩
2006	105774.93	21.56	0.0002	33606.2	682.0	0.0207	0.0098	弱脱钩
2007	105625.70	−149.23	−0.0014	40783	7176.8	0.2136	−0.0066	强脱钩
2008	107442.34	1816.64	0.0172	48627.8	7844.8	0.1924	0.0894	弱脱钩
2009	109578.78	2136.44	0.0199	50245.9	1618.1	0.0333	0.5976	弱脱钩
2010	111042.31	1463.53	0.0134	57766.8	7520.9	0.1497	0.0892	弱脱钩
2011	111803.93	761.62	0.0069	67759.3	9992.5	0.1730	0.0397	弱脱钩
2012	112291.28	487.35	0.0044	74070.4	6311.10	0.0931	0.0468	弱脱钩

注:*这里的GDP指的是种植业和畜牧业的产值之和,借助式(2—14)及《中国统计年鉴2013》相关数据计算得到。

2. 农业源非二氧化碳温室气体排放与农业产值之间的脱钩分析

对比表2—18和表2—19可以看出，1993—2012年中国农业温室气体排放、非二氧化碳温室气体排放与农业产值之间的脱钩情况高度相似，仅有2000年、2006年、2011年和2012年不同，且都是温室气体的脱钩状态优于非二氧化碳温室气体的脱钩状态。

表2—19　我国1993—2012年农业非二氧化碳温室气体排放与农业产值之间的脱钩状况

年份	NGS（万吨）	ΔNGS（万吨）	ΔNGS/NGS	GDP*（亿元）	ΔGDP（亿元）	ΔGDP/GDP	弹性值t	脱钩状态
1993	70626.02	—	—	9619.5	—	—	—	—
1994	73170.95	2544.93	0.0360	13841.2	4221.7	0.4389	0.0821	弱脱钩
1995	76982.51	3811.56	0.0521	17929.6	4088.4	0.2954	0.1763	弱脱钩
1996	75838.95	−1143.56	−0.0149	19555.3	1625.7	0.0907	−0.1638	强脱钩
1997	76323.41	484.46	0.0064	20687.9	1132.6	0.0579	0.1103	弱脱钩
1998	78574.72	2251.31	0.0295	21267.7	579.8	0.0280	1.0535	增长联结
1999	79816.47	1241.75	0.0158	21103.8	−163.9	−0.0077	−2.0524	强负脱钩
2000	79900.9	84.43	0.0011	21266.7	162.9	0.0077	0.1374	弱脱钩
2001	78766.76	−1134.14	−0.0142	22425.9	1159.2	0.0545	−0.2604	强脱钩
2002	77748.44	−1018.32	−0.0129	23386.1	960.2	0.0428	−0.3021	强脱钩
2003	76846.98	−901.46	−0.0116	24408.9	1022.8	0.0437	−0.2653	强脱钩
2004	78886.61	2039.63	0.0265	30312.2	5903.3	0.2418	0.1098	弱脱钩
2005	79565.63	679.02	0.0086	32924.2	2612.0	0.0862	0.0999	弱脱钩
2006	78710.8	−854.83	−0.0107	33606.2	682.0	0.0207	−0.5190	强脱钩
2007	77421.08	−1289.72	−0.0164	40783	7176.8	0.2136	−0.0767	强脱钩
2008	78859.42	1438.34	0.0186	48627.8	7844.8	0.1924	0.0966	弱脱钩
2009	80084.72	1225.3	0.0155	50245.9	1618.1	0.0333	0.4666	弱脱钩
2010	80635.38	550.66	0.0069	57766.8	7520.9	0.1497	0.0459	弱脱钩
2011	80545.84	−89.54	−0.0011	67759.3	9992.5	0.1730	−0.0064	强脱钩
2012	80034.32	−511.52	−0.0064	74070.4	6311.10	0.0931	−0.0682	强脱钩

注：*这里的GDP指的是种植业和畜牧业的产值之和，借助式（2—14）及《中国统计年鉴2013》相关数据计算得到。

3. 农业源二氧化碳排放与农业产值之间的脱钩分析

从表2—20中可以看出，1993—2012年我国农业二氧化碳排放与农业产值之间的脱钩状态主要处在弱脱钩状态，但是1997—2003年间多次出现强负脱钩状态和扩张负脱钩状态，从弹性值可以看出负脱钩的程度大，弱脱钩的强度波动不稳。

表2—20 我国1993—2012年农业二氧化碳排放与农业产值之间的脱钩状况

年份	二氧化碳（万吨）	ΔCO_2（万吨）	$\dfrac{\Delta CO_2}{CO_2}$	GDP*（亿元）	ΔGDP（亿元）	$\dfrac{\Delta GDP}{GDP}$	弹性值 t	脱钩状态
1993	15626.98	—	—	6605.1	—	—	—	—
1994	16818.15	1191.17	0.0762	9169.2	2564.1	0.3882	0.1964	弱脱钩
1995	18239.73	1421.58	0.0845	11884.6	2715.4	0.2961	0.2854	弱脱钩
1996	19357.15	1117.42	0.0613	13539.8	1655.2	0.1393	0.4399	弱脱钩
1997	20497.75	1140.6	0.0589	13852.5	312.7	0.0231	2.5514	扩张负脱钩
1998	21181.5	683.75	0.0334	14241.9	389.4	0.0281	1.1867	增长联结
1999	21668.95	487.45	0.0230	14106.2	−135.7	−0.0095	−2.4152	强负脱钩
2000	21925.04	256.09	0.0118	13873.6	−232.6	−0.0165	−0.7167	强负脱钩
2001	22662.94	737.9	0.0337	14462.8	589.2	0.0425	0.7925	弱脱钩
2002	23213.95	551.01	0.0243	14931.5	468.7	0.0324	0.7502	弱脱钩
2003	23735.5	521.55	0.0225	14870.1	−61.4	−0.0041	−5.4636	强负脱钩
2004	25287.58	1552.08	0.0654	18138.4	3268.3	0.2198	0.2975	弱脱钩
2005	26187.74	900.16	0.0356	19613.4	1475	0.0813	0.4377	弱脱钩
2006	27064.13	876.39	0.0335	21522.3	1908.9	0.0973	0.3439	弱脱钩
2007	28204.63	1140.5	0.0421	24658.1	3135.8	0.1457	0.2892	弱脱钩
2008	28582.92	378.29	0.0134	28044.2	3386.1	0.1373	0.0977	弱脱钩
2009	29494.06	911.14	0.0319	30777.5	2733.3	0.0975	0.3271	弱脱钩
2010	30406.93	912.87	0.0310	36941.1	6163.6	0.2003	0.1546	弱脱钩
2011	31258.1	851.17	0.0280	41988.6	5047.5	0.1366	0.2049	弱脱钩
2012	32256.96	998.86	0.0320	46940.5	4951.9	0.1179	0.2710	弱脱钩

注：*这里的GDP指的是种植业的产值，借助式（2—14）及《中国统计年鉴2013》相关数据计算得到。

为了找出影响中国农业温室气体排放与农业产值脱钩的主要因素，本书对各个脱钩状态进行赋值分析，强脱钩、弱负脱钩、强负脱钩、增长联结、扩张负脱钩、衰退联结和衰退脱钩分别赋值为9、6、5、4、3、2、1，弱脱钩中当 $0 < t < 0.4$ 赋值为8，当 $0.4 \leq t < 0.8$ 赋值为7，得分越高脱钩状态越理想，反之就不理想。可以得到1993—2012年期间中国农业温室气体、非二氧化碳温室气体与农业产值的脱钩状态基本一致，但是二氧化碳与农业产值之间的脱钩得分明显低于前两者，由此可知影响中国农业温室气体排放与农业产值脱钩的关键因素是碳排放的持续增加。

（二）我国农业源二氧化碳吸收量与农业产值增长的耦合分析

耦合的原意指的是网络的输入与输出、两个或两个以上的电路元件之间存在紧密关系，且相互影响，通过相互间的作用从一端向另一端传输能量的现象，引申意义就是两个或两个以上的事物相互依存于对方的一个量度。借用到农业净碳汇与农业产值之间，就是实现农业产值增加与农业净碳汇增加之间的链接关系。为了度量中国农业产值与农业净碳汇之间的耦合程度，本书结合塔皮奥的脱钩理论，把中国农业产值与农业净碳汇的耦合分为八个类型：扩张耦合、增长联结、强耦合、弱耦合、强负耦合、衰退负耦合、衰退联结和弱负耦合，具体标准如表2—21所示。

表2—21　农业产值与农业净碳汇耦合指标的细化分类

状态	净碳汇	农业产值	弹性值 t
扩张耦合	$(0, +\infty)$	$(0, +\infty)$	$t \geq 1.2$
增长联结	$(0, +\infty)$	$(0, +\infty)$	$0.8 \leq t < 1.2$
弱耦合	$(0, +\infty)$	$(0, +\infty)$	$0 < t < 0.8$
强耦合	$(0, +\infty)$	$(-\infty, 0)$	$t < 0$
强负耦合	$(-\infty, 0)$	$(0, +\infty)$	$t < 0$
衰退负耦合	$(-\infty, 0)$	$(-\infty, 0)$	$t \geq 1.2$
衰退联结	$(-\infty, 0)$	$(-\infty, 0)$	$0.8 \leq t < 1.2$
弱负耦合	$(-\infty, 0)$	$(-\infty, 0)$	$0 < t < 0.8$

在表2—22中可以看出1993—2012年期间我国农业净碳汇与农业产值之间基本处于强负耦合、弱耦合和衰退负耦合三种状态，尤其是强负耦合状态占了7个，耦合状态不理想，农业产值与农业净碳汇关联度不强，这主要是中国高投入、高消耗的农业生产方式造成的，农民为了追求农业的高产，化肥、农药、农膜等农用生产资料投入快速增加，造成的二氧化碳排放量持续增加，同时伴随着中国城市化、工业化的不断推进，建设用地大量占用耕地，耕地面积不断减少，使得农田的二氧化碳吸收能力减弱。

表2—22 1993—2012年中国农业净碳汇与农业产值之间的耦合状况

年份	二氧化碳（万吨）	ΔCO_2（万吨）	$\dfrac{\Delta CO_2}{CO_2}$	GDP*（亿元）	ΔGDP（亿元）	$\dfrac{\Delta GDP}{GDP}$	弹性值 t	脱钩状态
1993	36691.72	—	—	6605.1	—	—	—	—
1994	34685.44	−2006.28	−0.0547	9169.2	2564.1	0.3882	−0.1409	强负耦合
1995	36061.67	1376.23	0.0397	11884.6	2715.4	0.2961	0.1340	弱耦合
1996	38758.79	2697.12	0.0748	13539.8	1655.2	0.1393	0.5369	弱耦合
1997	36740.96	−2017.83	−0.0521	13852.5	312.7	0.0231	−2.2537	强负耦合
1998	37833.17	1092.21	0.0297	14241.9	389.4	0.0281	1.0579	增长联结
1999	37035.93	−797.24	−0.0211	14106.2	−135.7	−0.0095	2.2182	衰退负耦合
2000	32255.59	−4780.34	−0.1291	13873.6	−232.6	−0.0165	7.8226	衰退负耦合
2001	31015.67	−1239.92	−0.0384	14462.8	589.2	0.0425	−0.9045	强负耦合
2002	30805.56	−210.11	−0.0068	14931.5	468.7	0.0324	−0.2091	强负耦合
2003	27525.23	−3280.33	−0.1065	14870.1	−61.4	−0.0041	25.9720	衰退负耦合
2004	31141.34	3616.11	0.1314	18138.4	3268.3	0.2198	0.5977	弱耦合
2005	31753.8	612.46	0.0197	19613.4	1475	0.0813	0.2419	弱耦合
2006	33129.95	1376.15	0.0433	21522.3	1908.9	0.0973	0.4454	弱耦合
2007	32162.65	−967.3	−0.0292	24658.1	3135.8	0.1457	−0.2004	强负耦合
2008	35249.4	3086.75	0.0960	28044.2	3386.1	0.1373	0.6990	弱耦合
2009	34370.36	−879.04	−0.0249	30777.5	2733.3	0.0975	−0.2558	强负耦合
2010	35086.87	716.51	0.0208	36941.1	6163.6	0.2003	0.1041	弱耦合
2011	34815.67	−271.2	−0.0077	41988.6	5047.5	0.1366	−0.0566	强负耦合
2012	38665.43	3849.76	0.1106	46940.5	4951.9	0.1179	0.9379	增长联结

注：* 这里的GDP指的是种植业的产值，借助式（2—14）及《中国统计年鉴2013》相关数据计算得到。

第二节　我国低碳农业发展的影响因素分析

一、种植业二氧化碳排放的影响因素

鉴于二氧化碳排放影响因素较多，本书采用回归分析找出关键影响因素。本书选取了种植业总产自然对数值作为因变量，选取农业灌溉面积、农药使用量、化肥使用量、农用柴油消耗量和农膜使用量的自然对数作为自变量进行回归分析。

$$\ln(Y) = \alpha + \beta_1 \ln(X_1) + \beta_2 \ln(X_2) + \beta_3 \ln(X_3) +$$
$$\beta_4 \ln(X_4) + \beta_5 \ln(X_5) + \varepsilon \qquad (2\text{—}15)$$

式中，Y 表示中国种植业总产值（亿元），X_1、X_2、X_3、X_4 和 X_5 分别表示农业灌溉面积（万公顷）、农药使用量（万吨）、化肥使用量（万吨）、农用柴油消耗量（万吨）和农膜使用量（万吨），α 为常数，ε 为随机误差。

本书的样本数据为《中国统计年鉴》《中国农业统计资料》和《中国农业年鉴》（1994—2012）中的中国种植业总产值、灌溉面积、农药使用量、化肥使用量、农用柴油消耗量和农膜使用量的相关数据。通过 SPSS 软件运用普通最小二乘法对初始模型进行估计，在回归建模过程中由于 $\ln(X_1)$（农业灌溉面积）、$\ln(X_4)$（农用柴油消耗量）和 $\ln(X_5)$（农膜使用量）在 5% 的显著水平下对 $\ln(Y)$（种植业总产值）的影响不显著，并且存在严重的共线性，被剔除模型，建立最终的回归模型，统计结果显示 $R^2 = 0.952$，线性回归的拟合优度比较好，$F = 159.16$，模型的检验达到了显著性水平的要求，回归方程可靠程度较高（如表 2—23 和表 2—24 所示）。

$$\ln(Y) = -8.418 + 0.862\ln(X_2) + 1.663\ln(X_3) \qquad (2\text{—}16)$$

最后运用 SPSS 软件对模型进行共线性检验、异方差检验和自相关检验，计算结果，表明模型不存在共线性、异方差和自相关，通过检验，是有效的模型，具有实际利用价值。

表2—23　方差分析的输出结果

指标	平方和	df	均方	F	Significance F
回归	3.716	2	1.858	159.160	0.000
残差	0.187	16	0.012	–	–
总计	3.903	18	–	–	–

表2—24　多元回归分析输出结果

模型	非标准化系数		标准系数	T 统计量	显著性
	B	标准误差	标准化回归系数		
Intercept	−8.418	5.020	–	−1.677	0.113
ln（X_2)	0.862	0.968	0.374	0.891	0.386
Ln（X_3)	1.663	1.154	0.604	1.441	0.169

从回归模型中可以明显看出，影响我国农业产值的主要是农药和化肥，其弹性系数分别为 0.862 和 1.663，即农药、化肥的消耗量每增加 1 个百分点，将会使得种植业产值增加 0.862 和 1.663 个百分点。可见，在种植业中，化肥的施用量对我国种植业产值的影响最大，农药次之。在前文分析中，笔者知道化肥施用量每增加 1 个百分点就会导致二氧化碳排放增加 3.2839 个百分点，农药使用量每增加 1 个百分点就会增加 18.0917 个百分点，也就是说种植业产值每增加 1 个百分点就会造成 0.6013 个百分点的化肥施用量进而造成 1.9745 个百分点的二氧化碳排放或是造成 1.1601 个百分点的农药使用量进而造成 20.988 个百分点的二氧化碳排放。从《中国统计年鉴 2012》可以知道，化肥的施用量是农药使用量的很多倍。以 2012 年为例，我国农业的化肥施用量为 5911.9 万吨，而农药的使用量为 180.6 万吨。因此，化肥基于其施用量的庞大基数，成为影响我国农业源二氧化碳排放的主要贡献者。

二、种植业甲烷排放的影响因素

种植业甲烷排放主要是稻田的甲烷排放，而影响稻田甲烷排放的因素比较复杂。耕作制度和稻田甲烷排放通量具有显著的相关性，水稻—小麦的轮作方式，稻田甲烷平均排放通量为5.37毫克每平方米每小时，冬水稻田甲烷平均排放通量为16.10毫克每平方米每小时；[①] 南方稻田的冬季休闲和种植绿肥植物紫云英的耕作模式的甲烷平均排放通量分别是无稻休闲区甲烷平均排放通量的114.3%和420.3%。[②] 施肥是稻田甲烷排放的重要因素，有机肥的施用使得稻田的有机物增多，提高了稻田的甲烷排放，[③] 这主要是因为有机肥为稻田甲烷的产生提供丰富的有机质，而有机肥的处理，例如经过沼气池发酵处理后的沼渣肥能有效减少稻田甲烷排放；[④] 而关于化肥对稻田甲烷排放的影响具有不一致性，秦晓波等人认为化肥处理使得稻田的甲烷排放比不施肥有一定的下降，早稻和晚稻分别下降18.4%和29.6%；[⑤] 王明星等人认为施用包括尿素、钾和含硫酸根的肥料能促使稻田甲烷的减排；此外，肥料的种类和不同的施用方式对稻田甲烷排放的影响的相关研究结果也具有不一致性。[⑥] 地下水位和稻田甲烷的排放通量具有一定相关性，早稻高量绿肥低水位处理稻田的甲烷排放速率大于高量绿肥高水位处理稻田，而晚稻则刚好相反。[⑦] 不同的水稻品种的稻田甲烷

---

① 黄勤、魏朝富、谢德体等：《不同耕作对稻田甲烷排放通量的影响》，《西南农业大学学报》1996年第5期。

② 胡立峰、李琳、陈阜等：《不同耕作制度对南方稻田甲烷排放的影响》，《生态环境》2006年第6期。

③ 王明星、上官行健、沈壬兴等：《华中稻田甲烷排放的施肥效益及施肥策略》，《中国农业气象》1995年第2期。

④ 任万辉、许黎、王振会：《中国稻田甲烷产生和排放研究 I.产生和排放机理及其影响因子》，《气象》2004年第6期。

⑤ 秦晓波、李玉娥、刘克樱等：《不同施肥处理稻田甲烷和氧化亚氮排放特征》，《农业工程学报》2006年第7期。

⑥ 王明星著：《中国稻田甲烷排放》，科学出版社2001年版，第85—87页。吴家梅、纪雄辉、刘勇：《不同施肥处理稻田甲烷排放研究进展》，《农业环境与发展》2010年第2期。

⑦ 荣湘民、袁正平、胡瑞芝等：《地下水位与有机肥及水分管理对稻田甲烷排放的影响》，《湖南农业大学学报（自然科学版）》2001年第5期。

排放通量差异化明显，江苏不同历史时期代表性水稻的甲烷排放通量大体随着品种的演进而减少，这主要与水稻根的氧化力有关，且呈现负相关。[1]任丽新等人发现根系小、茎叶较轻且产量高的水稻品种甲烷排放通量较小。[2]

三、种植业一氧化二氮排放的影响因素

农田土壤一氧化二氮的排放主要是基于硝化作用和反硝化作用，而影响硝化与反硝化作用的土壤通气状况、水分状况、地表温度、氮素状况与氮肥施用、土壤有机质含量及成分、土壤质地、耕作与土地利用方式、pH 值等环境因素均对一氧化二氮的生成与排放产生重要影响。[3] 影响一氧化二氮的生成与排放的因素很多，对相关的文献报道进行梳理总结，发现主要的影响因素有土壤温度、水分、质地、pH 值、有机质含量等环境因素、化肥种类及其施用方式、耕作及土地利用方式。温度是旱田土壤一氧化二氮日排放通量变化的最关键因素，有除大豆外的作物生长以及休耕时一氧化二氮的排放通量季节变化与土壤温度存在正相关，而冬春季休耕的农田一氧化二氮排放通量与土壤温度存在弱指数函数关系。[4] 一氧化二氮的排放是土壤温度、反应底物浓度、氧气浓度等相互作用的产物，土壤温度对一氧化二氮排放的影响格外复杂，还需要深入地研究。[5] 当土壤水分含量由 20% 含水量增至 40% 含水量时，硝化反应

① 曹云英、朱庆森、郎有忠等：《水稻品种及栽培措施对稻田甲烷排放的影响》，《江苏农业研究》2000 年第 3 期。

② 任丽新、王庚辰、张仁健等：《成都平原稻田甲烷排放的实验研究》，《大气科学》2002 年第 6 期。

③ 张玉铭、胡春胜、董文旭等：《农田土壤 N_2O 生成与排放影响因素及 N_2O 总量估算的研究》，《中国生态农业学报》2004 年第 3 期。

④ 徐文彬、刘维屏、刘广深：《温度对旱田土壤 N_2O 排放的影响研究》，《土壤学报》2002 年第 1 期。

⑤ 彭世彰、杨士红、丁加丽等：《农田土壤 N_2O 排放的主要影响因素及减排措施研究进展》《河海大学学报（自然科学版）》2009 年第 1 期。

速度增加到最大，而增加到 60% 含水量时，硝化反应速度则降低。[①] 郑循华等人通过对太湖地区的稻麦轮作农田进行研究，结果发现，无论是由水稻种植的水田过渡到小麦种植的旱田，还是反过来，土壤的含水量的临界范围都为 97%—100%，高于该范围上限值，一氧化二氮的排放与土壤湿度呈负相关关系，反之呈现正相关关系。[②] 土壤质地可以影响土壤的含水量和通透性，进而影响土壤的硝化反应、反硝化反应、一氧化二氮的生成以及扩散速率。土壤的 pH 值对农田系统的一氧化二氮生成与排放影响较为复杂，当 pH 值在 7.0—10.0 之间，一氧化二氮的排放随着 pH 值的下降而增加，[③] 然而不同土壤、不同耕作模式的 pH 值对一氧化二氮的排放可能有着不同的影响。土壤有机质的高含量可以加快土壤微生物的呼吸作用，进而加速厌氧环境的生成，促进土壤的反硝化作用。万合锋等人研究北京市郊温室种植的油麦菜地表明，经过 NRM、RM、CF 处理的油麦菜地施用不同畜禽粪便堆肥产品的一氧化二氮排放系数为 0.18%、0.63% 和 0.74%。[④] 肥料施用对土壤一氧化二氮排放的季节模式具有重要影响，有机肥促进了小麦季的一氧化二氮排放，在等氮量输入情况下，牛粪施入土壤对土壤一氧化二氮排放的影响小于猪粪。[⑤] 氮肥是农田一氧化二氮排放的重要因素，然而向肥料中添加硝化抑制剂对于合理施肥和农田温室气体减排具有一定的参考价值。[⑥] 实施保护性耕作制度能够提高表层土壤的全氮含量，免耕相对于翻耕能保持

① 王改玲、陈德立、李勇：《土壤温度、水分和 NH_4^+ – N 浓度对土壤硝化反应速度及 N_2O 排放的影响》，《中国生态农业学报》2010 年第 1 期。

② 郑循华、王明星、王跃思等：《稻麦轮作生态系统中土壤湿度对 N_2O 产生于排放的影响》，《应用生态学报》1996 年第 3 期。

③ 黄国宏、陈冠雄：《土壤含水量与 N_2O 产生途径研究》，《应用生态学报》1999 年第 1 期。

④ 万合锋、赵晨阳、钟佳等：《施用畜禽粪便堆肥品的蔬菜地 CH_4、N_2O 和 NH_3 排放特征》，《环境科学》2014 年第 3 期。

⑤ 董红玉、欧阳竹、李运生、张磊：《肥料施用及环境因子对农田土壤 CO_2 和 N_2O 排放的影响》，《农业环境科学学报》2005 年第 5 期。

⑥ 季加敏、喻瑶、陆星等：《肥料添加剂降低 N_2O 排放的效果与机理》，《植物营养与肥料学报》2012 年第 6 期。

甚至提高土壤的全氮含量，但是相关的实验考虑因素较少，研究周期较短，且相关结论存在矛盾，需要进一步的深入研究。[①] 随着对节水灌溉、稻田水分管理、秸秆还田等相关农业技术的推广和应用，在此条件下的农田一氧化二氮排放系数还有待进一步的研究。

四、畜禽温室气体排放的影响因素

肠道发酵和粪便管理是畜禽甲烷排放的重要源泉。肠道发酵是动物消化道内的饲料经过微生物的发酵，进而产生甲烷，通过动物的口、鼻或直肠排出体外。其主要受到动物的类型、年龄、体重、采食种类、数量及质量、产出水平、饲养方式等因素影响，而采食量和饲料质量是最关键的影响因素。[②] 李玉娥等人通过对活体重相同的猪舍和牛舍日甲烷排放系数进行检测发现，牛舍是猪舍的 4 倍，而在不同采食量和饲料结构下，黄牛、山羊的每日甲烷排放差异化都较为明显，其中黄牛和山羊都是在自由采食的情况下排放系数达到最大化。[③] 郭海宁等人通过对南京六合发酵床和传统水泥地面猪舍温室气体排放情况研究发现，发酵床舍内的甲烷排放是传统猪舍的 61.2%，而其舍内的甲烷平均排放通量是传统猪舍的 63.6%。[④] 粪便管理甲烷排放是畜禽粪便在施入农田之前，对动物粪便贮存和处理过程中所产生的，是畜禽粪便在无氧状态下经过发酵分解而形成的，其主要受到动物类型、饲料、粪便管理方式以及气候条件等因素的影响。不同的动物类型，其产生粪尿等排泄物的数量有很大差别，且不同畜禽粪尿的甲烷排放系数也有一定的差异化。畜禽在不同饲料种类的喂养方式下粪便产生潜力差异化较为明显，且饲料能量

① 薛福建、赵鑫、Shadrack Batsile Dikgwatlhe 等：《保护性耕作对农田碳、氮效应的影响研究进展》，《生态学报》2013 年第 19 期。

② 周静、马友华、杨书运等：《畜牧业温室气体排放影响因素及其减排研究》，《农业环境与发展》2013 年第 4 期。

③ 李玉娥、董红敏：《畜禽舍温室气体排放及控制》，《农业工程学报》1999 年第 15 期。

④ 郭海宁、李建辉、马晗等：《不同养猪模式的温室气体排放研究》，《农业环境科学学报》2014 年第 12 期。

及消化率和粪便甲烷产生的潜力呈现正相关性，在牛粪的堆放试验中，中前期甲烷排放速率较大，而后期较小并趋于稳定。[①] 谢军飞等人通过将四种不同堆肥处理方式的蛋鸡肥放入密闭的箱式堆肥处理系统，结果发现在负压通风条件下，二氧化碳排放通量与温度密切相关，而甲烷排放通量与鸡粪内部的氧气含量密切相关。[②]

　　一氧化二氮的排放是畜禽粪便施入土壤之前，对畜禽粪尿等废弃物的贮存和处理所产生的一氧化二氮，主要是畜禽废弃物在堆肥状态下的硝化和反硝化分解而成的，畜禽粪便一氧化二氮的排放系数主要受动物种类、畜禽排泄物的含氮量和畜禽粪便的管理方式的影响。不同动物每天的排泄物以及排泄物的含氮量差异很大，如奶牛、山羊和猪每年每头的排泄物含氮量分别为60—100千克、12—20千克和16—20千克。[③] 陆日东等人通过对自然堆放和覆盖玉米秸秆的不同堆放方式的奶牛粪便在不同时间段的温室气体排放速率进行观察，结果发现温室气体排放速率和牛粪温度高度相关，而玉米秸秆能减少一氧化二氮的排放。[④]

五、农业二氧化碳吸收量的影响因素

　　在前文的分析中可以发现影响农业二氧化碳吸收量的因素主要是农作物播种面积和农作物产量，且都呈正相关。然而我国耕地面积总体呈现下降趋势，使得二氧化碳吸收量呈现下降的趋势。这主要是由于我国正处在发展初期，工业化、城市化迅速推进，建筑、交通等基础设施修建占了大量的农田，农田公用在很长一段时间还将会继续。根据《中国国土资源公报2012》可知，2012年全国批准的建设用地为61.52万公顷，其中42.91

---

① 陆日东、李玉娥、石锋等：《不同堆放方式对牛粪温室气体排放的影响》，《农业环境科学学报》2008年第3期。

② 谢军飞、李玉娥、董红敏等：《堆肥处理蛋鸡粪时温室气体排放与影响因子关系》，《农业工程学报》2003年第1期。

③ Hogan K. B., *Aruthropogenic Methane Emissions in the United States: Estimate for 1990*, Washington D. C.: USEPA, 1993, pp. 23—24.

④ 陆日东、李玉娥、万运帆等：《堆放奶牛粪便温室气体排放及影响因子研究》，《农业工程学报》2007年第8期。

万公顷为农用地转为建设用地，25.94 万公顷为耕地转为建设用地，同比增幅分别为 0.6%、4.5% 和 2.5%，而全年通过土地整治补充的新增农用地和新增耕地分别为 54.45 万公顷和 46.56 万公顷。

但是在图 2—5 中可以看出我国耕地面积变化与二氧化碳吸收量变化并没有紧密的关联，二氧化碳吸收量并没有因为耕地面积的迅速减少而出现减少，且在很多年份二氧化碳吸收量的增长（减少）速度要高于耕地面积的增加（减少）速度，这说明了在当前耕地面积是影响我国农作物二氧化碳吸收量的重要因素，但不是最重要的因素。

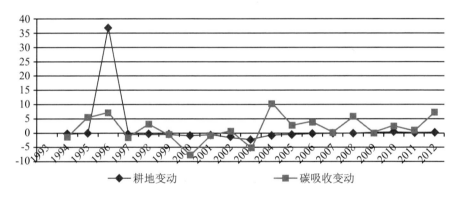

图 2—5 我国 1993—2012 年耕地面积变化速度和农作物二氧化碳吸收量变化速度（%）

农作物单位产量和农作物的二氧化碳吸收量呈正相关。从图 2—6 中可以看出，我国 1993—2012 年期间，除了高粱的单位面积产量波动比较大，其他农作物的单位面积产量均呈现上升的趋势，增长最快的是谷物，其次是花生、向日葵子、棉花和烟草，从表 2—25 可以看出单位面积二氧化碳吸收量最大的为玉米、棉花、向日葵子和花生等，分别由 1993 年的 5.84 吨/公顷、3.38 吨/公顷、2.66 吨/公顷和 2.61 吨/公顷增加到 2012 年的 6.77 吨/公顷、5.89 吨/公顷、3.69 吨/公顷和 3.67 吨/公顷，这说明农作物单位面积产量的变动是目前我国农作物二氧化碳吸收量变动的最关键的影响因素。小麦、玉米和水稻作为我国三大粮食品种，其地位在今后很长一段时间内将会得到保持，因此它们仍将会是我国粮食作物甚至整个农作物中二氧化碳吸收量的主要贡献者。

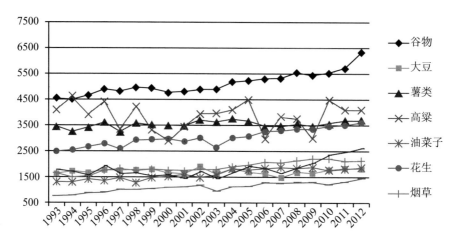

图2—6　我国1993—2012年各农作物的单位面积产量（千克/公顷）

表2—25　我国1993—2012年农作物单位面积二氧化碳吸收量（吨/公顷）

年份	水稻	小麦	玉米	高粱	谷子	薯类	大豆	其他	棉花	油菜子	向日葵子	花生	烟草
1993	5.39	4.27	5.84	5.28	2.46	2.24	2.08	2.02	3.38	2.36	2.66	2.61	1.35
1994	5.37	4.16	5.53	5.95	2.49	2.12	2.23	2.09	3.53	2.33	2.55	2.68	1.23
1995	5.55	4.30	5.79	5.03	2.23	2.23	2.14	2.05	3.96	2.55	2.34	2.81	1.29
1996	5.72	4.53	6.13	5.65	2.65	2.35	2.28	2.19	4.01	2.46	2.88	2.93	1.43
1997	5.82	4.98	5.16	4.32	1.80	2.12	2.27	2.24	4.61	2.66	2.47	2.71	1.48
1998	5.86	4.47	6.20	5.42	2.49	2.34	2.29	2.11	4.54	2.29	2.47	3.08	1.42
1999	5.84	4.79	5.82	4.26	1.96	2.29	2.30	2.03	4.62	2.64	2.34	3.10	1.47
2000	5.78	4.54	5.41	3.73	1.91	2.27	2.13	1.93	4.92	2.73	2.38	3.11	1.45
2001	5.68	4.62	5.53	4.43	1.93	2.27	2.09	1.92	4.98	2.87	2.18	3.02	1.44
2002	5.70	4.58	5.80	5.07	2.15	2.41	2.43	2.10	5.29	2.66	2.58	3.15	1.51
2003	5.58	4.77	5.67	5.09	2.13	2.35	2.13	2.29	4.28	2.85	2.23	2.78	1.46
2004	5.81	5.16	6.03	5.27	2.23	2.45	2.33	2.20	5.00	3.26	2.49	3.16	1.56
2005	5.76	5.19	6.22	5.75	2.36	2.37	2.19	2.20	5.08	3.23	2.83	3.22	1.61
2006	5.78	5.57	6.27	3.83	2.15	2.23	2.08	2.25	5.83	3.30	2.76	3.41	1.69
2007	5.92	5.59	6.08	4.93	2.02	2.26	1.87	2.05	5.79	3.37	2.48	3.46	1.68

续表

年份	水稻	小麦	玉米	高粱	谷子	薯类	大豆	其他	棉花	油菜子	向日葵子	花生	烟草
2008	6.04	5.78	6.54	4.82	1.78	2.30	2.19	2.15	5.86	3.30	2.79	3.52	1.75
2009	6.06	5.75	6.19	3.85	1.75	2.26	2.10	2.10	5.80	3.38	3.06	3.52	1.80
2010	6.03	5.76	6.42	5.77	2.19	2.31	2.28	1.96	5.53	3.20	3.50	3.62	1.83
2011	6.16	4.84	6.77	5.27	2.37	2.39	2.36	2.22	5.89	3.29	3.69	3.67	1.75
2012	6.23	6.05	6.91	5.27	2.75	2.41	2.34	2.16	6.56	3.39	3.92	3.74	1.75

资料来源：农作物播种面积源自《中国统计年鉴2013》《中国农业统计资料》（1993—2012），并运用各农作物品种的年度总二氧化碳吸收量除以其年度播种面积得到。

第三节 我国低碳农业发展的障碍

经过前文对我国农业碳排放和碳汇的测算以及运用脱钩理论对我国低碳农业发展水平的分析，发现我国农业碳排放与农业产值之间呈现增长连结状态、农业碳汇与农业产值之间呈现强负耦合状态，低碳农业发展水平不理想。这与我国目前低碳农业还处在理论研究阶段、低碳农业实践刚刚起步的现实情况相符合。随着国家对粮食安全和农业可持续发展的高度重视，低碳农业以各种形式得到迅速发展，形成了富有成效的典型模式："北方四位一体"模式、生态种植模式、CSA模式、南方"猪—沼—果"模式和生态观光农业模式等，虽然这些农业模式并没直接体现出低碳农业，但是都强调农业生产过程中的"低消耗、低污染、高效率"，而这正是低碳农业的特征，在本质上与低碳农业趋同。但是这些模式鉴于现实和自身条件的局限性，都呈现规模小、分布零散、难以大面积推广等问题，我国低碳农业的进一步发展面临巨大的阻力。

一、农业人地矛盾的制约

在现有条件下，农业发展最重要的资源当属耕地资源，我国人口基数大、耕地面积少是我国低碳农业发展不得不面临的现实条件，人地矛盾成为我国低碳农业发展面临的最重要瓶颈。我国农业的人地矛盾主要体现在农业人口基数大、耕地资源少且在不断下降。

我国农业人口基数大。以 2011 年为例，根据《中国农业统计资料 2011》可知，全国农业人口为 97013.7 万人，农户数为 26607.0 万户，户均经营的耕地面积为 0.46 公顷，且都被分割成小块经营，形成了小规模、零散化的经营形式，影响农业生产效率。

耕地资源少且在不断下降。我国耕地面积占土地总面积的 12.68%，可利用草地占土地总面积的 32.64%。平原地区的耕地更适合规模化经营，但是我国平原面积仅占耕地面积的 11.98%，耕地资源不乐观。在前文笔者分析了中国耕地资源的变化，发现我国耕地资源不断减少，18 亿亩耕地红线很快就会失守。同时随着大量的农民进城务工，农村地区出现了大量的土地撂荒情况。文锦菊等（2012）对湖南永州市 55 个乡镇的问卷调查发现，抛荒的耕地为 4592 亩，占总耕地面积的 5.3%，同比增长 0.6%，抛荒面积最大的镇达到了 2000 亩，零抛荒的乡镇只有 3 个。[①] 吴胜锋（2012）对湖南省 A 市 165 个行政村的耕地抛荒情况进行问卷调查后发现，A 市耕地抛荒呈现经济发达程度与抛荒程度正相关、被抛荒土地主要呈现生产条件差和土地流转难度大的特点，抛荒的原因主要是农业生产比较效益低、农民种地义务意识淡薄、国家耕地保护政策难落实和农业生产风险大。[②]

二、农业生产规模的制约

我国现今实行的是始于 20 世纪 80 年代初期的家庭联产承包责任制，包产到户，使得农业经营规模化、集约化程度较低。目前全国农村劳均耕地面积约为 4 亩，人均耕地面积在 2 亩左右，而美国、加拿大和澳大利亚平均每个农业经济活动人口的耕地面积为 65.2 公顷/人、131.9 公顷/人和

[①] 文锦菊、李跃军、吴胜锋：《关于永州市耕地抛荒情况的调查研究》，《湖南行政学院学报》2012 年第 5 期。

[②] 吴胜锋：《当前耕地抛荒的特点、原因及治理对策——基于对湖南省 A 市耕地抛荒情况的调研》，《农业经济》2012 年第 12 期。

97.4公顷/人，即使日本平均每个农业经济活动人口耕地面积也有2.7公顷/人，远远高于中国的人均耕地面积。同时从表2—26中可以看出我国平均每百户产品畜呈现递增趋势，但是总量仍然较小，以2011年的81.90头/百户平均到每户只有0.82头/人，畜禽养殖业也呈现养殖规模过小、零散化的特点。因此，小农经济在今后很长一段时间内仍将难以得到根本改变，成为制约我国低碳农业发展的重要因素。

表2—26　我国农村家庭基本情况统计

	单位	2000	2005	2007	2010	2011
人均经营耕地面积	亩	1.98	2.08	2.16	2.28	2.30
人均经营山地面积	亩	0.28	0.32	0.32	0.35	0.49
人均园地面积	亩	0.06	-	0.10	0.11	0.11
人均养殖水面面积	亩	0.03	-	0.04	0.04	0.04
户均生产性固定资产原值	元	4676.98	7155.55	8389.84	10706.38	16087.52
平均每百户产品畜	头	41.56	60.28	63.59	62.26	81.90
农民人均纯收入	元	2253.4	3254.9	4140.4	5919.0	6977.3

资料来源：《中国统计年鉴》《中国农业统计资料》（2001—2012）整理得到。

我国小农经营与大农业需求的矛盾凸显的同时，我国农民高度血缘性和地缘性的组织结构以及传统化和凝固化的生产要素，使得农户都各自为营，合作程度低，使得农业生产效率低下和农业生产风险加大。而低碳农业的发展需要农民有较好的现实条件以实现低碳技术的盈利性，以测土施肥技术、沼气池的修建与维护技术、秸秆的综合利用技术和农具节能减排技术等为例,这些先进技术的推广应用,就需要农户能有条件实施,否则盈利效果不明显,农民参与低碳农业发展的积极性就不高。

三、投入产出效率的制约

农业的生产效率取决于农药、化肥、农用柴油和农膜等农业生产资料的产出率,低碳农业是高投入产出效率的农业发展模式。本书根据《中国统计年鉴》得到我国农药、化肥、农用柴油和农膜的使用量以及粮食产量的相关数据,运用粮食产量除以各农业生产资料的投入量,得到我国农业的投入产出效率(吨粮食/吨农业生产资料)。我国农药、化肥、农用柴油和农膜的投入产出率分别由 2000 年的 361.07、11.15、32.90 和 346.20 降低到 2012 年的 319.65、10.01、27.76 和 248.89。根据《国际统计年鉴2011》,中国的单位面积谷物产量为 5.45 吨/公顷,同期美国的单位面积谷物产量为 7.24 吨/公顷,比我国高 32.84%,横向来看我国农业的投入产出率较低。从横向和纵向来看,我国农业的投入产出效率都较低下,且还在不断地降低。

我国农业投入产出率低下主要是因为农业生产资料的利用率低下。我国化肥的施用量居世界首位,但是化肥的有效利用仅有 30%—40%,年度不合理化肥施用造成 1000 多万吨的氮素流失,造成的直接经济损失就有 300 多亿。[①] 2012 年我国农药的使用量为 180.6 万吨,其中只有不到1/3 被吸收;2010 年全国用水量为 6022.0 亿立方米,同期农业用水为 3689.1 亿立方米,占总用水量的 61.26%。同时我国的农业废弃物资源化利用水平低,每年的农作物秸秆产量和畜禽养殖业的动物粪便等,相当大一部分直接被当作废弃物处理,造成资源浪费的同时引发严重的环境问题。鉴于我国的人地矛盾、粮食安全问题和农业科技的周期较长等因素,在将来很长一段时间内,我国农业投入产出效率低下的格局很难得到根本改变,仍将是制约我国低碳农业发展的重要因素。

---

① 马晓旭:《我国低碳农业发展的困境及出路选择》,《经济体制改革》2011 年第 5 期。

四、农业生态环境的制约

随着农业的化学化和石油化，农业生态系统内部有害物质残留迅速增加；随着工业化和城市化发展，来自农业生态系统内部的污染源对农业的污染态势越发严峻，农业生态系统愈发脆弱。农业生态系统内的污染源主要来自于种植业的化学生产资料和畜禽养殖业的粪尿。[①] 2012 年我国平均每公顷耕地化肥施用量达到了 457 千克/公顷，远远超过了国际化肥安全施用标准 225 千克/公顷。《第一次全国污染源普查公报》普查了全国 2899638 个农业源调查对象，结果发现种植业总氮流失 159.78 万吨，总磷流失 10.87 万吨，农膜的残留量达到 12.10 万吨，畜禽养殖业的粪便和尿液产生量分别达到 2.43 亿吨和 1.63 亿吨，这些污染源对水体、大气和土壤造成立体污染。据国土资源部不完全统计，全国受污染的耕地面积约有 1.5 亿亩，固体废弃物污染耕地 200 万亩，污水灌溉污染 3250 万亩，仅这两项污染就占总耕地面积的 1/10 以上。每年重金属污染耕地造成粮食重金属污染量达到 1200 万吨，直接经济损失超过 200 亿元。同时我国农业灌溉以大水漫灌为主，水资源大量浪费的同时造成土壤次生盐渍化，耕地有机质含量不断下降，农业面源污染情况和农产品安全形势不容乐观，低碳农业发展的基础环境较差，使得低碳农业刚起步就面临巨大挑战。

五、农民认知水平的制约

农民的积极参与是低碳农业发展的关键，农民的参与就需要对低碳农业有较深刻的认识，鉴于受教育水平低、农村空心化和传统观念较重等现实条件的制约，大多农民对低碳农业的认识严重不足，片面追求经济利益阻碍了低碳农业的发展。

农村空心化严重。农村空心化是我国城市化进程中农村由于年轻劳动力进城造成农村空心化的现象，主要表现为：农村聚落空心化、劳动力空

[①]　金书秦、沈贵银：《中国农业面源污染的困境摆脱与绿色转型》，《改革》2013 年第 5 期。

心化、住宅空心化、基础设施空心化、产业结构空心化、公共服务空心化、资金非农化和土地闲置化，使得农村聚落的"外扩内空、人去屋空"，这主要是由于城乡二元结构下农业生产缺乏比较优势和吸引力以及活力等涉及农村的资源与环境因素、制度因素、经济社会因素和政策因素方方面面。① 农民是低碳农业的参与主体，农村空心化使得低碳农业发展主体缺失；年轻劳动力流失，老年人、儿童和妇女留守，使得农业从业人员受教育水平更低、老龄化，低碳农业的推广难度更大。

农民受教育水平低（见表2—27）。低碳农业从意识到实践，对农业科技创新体系和管理体系有着较高的要求，这就需要高素质、敢于创新的职业农民，然而我国农民受教育年限低，随着农村空心化这一问题愈发突出，成为制约我国低碳农业发展的重要因素。

表2—27　2001—2011年我国农村居民家庭劳动力文化状况（%）

年份	不识字或识字很少	小学程度	初中程度	高中程度	中专程度	大专及大专以上
2001	7.9	31.1	48.9	9.7	1.9	0.5
2002	7.6	30.6	49.3	9.8	2.1	0.6
2003	7.4	29.9	50.2	9.7	2.1	0.6
2004	7.5	29.2	50.4	10.1	2.1	0.8
2005	6.9	27.2	52.2	10.3	2.4	1.1
2006	6.6	26.4	52.8	10.5	2.4	1.3
2007	6.3	25.8	52.9	11.0	2.5	1.4
2008	6.1	25.3	52.8	11.4	2.7	1.7
2009	5.9	24.7	52.7	11.7	2.9	2.1
2010	5.7	24.4	52.4	12.0	2.9	2.4
2011	5.5	26.5	53.0	9.9	2.5	2.7

资料来源：《2012中国住户调查年鉴》。

---

① 刘锐、阳云云：《空心村问题再认识——农民主位的视角》，《社会科学研究》2013年第3期。李周、任常青：《农村空心化的影响、原因与对策》，《人民日报》2013年2月3日。刘彦随、刘玉：《中国农村空心化问题研究的进展与展望》，《地理研究》2010年第1期。

六、现行管理方式的制约

低碳农业系统是一个复杂的系统化工程，其管理能力和管理方式具有特殊性，区别于现行的注重生产过程的管理方式。首先，管理主体难以满足低碳农业发展的要求，上文分析过我国农均耕地少，实行小农户管理模式，而农民大多没有接受专业的培训，对低碳农业认知不够，其管理水平有限，低碳农业的发展迫切需要把这些农户组织起来，壮大发展规模的同时提升管理主体的管理能力，而农民专业合作组织参与低碳农业发展刚好可以满足这一管理需求。其次，管理方式和内容阻碍低碳农业的发展，传统农业管理注重生产过程和农业产出，这一管理模式已经远远难以适应低碳农业的发展要求，低碳农业的发展要求从农业生产、消费的全过程出发，减少全过程的温室气体排放，这里不仅仅包括农业生产活动的产前、产中和产后，同时包含与相关产业间的协调、生活方式和价值选择倾向低碳化等，而农民专业合作组织作为一个农业组织，其自身就具备一定的生态文明功能，若加以引导，可以有效改善现行管理方式滞后的现状。再次，管理人员与管理机构之间的归属关系不顺畅，现行的农业管理机构主要是政府的农业部门，由于人力、物力、财力有限，政府很难全面地去管理农户，而农户也不会主动地进行信息反馈，这就必须找到一个中介理顺两者之间的从属关系，而农民专业合作组织可以上接政府，下联农户，有效解决这个问题。

第三章　农民专业合作组织与低碳农业：
作用机理及发展机制的框架设计

本章首先对低碳农业的各参与主体（地方政府、农民专业合作组织、农户和社会公众）进行了演化博弈分析，以此来探寻农民专业合作组织促进我国低碳农业发展的作用机理，结果显示，在缺乏激励和约束机制的情况下，地方政府、农民专业合作组织和农户都趋向于采取不发展或不支持低碳农业发展的策略，而社会公众也会对低碳农业发展持旁观态度，即各方难以形成联盟，这样对低碳农业发展是不利的。然而在农民专业合作组织内部确立激励机制和约束机制，可以有效提升农民专业合作组织发展低碳农业的积极性，农民专业合作组织就可以通过推广低碳农业理念和技术、提升低碳农产品的附加值、充当农民的信息交换媒介、改善农村和农业生态环境等作用方式成为低碳农业发展的重要主体；在此基础上，笔者提出了农民专业合作组织视角下我国低碳农业发展机制的设计思路和原则，最终建立了由规划机制、运行机制、激励机制和反馈控制机制四个子机制构成的低碳农业发展机制系统，并对各子机制在系统内部的协同作用进行了简要分析。

第一节　农民专业合作组织促进我国
低碳农业发展的作用机理

一、参与主体的界定

（一）地方政府

在我国，地方政府被法律赋予的对所在辖区的行政、经济、文化和环境等方面的管理职能，尤其是地方政府对环境污染监管和治理职能决定了地方政府必须主动介入低碳农业发展，通过政府规制中的各项有效措施消除农业生产、农村生活中环境污染带来的负外部性，以求实现整个社会福利的最大化。① 然而地方政府既是农业生态破坏者又是农民利益保护者，同时作为特殊的利益集团使得其在履行管理职能外追求自身的利益。地方政府期望在农业产值迅速增长的同时，农业生态环境污染损失最小，也就是推进农业绿色、持续化发展，这就要求政府必须制定或选取适当的激励或规范手段引导农户、农民专业合作组织等农业经济主体的行为，协调各方利益关系，改善农业生态环境，实现整个社会福利的最大化。

（二）农民专业合作组织

农民专业合作组织是农户的自愿联合，具有企业的性质，即以利润最大化为经营的根本目的，为消费者提供绿色、安全、优质的农产品。农民专业合作组织在低碳农业中为农户和农产品消费者提供服务或产品，尤其是农户，这就决定了影响农民专业合作组织发展的主体因素是农户的生产策略和消费者需求。同时其为了实现自身利益最大化的过程要受到政府各种激励或规范手段的制约，从生产经营到占据市场以及获得有力竞争地位方面需要得到政府的法律政策支持，还要在内部采取激励或规范手段，杜绝"搭便车"行为，提升农民专业合作组织的发展活力，实现整个组织内部福利的最大化。

（三）农户

农户是低碳农业的直接实践者，农户的参与度决定着低碳农业的发展水平。但是农户作为有限理性人，在农业生产中以自己为轴心，片面追求短期的农业高产，加大化肥、农药的使用量，这种"有限理性"的行为势必会和政府的低碳农业期望相背离。农户作为一个经济主体，在是否参与

---

① Shui—Yan Tang, Carlos Wing—Hung Lo, Gerald E. Fryxell, "Governance Reform, External Support, and Environmental Regulation Enforcement in Rural China: The Case of Guangdong Province", *Journal of Environmental Management*, No. 5, 2010.

农民专业合作组织以及在农民专业合作组织中的策略选择都会考量自身利益的最大化，甚至出现"搭便车"现象，就会造成农户与农户、农户与农民专业合作组织之间的博弈。

（四）社会公众

社会公众分为非政府组织和消费者两大部分，[1] 因此要区别来看。消费者在低碳农业发展过程中的行为选择遵循自身利益最大化的原则，若是消费者不能意识到农业生态环境破坏对农业生态系统乃至整个人类发展的负面效应或是环保意识淡薄等，则消费者就会在低碳农业的发展中充当观望者的角色；若是消费者一旦认识到农业环境污染对自身利益的严重危害性，尤其是农产品质量安全问题严重影响到自身的健康生活，就会积极参与到低碳农业中，配合政府对农户、农民专业合作组织的行为进行监督。非政府组织又可以分为两类，一种是有政府支持的组织，他们是政府低碳农业政策的践行者，辅助政府推动低碳农业的发展，在低碳农业发展中和政府相互补充，都是政府意念的代表，在本书中划归到政府中；另一种是民间自发组织，是对农业环境和农产品质量监督以实现社会福利最大化的有效机制之一，可以有效地弥补在低碳农业发展过程中的政府失灵和市场失灵，因此在这里的社会公众指的是民间自发成立的非政府组织和消费者。

二、农户与农户之间的演化博弈

（一）基本假设

这里的农户都是参与农民专业合作组织的，根据组织内部成员之间的策略及收益关系建立博弈模型，进而构建复制者动态模型（Replicator Dynamics），分析博弈双方的行为演化。农户的策略空间为 s_1 ｛发展低碳农业 = 合作，不发展低碳农业 = 搭便车｝。

① Prefo B. , Tardieu H. , Vida A. , et al. , "Public—Private Partnership in Irrigation and Drainage: Need for a Professional Third Party between Farmers Analgovernment", *Irrigation and Drainage*, No. 3, 2006.

假设一：农户是有限理性的，农民会主动根据自己所掌握的信息追求自身利益的最大化，即是否发展低碳农业在一定程度上取决于农户的期望收益。

假设二：农户具有能动性，即个体学习、认知能力，但是农民认知速度缓慢。

假设三：农户行为自由，不存在进入和退出农民专业合作组织的限制条件。

假设四：农民专业合作组织中的成员为 n，其中采取合作策略（发展低碳农业）的比例为 x（$0 < x < 1$），则搭便车的比例为 $1 - x$，为了促进合作、杜绝"搭便车"的行为，引入激励机制，合作的激励为 p，"搭便车"的成本为 q。

假设农民专业合作组织发展低碳农业的总收益规模为 R，总运营成本为 C，若农民专业合作组织全体成员都采取合作策略时，即 $x = 1$ 时，个体利润为 $\Pi = (R - C)/n + p = r - c + p$，双方经过博弈后的利润矩阵为 $(r - c + p, r - c + p)$。如果博弈一方采取合作策略，而另一方选择"搭便车"策略，则采取合作策略一方的个体利润为 $\Pi = (xR - C)/n + p = xr - c + p$，"搭便车"一方的个体利润为 $\Pi = xR/n - q = xr - q$，双方经过博弈后的利润矩阵为 $(xr - c + p, xr - q)$。如果双方都选择"搭便车"策略，则双方的个体利润都为 $-q$，双方经过博弈后的利润矩阵为 $(-q, -q)$，此时农民专业合作组织解散。其博弈模型如表 3—1 所示。

表3—1 农户与农户之间的博弈模型

农户B / 农户A	合作（x）	搭便车（1−x）
合作（x）	$(r - c + p, \ r - c + p)$	$(xr - c + p, \ xr - q)$
搭便车（1−x）	$(xr - q, \ xr - c + p)$	$(-q, \ -q)$

（二）演化过程

通过构建复制者动态模型分析农户间合作博弈的演化过程，假设存在两个农户群体 A 和 B，两个群体同质，其博弈策略相同，在此只分析农户群体 A，其采取合作策略时的期望收益为：

$$E_{A1} = x(r-c+p) + (1-x)(xr-c+p) = -x^2r + 2xr - c + p$$

$$(3—1)$$

其采取"搭便车"策略时的期望收益为：

$$E_{A2} = x(xr-q) + (1-x)(-q) = x^2r - q \qquad (3—2)$$

整个群体内部农户的平均期望收益为：

$$\overline{E} = xE_{A1} + (1-x)E_{A2} \qquad (3—3)$$

在前文中描述过复制者动态是一个群体中采用特定策略 s 的频度的动态微分方程，在此用微分方程表示为 $dx/dt = x(E_{A1} - \overline{E})$，把式（3—1）、式（3—2）和式（3—3）代入微分方程得到 $dx/dt = x(1-x)(-2rx^2 + 2rx - c + p + q)$，进而分析其稳定性。令 $dx/dt = 0$，得到微分方程的均衡解：

$x_1 = 0$，$x_2 = 1$，$x_3 = (1 - \sqrt{1 - 2(c-p-q)/r})/2$，$x_4 = (1 + \sqrt{1 - 2(c-p-q)/r})/2$，根据模型假设和根号成立的条件可以得到不等式组：

$$\begin{cases} 0 < (1 \pm \sqrt{1 - 2(c-p-q)/r})/2 < 1 \\ 1 - 2(c-p-q)/r > 0 \end{cases}$$

解不等式组得到：$r > p + q \geq 2c - r$。依据微分方程稳定性定理，当突变因素的出现频度高于均衡解时，即 $\dfrac{dx}{dt}$ 的导数小于 0 时，均衡解才是稳定的，因此演化策略点在相位图上应该是相位图与 x 轴交点处斜率小于 0 的点，据此分析不同解条件下农户间合作行为演化博弈的稳定性，舍去与已知条件不符或是无解的项。

（三）演化结果分析

根据演化分析得到四个解条件下的农户合作行为演化博弈的稳定性，如表 3—2 所示。

当激励机制和约束机制之和大于群体平均成本时，经过长期的演化博弈，农户间最后都会采取合作策略，即发展低碳农业，"搭便车"现象就会消失。

表3—2　不同均衡解下农户间演化博弈的稳定性

均衡解	满足条件	(dx/dt) 导数的符号	稳定状态
x_1	$p+q>c$	+	非稳定进化策略
	$c>p+q\geqslant 2c-r$	$(-\infty, 0)$	演化稳定策略
	$2c-r>p+q>0$	$(-\infty, 0)$	演化稳定策略
x_2	$p+q>c$	$(-\infty, 0)$	演化稳定策略
	$c>p+q\geqslant 2c-r$	+	非稳定进化策略
	$2c-r>p+q>0$	+	非稳定进化策略
x_3	$c>p+q\geqslant 2c-r$	+	非稳定进化策略
x_4	$c>p+q\geqslant 2c-r$	$(-\infty, 0)$	演化稳定策略

当激励机制和约束机制之和小于 $2c-r$ 时，农户间的博弈呈现"囚徒困境"，经过长期的演化，农户选择"搭便车"策略的比例逐渐增加，直至最后所有农户选择"搭便车"，农民专业合作组织趋向消亡。

当激励机制和约束机制之和大于 $2c-r$ 小于群体平均成本时，存在两种博弈结果。当初始选择合作策略的农户比例小于 $x_3=$ （1 - $\sqrt{1-2(c-p-q)/r}$）/2 时，经过长期的演化博弈，选择"搭便车"策略的农户比例逐渐增加，农民专业合作组织趋向消亡；当初始选择合作策略的农户比例大于 $x_3=$ （1 - $\sqrt{1-2(c-p-q)/r}$）/2 时，经过长期的演化博弈，选择合作策略的农户比例逐渐增加到 $x_4=$ （1 + $\sqrt{1-2(c-p-q)/r}$）/2，群体演化博弈状态呈现演化稳定策略，合作者和"搭便车"者共存于农民专业合作组织中，其复制动态方程的相位图如图3—1所示。

三、农户与农民专业合作组织之间的演化博弈

（一）基本假设

假设一：农民专业合作组织对农户具有信息和资源优势，双方之间的

博弈属于异质群体之间的博弈。

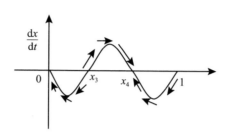

图3—1　复制动态方程的相位图

假设二：农民专业合作组织结构一定时间内基本稳定，存在农户进退农民专业合作组织的约束机制。

假设三：农民专业合作组织中存在农户群体 A 和农户群体 B，两个群体属于同质群体。

假设四：农民专业合作组织侵犯农户利益的可能性为 x（$0 < x < 1$），农民专业合作组织不侵犯农户利益的可能性为 $1 - x$，在没有约束机制的情况下农民专业合作组织侵犯农户所获得超额收益为 $2r$，不侵犯农户则超额收益为 0，只有农户群体 A 和 B 两个群体全部联合抵制，才能抵制农民专业合作组织的侵犯行为，因此引入约束机制限制农民专业合作组织的侵犯行为，在约束机制下农民专业合作组织选择侵犯策略的成本为 $2u$，若在农民专业合作组织没有侵犯农户利益条件下农户采取抵制策略，则管理层损失 v。

假设五：不管农民专业合作组织是否侵犯农户的利益，农户选择抵制策略的概率为 y（$0 < y < 1$），选择沉默策略的概率为 $1 - y$，农户平均的抵制成本为 c，若在农民专业合作组织侵犯农户利益条件下农户抵制成功，农户获得的平均激励为 u，一旦有农户选择沉默，则抵制失败，农户平均损失为 r，若在农民专业合作组织未侵犯农户利益条件下农户抵制成功，农户获得的额外收益为 v。

在农户与农民专业合作组织之间演化博弈过程中，农民专业合作组织具有两个选项，即侵犯或不侵犯农户的利益，在农民专业合作组织侵犯农

户利益的条件下，农户群体 A 和农户群体 B 共有四种博弈情况，即在农户
群体 A 选择抵制的情况下农户群体 B 或抵制或沉默和农户群体 A 选择沉默
的情况下农户群体 B 或抵制或沉默；在农民专业合作组织选择不侵犯农户
利益的条件下，农户群体 A 和农户群体 B 亦有四种博弈情况，即在农户群
体 A 选择抵制的情况下农户群体 B 或抵制或沉默和农户群体 A 选择沉默的
情况下农户群体 B 或抵制或沉默，其博弈情况如图 3—2 所示。

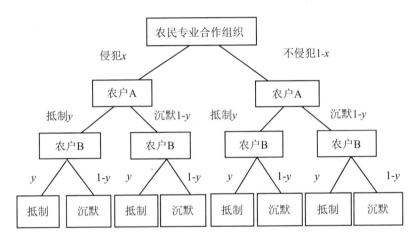

图 3—2　农户与农民专业合作组织之间的连续博弈

表 3—3　农民专业合作组织侵犯农户利益时演化博弈模型

农户B / 农户A	抵制 y	沉默 $1-y$
抵制 y	$(-2u,\ u-c,\ u-c)$	$(2r,\ -r-c,\ -r)$
沉默 $1-y$	$(2r,\ -r,\ -r-c)$	$(2r,\ -r,\ -r)$

表 3—4　农民专业合作组织未侵犯农户利益时演化博弈模型

农户B / 农户A	抵制 y	沉默 $1-y$
抵制 y	$(-2v,\ v-c,\ v-c)$	$(0,\ -c,\ 0)$
沉默 $1-y$	$(0,\ 0,\ -c)$	$(0,\ 0,\ 0)$

（二）演化过程

通过构建复制者动态模型（Replicator Dynamics）分析农户间合作博弈的演化过程，假定农户群体 A 和 B 是同质的，也就是其博弈策略相同，在此只分析农户群体 A。无论农民专业合作组织是否侵犯农户利益，农户初始选择抵制和沉默的概率相同，则农民专业合作组织在侵犯农户利益时的期望收益为：

$$E_1 = y^2（-2u）+2y（1-y）（2r）+（1-y）^2（2）r \qquad (3—4)$$

农民专业合作在不侵犯农户利益时的期望收益为：

$$E_2 = y^2（-2v）+2y（1-y）0+（1-y）^2 0 = -2vy^2 \qquad (3—5)$$

农民专业合作的平均期望收益为：

$$\bar{E} = xE_1 +（1-x）E_2 \qquad (3—6)$$

复制者动态是一个群体中采用特定策略 s 的频度的动态微分方程，在此用微分方程表示为 $dx/dt = x（E_1 - \bar{E}）$，把农民专业合作组织在不同策略选择下的期望收益和平均期望收益代入微分方程得到 $dx/dt = x（1-x）（-2（u+r-v）y^2 +2r）$，进而分析其稳定性。令 $dx/dt = 0$，得到微分方程的均衡解：$x_1 = 0$，$x_2 = 1$。

在农民专业合作组织选择侵犯农户利益的情况下，农户群体 A 选择抵制时的期望收益为：

$$E_{A1} = y（u-c）+（1-y）（-r-c）=（u+r）y-r-c \qquad (3—7)$$

农户群体 A 选择沉默时的期望收益为：

$$E_{A2} = y（-r）+（1-y）（-r）= -r \qquad (3—8)$$

整个群体内部农户的平均期望收益为：

$$\bar{E} = yE_{A1} +（1-y）E_{A2} \qquad (3—9)$$

复制者动态是一个群体中采用特定策略 s 的频度的动态微分方程，在此用微分方程表示为 $dy/dt = y（E_{A1} - \bar{E}）$，把农户群体 A 在不同策略选择下的期望收益和群体平均期望收益代入微分方程得到 $dy/dt = y（1-y）[u+r]y-c$，进而分析其稳定性。令 $dy/dt = 0$，得到微分方程的均衡解：

$y_1 = 0$，$y_2 = 1$，$y_3 = c/(u+r)$，根据假设 y_3 是均衡解的充分条件是 $0 < y_3 < 1$，由此可以得到 $u + r > c$。

在农民专业合作组织选择不侵犯农户利益的情况下，农户群体 A 选择抵制时的期望收益为：

$$E_A 1 = y(v-c) + (1-y)(-c) \tag{3—10}$$

农户群体 A 选择沉默时的期望收益为：

$$E_{A2} = y \cdot 0 + (1-y) \cdot 0 = 0 \tag{3—11}$$

整个群体内部农户的平均期望收益为：

$$\bar{E} = yE_{A1} + (1-y)E_{A2} \tag{3—12}$$

复制者动态是一个群体中采用特定策略 s 的频度的动态微分方程，在此用微分方程表示为 $dy/dt = y(E_{A1} - \bar{E})$，把农户群体 A 在不同策略选择下的期望收益和群体平均期望收益代入微分方程得到 $dy/dt = y(1-y)(vy-c)$，进而分析其稳定性。令 $dy/dt = 0$，得到微分方程的均衡解：

$y'_1 = 0$，$y'_2 = 1$，$y'_3 = c/v$，根据假设 y_3 是均衡解的充分条件是 $0 < y_3 < 1$，由此可以得到 $v > c$。

依据微分方程稳定性定理，当突变因素的出现频度高于均衡解时，即 dx/dt 和 dy/dt 的导数小于 0 时，均衡解才是稳定的，因此演化策略点在相位图上应该是相位图与 x 轴交点处斜率小于 0 的点，据此分析不同解条件下农户与农民专业合作组织之间合作行为演化博弈的稳定性，舍去与已知条件不符或是无解的项。

（三）演化结果分析

根据演化分析得到六个解条件下的农户与农民专业合作组织之间合作行为演化博弈的稳定性，如表 3—5 所示。

农民专业合作组织基于信息、资源优势，在缺乏约束机制的条件下，农民专业合作组织往往会侵犯农户的利益。当 $u > v$ 时，即在未侵犯农户利益的条件下农户联合抵制所获得额外收益低于在侵犯农户利益条件下农户联合抵制所获得的额外收益时，若农户初始选择 $y < \sqrt{r/(u+r-v)}$，农

民专业合作组织经过长期的学习和演化博弈，最终将会侵犯农户利益；若农户初始选择 $y > \sqrt{r/(u+r-v)}$，农民专业合作组织经过长期的学习和演化博弈，最终不会选择侵犯农户利益，农户利益得到保障。若当 $u < v$ 时，即在农户联合抵制下农民专业合作组织侵犯农户利益的约束小于未侵犯农户利益时的损失时，农民专业合作组织经过长期的学习和演化博弈，最终将会侵犯农户利益。

表 3—5　不同均衡解下农民专业合作组织与农户之间演化博弈的稳定性

均衡解	满足条件	dy/dx、dx/dt 导数的符号	稳定状态
x_1	$u > v$ 且 $y > \sqrt{r/(u+r-v)}$	$(-\infty, 0)$	演化稳定策略
	$u > v$ 且 $y > \sqrt{r/(u+r-v)}$	$(-\infty, 0)$	演化稳定策略
x_2	$u > v$ 且 $y > \sqrt{r/(u+r-v)}$	$(-\infty, 0)$	演化稳定策略
	$u < v$	$(-\infty, 0)$	演化稳定策略
y_1	$u + r > c$	$(-\infty, 0)$	演化稳定策略
	$u + r < c$	$(-\infty, 0)$	演化稳定策略
y'_2	$u + r > c$	$(-\infty, 0)$	演化稳定策略
y'_1	$c > v$	$(-\infty, 0)$	演化稳定策略
	$c < v$	$(-\infty, 0)$	演化稳定策略
y'_2	$c < v$	$(-\infty, 0)$	演化稳定策略

在农民专业合作组织侵犯农户利益条件下，当 $u + r < c$ 时，即农户被侵犯的损失和成功抵制农民专业合作组织侵犯的收益之和小于农户抵制成本时，经过长期的学习和博弈，农户陷入博弈的囚徒困境，最终农户会选择沉默；当 $u + r > c$ 时，即农户被侵犯的损失和成功抵制农民专业合作组织侵犯的收益之和大于农户抵制成本时，当农户初始选择抵制比例低于

$\dfrac{c}{(u+v)}$时，经过长期的学习和演化博弈，农户的策略选择倾向于沉默；当

农户初始选择抵制比例高于$\dfrac{c}{(u+v)}$时，经过长期的学习和演化博弈，所有

的农户选择抵制策略，其复制动态方程的相位图如图3—3所示。

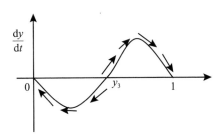

图3—3　复制动态方程的相位图

在农民专业合作组织未侵犯农户利益条件下，当$c>v$时，即农户的抵
制成本大于收益时，经过长期的学习和博弈，农户陷入博弈的囚徒困境，
最终农户会选择沉默。当$c<v$时，即农户的抵制收益大于成本时，若是农
户初始选择抵制的比例低于c/v时，经过长期的学习和博弈，农户陷入博
弈的囚徒困境，最终农户会选择沉默；若农户初始选择抵制的比例高于c/v时，经过长期的学习和博弈，最终农户会选择抵制，其复制动态方程的
相位图如图3—4所示。

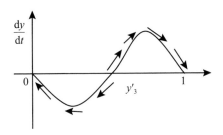

图3—4　复制动态方程的相位图

四、农民专业合作组织与地方政府之间的演化博弈

前文分析了农民专业合作组织中农户之间以及农户与农民专业合作组织之间的利益博弈，探讨在低碳农业发展过程中通过农民专业合作组织内部的机制设置，杜绝农户搭便车行为，促进农户间的合作，约束农民专业合作组织侵犯农户利益的行为，实现农户间、农户与农民专业合作组织间的和谐发展，力求利益最大化，但是这是基于农民专业合作组织较单个农户而言在农业生产中的相对规模化、精准化而实现农业生产少投入、少消耗、少污染、少排放所形成的低碳农业，并不是农民专业合作组织主观上以低碳农业为目标和社会责任，是农民专业合作组织为追求利益最大化的结果。在本节主要探讨通过政府的政策激励、约束，使得农民专业合作组织真正成为低碳农业发展的主体。在低碳农业发展过程中，中央政府除了主要是在政策制定方面起着直接作用以外，政策的实施、低碳农业信息的传播、农业的管理等主要隶属于地方政府职责范围，因此本节主要探讨农民专业合作组织和地方政府在低碳农业发展中的演化博弈问题。

（一）基本假设

根据地方政府和农民专业合作组织之间的策略及收益关系建立博弈模型，进而构建复制者动态模型（Replicator Dynamics）分析博弈双方的行为演化。农民专业合作组织的策略空间为 s_1 ｛发展低碳农业＝合作，不发展低碳农业＝搭便车｝，地方政府的策略空间为 s_2 ｛支持，不支持｝，同时农民专业合作组织和地方政府均是有限理性的，并作出如下假设：

假设一，农民专业合作组织不发展低碳农业的原收益为 R，原成本为 C，发展低碳农业的收益为 r，成本为 c，若获得政府支持农民专业合作组织将会获得额外的收益 C'。农民专业合作组织选择发展低碳农业的概率为 x（$0 < x < 1$），选择不发展低碳农业的概率为 $1 - x$。

假设二，地方政府的正常收益为 R'，当政府支持农民专业合作组织发展低碳农业时所付出的成本为 u，同时农民专业合作组织通过发展低碳农业可以给当地政府带来的收益为 r'，当其不支持农民专业合作组织发展低

碳农业时，$C'=0$，$r'=0$，地方政府选择支持策略的概率为 y（$0<y<1$），选择不支持低碳农业的概率为 $1-y$。

假设三，引入约束机制约束农民专业合作组织搭便车行为，农民专业合作组织搭便车的成本为 v。

根据上述假设，构建农民专业合作组织和地方政府在低碳农业发展进程中的博弈模型，如表3—6所示。

表3—6 农民专业合作组织与地方政府之间的博弈模型

地方政府 农民专业合作	支持（y）	不支持（$1-y$）
发展（x）	（$r-c+u$, $r'-u$）	（$r-c$, r'）
不发展（$1-x$）	（$R-v$, $R'-u+v$）	（$R-v$, $R'+v$）

（二）演化过程

通过构建复制者动态模型分析农民专业合作组织与地方政府之间合作博弈的演化过程，农民专业合作组织发展低碳农业的期望收益为：

$$E_1 = x(r-c+u) + (1-x)(r-c) \qquad (3—13)$$

农民专业合作组织不发展低碳农业的期望收益为：

$$E_2 = x(R-v) + (1-x)(R-v) = R-v \qquad (3—14)$$

农民专业合作组织平均期望收益为：

$$\overline{E} = xE_1 + (1-x)E_2 \qquad (3—15)$$

复制者动态是一个群体中采用特定策略 s 的频度的动态微分方程，在此用微分方程表示为 $dx/dt = x(E_1 - \overline{E})$，把农民专业合作组织在不同策略选择下的期望收益和平均期望收益代入微分方程得到 $dx/dt = x(1-x)(ux+r-c)$，进而分析其稳定性。令 $dx/dt=0$，得到微分方程的均衡解：

$x_1=0$，$x_2=1$，$x_3=(c-r)/u$，根据假设 x_3 是均衡解的充分条件是 $0<x_3<1$，由此可以得到 $u+r>c$。

地方政府选择支持低碳农业策略的期望收益为：

$$E_1 = y(r'-u) + (1-y)(R'-u+v) \qquad (3—16)$$

地方政府选择不支持低碳农业策略的期望收益为：

$$E_2 = yr' + (1 - y)(R' + v) \tag{3—17}$$

地方政府的平均期望收益为：

$$\overline{E} = yE_1 + (1 - y)E_2 \tag{3—18}$$

复制者动态是一个群体中采用特定策略 s 的频度的动态微分方程，在此用微分方程表示为 $dy/dt = y(E_1 - \overline{E})$，把地方政府在不同策略选择下的期望收益和平均期望收益代入微分方程得到 $dy/dt = y(1 - y)(-u)$，进而分析其稳定性。令 $dy/dt = 0$，得到微分方程的均衡解：$y_1 = 0$，$y_2 = 1$。

依据微分方程稳定性定理，当突变因素的出现频度高于均衡解时，即 dx/dt 和 dy/dt 的导数小于 0 时，均衡解才是稳定的，因此演化策略点在相位图上应该是相位图与 x 轴交点处斜率小于 0 的点，据此分析不同解条件下农民专业合作组织与地方政府之间合作行为演化博弈的稳定性，舍去与已知条件不符或是无解的项。

（三）演化结果分析

根据演化分析得到三个均衡解条件下的农户与农民专业合作组织之间合作行为演化博弈的稳定性，如表3—7所示。

表3—7　不同均衡解下农民专业合作组织与地方政府之间演化博弈的稳定性

均衡解	满足条件	dy/dx、dx/dt 导数的符号	稳定状态
x_1	$r < c$	$(-\infty, 0)$	演化稳定策略
x_2	$u + r > c$	$(-\infty, 0)$	演化稳定策略
y_1	—	$(-\infty, 0)$	演化稳定策略

农民专业合作组织发展低碳农业与否取决于农民专业合作组织对发展低碳农业的收益期望。若是低碳农业发展的收益低于其成本，随着时间的推移，即使初始选择发展低碳农业的农民专业合作组织也会经过学习和模仿，最终选择不发展低碳农业的策略。若农民专业合作组织发展低碳农业的收益和获得政府支持之和大于发展低碳农业的成本，经过长时间学习和模仿，农民专业合作组织最终会选择低碳农业发展的策略。

地方政府作为一个独立的经济主体，当政府支持农民专业合作组织发展低碳农业所获得的收益大于原有收益和支持成本之和，政府才会采取积极支持策略。否则，政府就会对低碳农业的发展持消极策略。这主要是由于地方政府作为环境监管者的同时又是农户利益的代表者，决定了政府在环境保护和经济发展中的两难选择，同时政府作为一个利益主体，势必从自身利益最大化出发，在环境保护中权衡自身的得失，若制度不能抑制地方政府的机会主义倾向时，政府势必偏好追求 GDP 的高速增长，造成对环境监管不力，对低碳农业支持消极，从而导致低碳农业发展缓慢，出现所谓的"政府失灵"。这就需要建立对政府的约束机制，杜绝机会主义，制定农业生态环境保护的长期激励机制和约束机制，把农业生态环境保护内化为农民和农民专业合作组织自觉的经济行为，促进低碳农业的发展，实现社会福利和生态效益的提升。

第二节 社会公众参与下的低碳农业发展的演化博弈

一、基本假设

农户和农民专业合作组织在农业生产中的行为选择符合有限理性，其目标是实现自身经济利益最大化。他们以自身为核心，为追求农产品的高产，过量使用化肥和农药等，对低碳农业发展产生负向影响。社会公众也是有限理性的，其目标是实现自身福利最大化，在受到农业环境污染和农产品质量安全等威胁时，可以通过问询、调查、建议、批评等监督方式来实现和维护自身的权益。社会公众的监督要通过政府问责、处理实现自身权益，但政府鉴于经费状况、人员状况、公众举报时间的严重程度和调查的成本等各方面因素，对社会公众的检举事件进行筛选，由此政府对社会公众的检举并不是全都受理，而且政府以及政府工作人员也不能保证完全的秉公办事、公正和无私，通过一些手段让政府及政府工作人员在处理社会公众的检举时产生某种偏好的可能性在现实中是存在的。若政府接受社会公众的检举，同时根据检举事件的污染程度等综合因素进行评定，决定是否对社会公众检举的事件进行处理和惩罚。[①]

假设一，博弈的局中人为社会公众、农民专业合作组织（农户）和政府，他们都是有限理性的，社会公众的目标是追求自身福利最大化，农民专业合作组织（农户）的目标是追求自身利益最大化，政府的目标是追求整个社会福利最大化。

假设二，$\alpha \in [0, \bar{\omega}]$ 表示农民专业合作组织（农户）的低碳农业背离程度（污染程度），$\alpha = 0$ 表示的是农民专业合作组织（农户）在农业生产中严格遵循低碳标准；$\alpha = \bar{\omega}$ 表示平均状况及政府的容许程度，超过这一程度，政府就会对农民专业合作组织（农户）进行处罚和监督；$r(\alpha)$ 表示污染程度为 α 时，农民专业合作组织（农户）的额外收益，其中 $r'(\alpha) \geq 0$；$x = \zeta(\alpha)$ 表示农民专业合作组织（农户）的污染程度为 α 时的概率，$1 - x = 1 - \zeta(\alpha)$ 表示农民专业合作组织（农户）的污染程度不是 α 时的概率。

假设三，$D(\alpha)$ 表示污染程度为 α 时社会公众的额外损失，其中 $D'(\alpha) \geq 0$；$y = \gamma(\alpha)$ 表示污染程度为 α 时，社会公众采取检举行为的概率，$1 - y = 1 - \gamma(\alpha)$ 表示污染程度为 α 时，社会公众采取不检举行为的概率，如社会公众选择检举，则其检举成本为 c，若政府对检举行为进行处理，则社会公众所得为 R，即农民专业合作组织的污染成本。

假设四，$\kappa(\alpha)$ 表示污染程度为 α 时，政府对社会公众采取检举行为的接受并进行调查的概率，$1 - \kappa(\alpha)$ 表示污染程度为 α 时，政府对社会公众采取检举行为的不接受并不进行调查的概率，若政府对检举行为进行处理，其处理成本为 M，通过处理所获得的额外收益为 R，在此只考虑政府对公众检举行为进行受理的情况。

根据上述假设，构建农民专业合作组织（农户）和社会公众之间在低碳农业发展进程中的博弈模型，如表3—8所示。

---

① 朱兆良、David Norse、孙波著：《中国农村面源污染控制对策》，中国环境科学出版社2006年版，第101页。

表3—8　农民专业合作组织与社会公众之间的博弈模型①

社会公众 农民专业合作	检举（y）	不检举（$1-y$）
污染（x）	（$r(\alpha)-R$，$R-c$）	（$r(\alpha)$，$-D(\alpha)$）
不污染（$1-x$）	（0，$-c$）	（0，0）

二、演化过程

通过构建复制者动态模型分析农民专业合作组织与社会公众之间合作博弈的演化过程，农民专业合作组织发展低碳农业（不污染）期望的额外收益为：

$$E_1 = x \times 0 + (1-x)0 = 0 \tag{3—19}$$

农民专业合作组织不发展低碳农业（污染）的期望的额外收益为：

$$E_2 = x[r(\alpha)-R] + (1-x)r(\alpha) \tag{3—20}$$

农民专业合作组织平均期望的额外收益为：

$$\overline{E} = xE_1 + (1-x)E_2 \tag{3—21}$$

复制者动态是一个群体中采用特定策略 s 的频度的动态微分方程，在此用微分方程表示为 $dx/dt = x(E_1 - \overline{E})$，把农民专业合作在不同策略选择下的期望额外收益和平均期望的额外收益代入微分方程得到 $dx/dt = x(1-x)(r(\alpha)-xR)$，进而分析其稳定性。令 $dx/dt = 0$，得到微分方程的均衡解：

$x_1 = 0$，$x_2 = 1$，$x_3 = r(\alpha)/R$，根据假设 x_3 是均衡解的充分条件是 $0 < x_3 < 1$，由此可以得到 $r(\alpha) < R$。

社会公众选择检举策略的期望的额外收益为：

$$E_1 = y(R-c) + (1-y)(-c) \tag{3—22}$$

社会公众选择不检举策略的期望的额外收益为：

$$E_2 = y(-D(\alpha)) + (1-y)0 \tag{3—23}$$

---

①　这里仅仅指的是农民专业合作组织和公众的额外收益。

社会公众的平均期望的额外收益为：

$$\overline{E} = yE_1 + (1 - y) E_2 \qquad (3—24)$$

复制者动态是一个群体中采用特定策略 s 的频度的动态微分方程，在此用微分方程表示为 $dy/dt = y (E_1 - \overline{E})$，把社会公众在不同策略选择下期望的额外收益和平均期望的额外收益代入微分方程得到 $dy/dx = y (1 - y) [(R + D (\alpha)) y - c]$，进而分析其稳定性。令 $dy/dt = 0$，得到微分方程的均衡解：

$y_1 = 0$，$y_2 = 1$，$y_3 = c/(D (\alpha) + R)$，根据假设 y_3 是均衡解的充分条件是 $0 < y_3 < 1$，由此可以得到 $D (\alpha) + R > c$。

依据微分方程稳定性定理，当突变因素的出现频度高于均衡解时，即 dx/dt 和 dy/dt 的导数小于 0 时，均衡解才是稳定的，因此演化策略点在相位图上应该是相位图与 x 轴交点处斜率小于 0 的点，据此分析不同解条件下农民专业合作组织与社会公众之间合作行为演化博弈的稳定性，舍去与已知条件不符或是无解的项。

三、演化结果分析

经过演化分析，得到五个均衡解条件下的农民专业合作组织与社会公众之间合作行为演化博弈的稳定性，具体见表3—9。

表3—9　不同均衡解下农民专业合作组织与社会公众之间演化博弈的稳定性

均衡解	满足条件	dy/dx、dx/dt 导数的符号	稳定状态
x_2	$R < r (\alpha)$	$(-\infty, 0)$	演化稳定策略
x_3	$R > r (\alpha)$	$(-\infty, 0)$	演化稳定策略
y_1	—	$(-\infty, 0)$	演化稳定策略
y_2	$D (\alpha) + R > c$	$(-\infty, 0)$	演化稳定策略
y_3	$D (\alpha) + R < c$	$(-\infty, 0)$	演化稳定策略

农民专业合作组织（农户）的策略选择取决于其额外收益的大小。当污染程度为 α 时，农民专业合作组织（农户）的额外收益 $r (\alpha)$ 大于因

为社会公众举报和政府处罚的损失 R 时，农民专业合作组织（农户）就会
选择污染环境（不发展低碳农业）。当农民专业合作组织（农户）的额外
收益 $r(\alpha)$ 小于因为社会公众举报和政府处罚的损失 R 时，经过长期的演
化博弈，选择污染环境（不发展低碳农业）策略的农民专业合作组织（农
户）概率为 $x_3 = r(\alpha)/R$ 时，群体演化博弈状态呈现演化稳定策略，其
复制动态方程的相位图如图3—5所示。

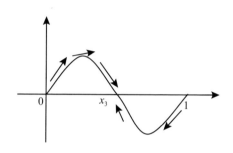

图3—5　复制动态方程的相位图

社会公众的策略选择取决于污染对其造成的额外损失、检举行为受到
政府受理所得到的额外收益和检举的成本。若是污染对社会公众所造成的
损失较小，其倾向于选择不检举，也就是采取忍受的策略。当污染对其造
成的额外损失 $D(\alpha)$ 与检举行为受到政府受理所得到的额外收益 R 之和
大于检举的成本 c，经过长期的演化博弈，社会公众会选择检举的策略。
当污染对其造成的额外损失 $D(\alpha)$ 与检举行为受到政府受理所得到的额
外收益 R 之和小于检举的成本 c，经过长期的演化博弈，污染程度为 α 时，
社会公众采取检举行为的概率达到了 $y_3 = c/(D(\alpha)+R)$，群体演化博弈
状态呈现演化稳定策略，其复制动态方程的相位图如图3—6所示。

社会公众参与到低碳农业发展中，利于强化对农民专业合作组织（农
户）的监督，可以有效地缓解政府由于资金、人员、成本等情况造成的监
督不力，减轻政府的压力，同时农民专业合作组织（农户）的最终消费群
体也是社会公众，社会公众的监督行为可以有效推动其在低碳农业发展中
的自觉性。

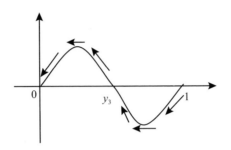

图3—6　复制动态方程的相位图

第三节　农民专业合作组织促进我国低碳农业发展的作用方式

我国低碳农业发展面临农业人地矛盾凸显、生产规模小、投入产出效率低下、农业生态环境脆弱和农民对低碳农业认识不足等一系列障碍，且低碳农业发展是一个复杂的、长周期、短期效益不明显的系统工程，需要熟知农业碳循环理论、生态经济理论等先进理论，同时还必须具有高度的生态保护责任感，因此这些障碍因素就成为我国低碳农业发展必须突破的瓶颈。农民专业合作组织是在家庭经营的基础上为成员提供农业生产服务和以最大限度地增加农户的收入为根本目的，坚持"民办、民营和民受益"的原则，成员间生产资料合作互助，实行风险共担、利益共享，改变单个农户面对市场的弱势地位，维护农民的利益。[①] 农民专业合作组织成为我国农业现代化进程中的重要角色，是我国农业发展的必然趋势，同时农民专业合作组织本身所具有的优势条件使得其在我国低碳农业发展进程中担负着重任。

一、推广低碳农业理念和技术

长期以来我国"三农"问题始终没有得到实质性的突破，农业产业化

[①]　李萍、许月明：《浅述农业合作组织在社会主义新农村建设中的作用》，《安徽农业科学》2006年第22期。

发展水平低、农业生产比较效益差、农民能力素质较低、农村生态环境日
趋恶化，发展低碳农业成为必然选择，但是低碳农业的发展过程涉及大量
先进的农业信息和理念，例如低碳农业的相关理论，以及在农业生产过程
中所需要的先进低碳节能技术等，这些先进的理念和信息对于我国大多数
思想保守的农民来说难以短时间吸收和应用，这在我国的农业技术推广实
践中就表现出来了，农民专业合作组织是农民自愿参与的组织，农民的接
受认可程度较高，因此农民专业合作组织就成为我国低碳农业的实质推
动者。

　　成立于 2010 年 12 月的上海一帆蔬果专业合作社就是借助农民专业合
作组织的平台发展低碳绿色农业的成功者。该合作社注册资金为 250 万元，
注册商标为"邹阿婆"，出资的农户为 20 户，实际带动农户为 26 户，仅
绿色草莓的生产面积就达 250 亩。依托镇农机服务中心的技术支持，通过
报刊、楼道广告、朋友推介、网络宣传等方式宣传开拓市场，在合作社内
部强化管理，依托先进技术、科学种植、规模化经营发展低碳、休闲、绿
色农业，以绿色草莓产业为主，发展蜜梨、葡萄和黄桃等优质瓜果，增加
农户收入，进而吸引更多的农户加入，经过两年的发展，合作社的总产值
就达到 330 万元，实现了经济效益与生态效益的双丰收。① 浙江省平湖市
新仓镇每年种植芦笋超过 1300 亩，每年产生的母茎肥料超过 5000 吨，原
来都是直接将其作为废弃物随意堆放，严重污染当地的生态环境。新仓镇
红光村的华凰果蔬专业合作社将母茎用粉碎机粉碎，制作母茎粉，然后再
发酵，来年种植的时候作为肥料，每亩可以减少一袋化肥的使用，降低农
业生产成本。这样就通过变废为宝，有效防止二次污染，同时通过增施有
机肥，减少化学肥料的施用，实现了农业的低碳化发展。

二、提升低碳农产品的附加值

　　低碳、绿色农产品要求农业的生产不能依赖化学农业生产资料，这就

---

　　① 佚名：《致力发展低碳绿色农业——上海一帆蔬果专业合作社情况介绍》，《上海农村经
济》2012 年第 8 期。

使农户不得不加大农业生产的人力、技术投入，增加了农业的生产成本，使得低碳农产品在价格上很难与普通农产品竞争，只有提升其价格水平和市场认可度，农户才有种植低碳农产品的积极性。鉴于我国小生产与大市场的矛盾，农户在市场上处于不利的地位，低碳农产品的市场开拓困难重重，很难依靠自身的力量打开销路，最后滞销甚至被迫低价销售，农户对低碳农产品的认可度就会降低甚至消失。农民专业合作组织的实力较单个农户大很多，通过联合采购和联合生产，降低经营成本；联合营销，创建品牌，提升市场知名度和谈判力度，增加农产品销售价格；拓展产业链条，开展农产品加工业，强化农业废弃物的资源化再利用，延长产业链，实现产业增值。如图3—7所示，在左侧的虚框里是农民专业合作组织降低农业经营成本的方式，最右侧的四个方框是增加农业收益的方式。这样就会降低低碳农产品的生产成本、拓宽销路、提升附加值，最终实现农户的增收，就会吸引大量的农户参与低碳农业发展，以点带面推动我国农业的低碳化发展。

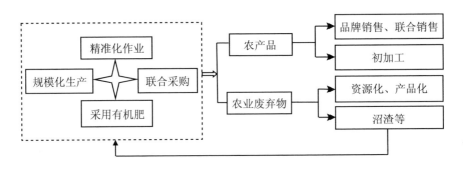

图3—7　农民专业合作组织农业产业链情况

三、充当农民的信息交换媒介

农民专业合作组织的建立就是为了实现农民利益的最大化，发展低碳农业的收益要比传统的农业经营方式收益更高，同时发展低碳农业的环境正效应也能改善农村、农业生态环境，成为"三农"问题的有效解决途径。

农民专业合作组织是以自愿参与的方式建立，自主经营，通过农户联合规模化经营提升自身实力，改善长期以来农户在和市场、政府信息交流中所处的信息不对称状态，增强农民的谈判力。据调查，大多数农民专业合作组织具有较强的维权意识，尤其是当自己的合作社或社员遇到农业纠纷，农民专业合作组织会积极出面调解，能有效解决小农户与大市场的矛盾，维护农户权益，使得农户没有后顾之忧，一心进行农业生产。政府是农业政策的制定者，但是政府只能对低碳农业进行引导，并不直接参与低碳农业生产活动，鉴于农民对政府的不信任以及农民与政府沟通的渠道较少，政府低碳农业理念和技术的宣传推广低碳农业政策的落实存在很多问题，这就需要一个强有力的组织来充当政府和农民沟通的桥梁。农民专业合作组织的成员主要是农民，管理人员也大多是农民，了解农民之所需，双方沟通效率高，农户对农民专业合作组织的认可度较高。政府通过农民专业合作组织宣传低碳农业政策和理念，农户通过农民专业合作组织向政府表达自己的诉求，提升政府和农户之间在低碳农业信息沟通上的效率。因此，农民专业合作组织可以充当市场与农户之间、政府与农户之间的信息沟通桥梁，实现市场、政府和农户之间农业利益的联结，如图3—8所示。

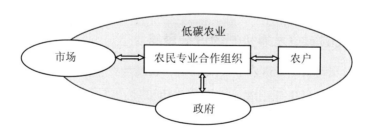

图3—8　农民专业合作组织关系联结情况

四、改善农村和农业生态环境

在我国广大农村地区，环境问题长期以来没有得到重视，改善农村生态环境，建设宜居新农村已刻不容缓，农民虽对农村环境不满意，但大多习惯逆来顺受，同时由于缺乏约束机制，农民又成为农村环境问题的制造者。农业生产过程中大量消耗化肥、农药、农膜等生产资料，造成农业面源污染日趋严峻。农民既是农村农业生态环境问题的制造者，也是最大的受害者，这主要是由于农民对经济利益的过度追逐、环保意识淡薄、环境治理的外部性使得农民对环境保护没有积极性。徐卫涛等（2010）研究了山东、湖北和山西三省农户化肥投入的影响因素，结果发现农民对循环农业①的认识程度对施肥量呈负相关，听说过循环农业的农民明白过度施肥在经济上、生态上都是不可取的，就会倾向于减量化施肥。② 张磊等（2010）以四川省的畜禽养殖业为例，研究了农民专业合作组织在我国农村生态环境保护中的重要作用，提出农民专业合作组织是我国农村生态环境管理格局中的重要成员，成为政府在农村环境治理中的重要伙伴。③ 农民专业合作组织要立足于自身实际，明确对环境保护的责任感，加强环保宣传，让农民明白他们自身就是环境保护最大的受益者，鼓励农户参与到环境保护中，做农村生态环境保护的先行者和领导者，为建设宜居乡村、绿色农业作出应有的贡献。

第四节　农民专业合作组织视角下我国低碳农业发展机制的框架设计

一、低碳农业发展机制的设计思路

通过前文对我国低碳农业发展现状、农民专业合作组织发展现状和农民专业合作组织促进低碳农业发展的作用机理及进一步发展的障碍分析，以及对我国低碳农业发展水平的评价和对低碳农业主要参与主体的演化分析，明确制约我国低碳农业发展的机制因素，通过机制设计促进我国低碳

---

① 循环农业和低碳农业的关系在前文已经分析过，在此不再赘述。
② 徐卫涛、张俊飚、李树明、周万柳：《循环农业中的农户减量化投入行为分析——基于晋、鲁、鄂三省的化肥投入调查》，《资源科学》2010 年第 12 期。
③ 张磊、罗远信、喻元秀、刘金龙：《农民专业合作社在农村环境治理新格局中的角色》，《云南师范大学学报（哲学社会科学版）》2010 年第 4 期。

农业的发展。机制能否有效必须符合一定的标准：在机制内资源实现最优配置，实现资源的充分利用；信息资源的充分利用，实现机制运行中的低信息成本；通过机制能够实现各参与主体利益的充分协调和统一。① 然而我国低碳农业发展进程中，过度使用化肥、农药等资源和秸秆、动物粪便等资源利用率低等造成资源浪费严重，低碳农业相关信息难以传达农户，低碳农业运行的信息成本高，低碳农业机制设计成员中很多就是农业经济活动的参与主体，影响机制设计的公平性，使得低碳农业的各参与方利益不协调，影响我国低碳农业的发展，这也是本书进行机制设计要解决的问题。

本书的机制设计不是分析已有机制如何运行，也不是对已有机制的优劣评价，而是通过设计新的机制，把农民专业合作组织融入低碳农业发展过程中，力求实现农业资源的充分利用，减少低碳农业运行的信息成本，协调农户、农民专业合作组织和政府等各参与方的利益，实现农业迅速发展的同时减少农业碳排放、改善农业生态环境，实现经济效益、社会效益和生态效益的协调统一。只有各个参与主体积极参与，这个机制才是有效的，而各个主体的参与是基于通过这个机制可以实现自身利益的最大化，若是各参与方的收益低于成本，那么这个机制就是低效的或是失败的。因此，农民专业合作组织视角下我国低碳农业发展机制的设计思路就是：探寻农户、农民专业合作组织、政府和公众（消费者和非政府组织）的利益联结点，以利益作为联结各参与主体的纽带，以追求自身利益最大化为目标参与到低碳农业发展中，通过机制中激励和约束条件的设计实现低碳农业机制的发展，最终实现整个社会福利最大化。具体而言就是，构建政府、农民专业合作组织双层规划机制指导低碳农业的运行，通过运行机制发现低碳农业机制运行过程中的问题，构建激励机制，提升各参与方的积极性，对激励效果进行评价并反馈，最后作出修正，重新进行机制设计，

---

① 利奥尼德赫维茨、斯坦利瑞特著，田国强等译：《经济机制设计》，格致出版社 2009 年版，第 101—103 页。

从而使得机制能得到修正和发展，具体见图3—9所示。

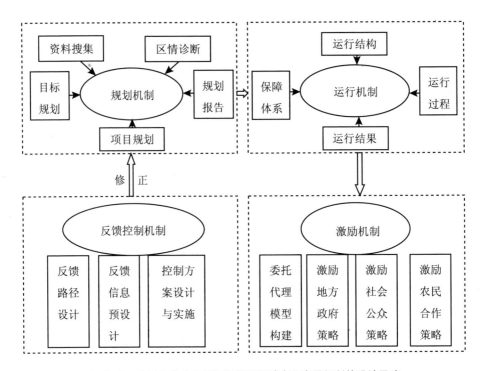

图3—9　农民专业合作组织视角下低碳农业发展机制的设计思路

　　农民专业合作组织视角下低碳农业发展机制设计的重点与难点：通过政府扶持、社会公众辅助、农民专业合作组织和农户积极响应的激励机制使得农业生产中大量采用节物、节水、节肥和节能等低碳技术和低碳生产方式，同时强化秸秆等农业废弃物的利用率，延长农业产业链，增加各参与主体的获益水平；建立低碳农业评价体系，确定各区域农业碳排放指标，在既定目标下进行政府、农民专业合作组织双层规划；社会公众尤其是消费者的行为可以通过价格机制、征收消费税、强化舆论宣传等进行引导，鼓励社会公众消费低碳绿色农产品；建立健全农业碳交易体系，对农业生产过程中造成的过量碳排放征收碳税，对碳汇效益较好的进行碳补贴或是对碳汇进行交易。从中可以看出低碳农业的发展必须有政府的引导，政府要通过创造良好的政策和经济环境，吸引农民专业合作组织、农户等其他主体自觉参与到低碳农业发展过程中，而农民专业合作组织和农户作为低碳农业的直接作用主体为追求低碳农业的比较收益，社会公众为追求绿色安全的农产品参与到低碳农业中，相互作用、相互监督，最终实现农业的低碳化、可持续发展。

二、低碳农业发展机制的设计原则

（一）主体参与原则

本书是农民专业合作组织视角下对我国低碳农业发展机制进行设计，因此必须体现出农民专业合作组织的主体地位。农民专业合作组织不仅仅是低碳农业的直接组织者和实践者，也是低碳农业信息传递的中介组织，政府低碳农业的政策、社会公众尤其是非政府组织的扶持资金和技术支持、农产品市场及其相关市场信息要通过农民专业合作组织到达农户，低碳农业发展状况等基础农业信息要通过农民专业合作组织传达政府、社会公众。因此，在发展机制设计过程中要把低碳农业的发展和农民专业合作组织的发展充分结合起来，体现出农民专业合作组织的主体作用。

（二）系统性原则

低碳农业理论要涉及农业生态经济理论、碳循环理论、可持续发展理论等理论，低碳农业不仅仅涉及农业的产前、产中、产后等与农业生产相关的产业，还涉及农业的上游产业和下游产业，比如化肥、农药、农膜等农资生产业、农产品仓储运输业、农业废弃物处理等产业，同时低碳农业在发展过程中必然涉及与农业发展有直接关联的财政、金融、贸易、教育和科技等横向职能部门，是一个涉及区域农业、工业和服务业等各个产业部门、农户、社会公众和政府等各级组织的复杂的系统工程。因此，在机制的设计过程中，要系统地思考各个方面的因素，通过有效的激励措施提升农户、农民专业合作组织、政府和社会公众支持并参与低碳农业发展的积极性，从而促进资源的优化配置，推动低碳农业发展机制的实现。

（三）科学性原则

低碳农业发展机制的设计要遵循科学、客观的原则，在设计过程中不仅要符合低碳经济理念、碳循环理论和农业生态经济理论等相关理论的要求，同时要按照我国农业经济实际状况设计，在继承我国传统农业经营方式中的优秀经验基础上进行创新，使得机制的设计符合社会通俗认可的要求，在这里主要是符合农户、农民专业合作组织和政府的要求，还要符合国家计量制度，尽量做到机制的科学性、客观性。

（四）因地制宜原则

我国幅员辽阔，地形、气候条件极其复杂，960万平方千米的国土面积中山地、高原、盆地、平原和丘陵的比例为33.33%、26.04%、18.75%、11.98%和9.90%，12172万公顷耕地面积仅占国土面积的12.68%，却分布范围极广，受自然条件和人文耕作文化的影响，农业生产区域差异化极大。从湿润的东部沿海的水稻种植业到内陆荒漠里的绿洲农业，从南部湿热的热带农业到北部干冷的草原放牧业，从平原的规模化农业到高山地区的梯田经营，我国部分地区农业已经相当发达，基本实现了农业的现代化，部分地区还是完全以传统的方式经营农业，区域间发展水平和发展方式差异化明显。因此，在机制的设计过程中要实行差异化战略，切忌"一刀切"，机制从设计到运行都要符合区域农业发展的实际，充分发挥区域农业的优势条件，针对其劣势条件对症下药，提升机制的适应性，因地制宜从根本上解决我国低碳农业发展问题。

（五）可操作性原则

农民专业合作组织视角下低碳农业发展机制的构建目的在于实际应用，以激励和约束条件引导农户、农民专业合作组织、社会公众和政府积极参与到我国低碳农业实践中来，是指导我国农业发展中经济、社会和环境效益协调统一的机制，必须具有较强的实际可操作性。尤其是对于农户、农民专业合作组织这些直接参与低碳农业发展实践的微观主体而言，要充分考虑到其学习能力较低的现实，机制要做到既通俗易懂，又能很容易和农业生产实践相结合，迅速把理论应用于农业实践。除此之外，低碳农业发展机制必须具有定性目标并可以借助定量方法检验，低碳农业发展中总体目标和具体任务结合起来，以机制的优越性提升农民专业合作组织和农户发展低碳农业的积极性。同时，在实际中机制要具有较强的修正能力，以较好地适应我国区域间农业差异化较大的现实条件，最大限度地发挥机制的优越性和可操作性。

此外，还要把机制的设计和"三农"问题相结合，尤其是在解决农业发展问题的同时，尽可能地提高农民的收入水平和改善农村生态环境，探寻缓解甚至彻底解决困扰我国经济协调发展已久的"三农"问题的长效机制。

三、低碳农业发展机制的结构设计

本书在对低碳农业的脉络梳理和我国低碳农业发展遇到的问题进行深入研究的前提下，从系统理论和发展论的视角，结合机制设计理论，按照"规划机制—运行机制—激励机制—反馈控制机制"的思路对我国基于农民专业合作组织视角下低碳农业发展机制进行系统的模块识别，并进行深入地分析，将大的发展机制细分为规划机制、运行机制、激励机制和反馈控制机制四个子机制，分别对子机制进行深入的模块化研究，最后从整个系统探析低碳农业的发展机制。四个模块相互作用形成整个机制，同时把各个机制分开研究，整体与部分相结合，可以降低整体研究的复杂性和研究维度，提升研究的深度，还能强化有关行为主体对低碳农业发展的科学认知和准确定位，提升低碳农业的实践操作性，促进低碳农业快速发展。

（一）规划机制

农民专业合作组织视角下低碳农业发展规划机制是通过低碳农业信息流在政府、农民专业合作组织、社会公众和农户之间的传输，并实现信息共享，进而借助信息流的"矢量"作用对低碳农业系统内外的物质流、能量流、价值流和资本流等进行引导，进而促进区域低碳农业的发展。它是在农业区划的基础上，深入研究农业生产空间布局、农事安排、农业远景目标确立等，建立一套低碳农业生产和发展的指标体系，[①] 进而为区域低碳农业发展提供指导。本书规划机制的研究也是为我国低碳农业发展规划的编制提供科学依据和操作指南，确立低碳农业发展目标，建立政府、农民专业合作双层规划体系，为实现低碳农业、可持续化发展提供保证和支持。

（二）运行机制

运行机制是农民专业合作组织视角下低碳农业发展机制的关键和核心，是能保持低碳农业良性发展的各种功能的组合关联，是低碳农业各要素之间相互联结进而保障低碳农业的运行。低碳农业发展本质上是低碳农业的物质流、能量流、价值流和资本流等在低碳农业发展的系统内部以及与外界之间交换、转化。低碳农业运行机制的根本目的在于减少农业生产活动中的物质投入从而减少碳排放、减少农业废弃物排放以减少农业污染、改善农业经营方式增加农业碳汇。本书中运行机制主要研究农民专业合作组织视角下低碳农业发展运行过程、运行原理以及运行机制的生成路径和实现低碳农业发展良性运行的前提条件，进而构建基于农民专业合作组织视角的低碳农业发展运行机制，为区域低碳农业的发展提供着力点。

（三）激励机制

低碳农业发展，不仅仅是对传统农业生产方式的改变，更是对区域内与农业相关的整个产业系统的不断重组和完善，它涉及 6.57 亿农业人口的生存问题、63.4 万个农民专业合作发展问题、12172 万公顷耕地的持续高效利用和 10% 左右的 GDP，因此这种重组和完善，必须有强大的"驱动力"。这种驱动力主要来自两个方面：一是表现为"自组织"的农业发展的自我驱动，是农业参与主体对利益的追逐而自发参与到低碳农业中来；二是表现为"他组织"来自农业系统外的驱动力。而目前我国低碳农业的发展主要表现为第二种驱动力，深入分析我国低碳农业发展驱动力的来源及其作用机理、实现条件，能够促进我国低碳农业的良性发展。

①　李晓、林正雨等：《区域现代农业规划理论与方法研究》，《西南农业学报》2010 年第 3 期。

（四）反馈控制机制

这里主要包括反馈机制和控制机制两个子机制。反馈机制是一个系统生态学术语，是生态系统中的一种自我调节机制，本书中指的是维持低碳农业系统内部各种功能平衡的一种机制。为完善低碳农业发展机制，机制的实施者将低碳农业信息输出，并将低碳农业信息的作用结果反馈回来，根据反馈的实际情况再次作出信息输出，在整个过程中起着控制作用，力求实现既定的低碳农业发展目标。因此，低碳农业发展的反馈机制是通过模仿生态系统的规律，从低碳农业信息流的反馈渠道、处理、反馈的面临障碍等方面，构建一个具有系统耦合结构完整、协同、自生功能的低碳农业系统，并建立系统的反馈机制。低碳农业反馈机制的设计，将为区域低碳农业的良性发展和优化调整奠定基础。控制机制是在信息反馈机制的基础上，对反馈信息进行评价，进而对系统的运行状况进行适时调整以实现规划目标。

四、低碳农业发展机制系统的整体协同

（一）各子机制在系统中的作用

农民专业合作组织视角下低碳农业发展机制，指的是借助农民专业合作组织的平台，农户、政府和社会公众广泛参与，通过农业经营方式转变和农业经济活动过程的重组以实现区域农业"低投入、低污染、低排放、高效率、高碳汇"的目标以及在此目标的导向下区域农业系统内各要素的相互作用机理和关联方式、过程等。其主要分为规划机制、运行机制、激励机制和反馈控制机制四个子机制，而这四个子机制之间不是相互孤立的，它们相互联系、相互渗透、相互作用，共同构成一个整体，而其作为一个机制又相互独立、相互区别和制约，最终形成一个复杂的协同发展机制体系。每个子机制（子系统）作用的发挥，都离不开其他子机制（子系统）的协同促进、制约和影响，在各子机制间的相互影响作用下，最终构建的低碳农业发展机制系统整体结构框架逻辑图如图3—10所示。

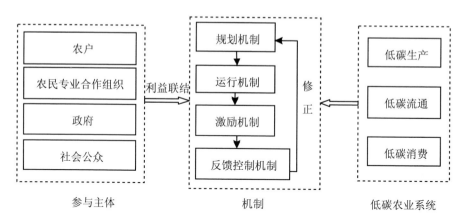

图3—10 农民专业合作组织视角下低碳农业发展机制框架结构图

在这四个子机制（子系统）中，规划机制是前提，它对低碳农业系统内外的物质流、能量流、价值流和资本流等进行引导，是整个机制良性发展的基础。低碳农业发展以及农民专业合作组织的参与是一个复杂的系统工程，若是没有详细的规划和发展战略做基础，低碳农业和农民专业合作组织的发展目标只能成为空谈。对现有的农民专业合作组织、低碳农业及两者间的相互作用进行详尽调查、分析，并作出科学的规划方案，将会为农民专业合作组织促进我国低碳农业发展奠定良好的基础。

运行机制是整个机制的核心，它是整个机制中要素最多、作用机理最为复杂的模块，为区域低碳农业的发展实践提供着力点；激励机制是整个机制的驱动，是整个机制运行的动力源泉；反馈控制机制是整个机制良性发展的保障，它是将低碳农业信息输出后的作用结果反馈回来，根据反馈的实际情况再次作出信息输出，在整个过程中起着控制作用，是低碳农业发展机制自我完善的重要保障。

（二）各子机制间的两两相互关系

低碳农业发展机制系统的子机制（子系统）之间存在着普遍的两两相互关系，这是研究机制系统整体如何协同运行的基础。

规划机制——运行机制：规划机制是运行机制的前提条件，为运行机制的制定和实施提供了依据，也是运行机制所要实现的目标；运行机制是规划机制的具体实践，是实现规划目标的路径选择。

规划机制——激励机制：规划机制为激励机制的设计提供了一定的理论参考，反过来，激励机制的运行间接影响到规划机制中规划方案的顺利实施。

规划机制——反馈控制机制：规划机制中对系统整体运行结果的反馈和控制规划构思，直接指导着反馈控制机制的运行；反馈控制机制通过对系统整体运行结果信息的输出，并将该信息针对规划目标进行调整后，反馈回规划机制，对规划机制的再调整具有很强的指导作用。

运行机制——激励机制：运行机制是激励机制作用的客体，是激励机制发挥效用的主要实践表现形式；激励机制是运行机制的主要辅助工具，是运行机制的驱动力来源。

运行机制——反馈控制机制：运行机制是反馈控制机制的前提，是反馈信息主要来源之一，也是反馈控制机制的控制调整措施所要作用的主要对象；反馈控制机制进行反馈的主要依据就是运行机制的结果，控制的主要对象即为运行机制的作用方式。

激励机制——反馈控制机制：激励机制直接影响了运行机制的结果，也就间接成为了反馈控制机制反馈信息的主要来源，也成了反馈控制机制的控制调整措施所要作用的又一主要对象；反馈控制机制进行反馈的依据之一就是激励机制的作用方式和有效性，控制的主要目的就有调整激励机制的作用途径，以期通过构建合理的激励机制，实现其对系统整体运行的最优驱动效用。

（三）各子机制在系统内部的协同

在低碳农业不同的发展阶段、不同的区域状况下，各个子机制的地位是不同的，系统整体运行中主导子机制也会发生变化。子机制作用的优先顺序及不同子机制作用方式的差异，导致了在不同环境下各子机制在系统内部的协同关系的转变以及低碳农业发展机制系统整体运行方式的差异。在以农民专业合作组织促进低碳农业发展的整个复杂系统中，并不是每个子机制（子系统）都在起作用，更不是每个子系统的作用都一样，而是要因地制宜、因时制宜，在充分地发挥区域比较优势的基础上，以某一个或几个子机制（子系统）为主导，再以其他子机制（子系统）为辅助，选取最优的低碳农业发展机制系统运行方式，以此来实现农民专业合作组织视角下低碳农业发展关键问题和主要矛盾的突破。

1. 不同发展阶段的各子机制间的协同

在低碳农业和农民专业合作组织发展初始阶段，农民对发展低碳农业和参与农民专业合作组织的认识不够，农业还是粗放式的经营，就需要以激励机制为主导，通过环境绩效考核等对地方政府激励和约束，引起其对发展农民专业合作组织和低碳农业的重视，通过法律、经济、环境政策强化对农民专业合作组织和农民的激励和约束，提升其参与农民专业合作组织和低碳农业发展的积极性。而在于低碳农业和农民专业合作组织发展比较成熟阶段，关键在于进一步的引导和促进，要以规划机制和运行机制为主导，再辅以反馈控制机制，通过区域调查，建立科学的规划机制，形成规划方案，使得区域低碳农业发展更加的系统化、合理化；构建一套带有规律性的经济运行机制，充分发挥农民专业合作组织的集聚效应，形成农民专业合作组织参与低碳农业发展的运行机制。

2. 不同区域的各子机制间的协同

本书将我国低碳农业发展分为三个区域：高效率区域、中效率区域和低效率区域。在高效率区域（剔除落后省份），农民专业合作组织发展规模较大、实力较强，低碳农业发展已初具规模，规划机制和反馈控制机制应该占据主导地位。中效率区域和低效率区域农民专业合作组织数量相对较少、规模较小、低碳农业发展滞后，此时应以激励机制为核心。同时，在不同的区域，各个子机制内部发挥的作用也不尽相同，在规划机制方面，高效率区域聚焦在发展调查、问题分析和进一步发展的目标、策略，而中低效率区域要关注区域发展的比较优势分析，引导农民专业合作组织和低碳农业发展；在运行机制方面，在高效率区域要以农民专业合作组织为主导、以市场经济的自由竞争为动力，而在中低效率区域，要以政府为主导、以法律规范和道德约束为主体；在激励机制方面，在高效率区域要以法律约束、环境绩效、环境标志制度等为主要方法，而在中低效率区域，要以经济激励和环境问责为主要策略；在反馈控制机制方面，高效率区域主要关注反馈路径的设计、反馈信息评价，而在中低效率区域要注重反馈信息的预设计。

第四章　农民专业合作组织视角下
低碳农业发展规划机制

　　本章构建了基于农民专业合作组织视角的我国低碳农业规划机制，确立了低碳农业发展的中长期规划目标、规划的技术路线和规划的内容体系。其中规划的技术路线主要包括前期准备阶段、资料搜集与处理阶段、规划纲要的编写阶段、规划报告编制阶段和规划报告的评审及实施阶段五个阶段；规划的内容体系主要包括区域基本情况、低碳农业发展基础、规划目标、主要任务与布局、重点产业和支撑项目规划、支撑保障体系等方面。最后从国家层面、地方政府层面和农民专业合作组织层面设计农民专业合作组织参与低碳农业发展规划。

第一节　农民专业合作组织视角下低碳
农业发展规划机制的构建思路

　　要改变一个系统，必须通过重组系统的元素组成结构或者元素之间的相互作用关系来实现。原有的农业经济系统改变为低碳农业系统，必须改变原系统的元素组成结构或元素之间的相互作用关系，引导系统内外的物质流、能量流、价值流和资本流等"矢量"信息流的传输和转化。在低碳农业发展现实中，要以项目为载体，以实现物质流（m）、能量流（e）、价值流（v）和资本流（c）等的矢量改变，进而改变原有的农业经济系统，则式（4—1）中的 α 就可以解释为项目，且可以得到其函数映射关系（薛冰，2009）：

$$\alpha = f(m, e, v, c) \tag{4—1}$$

　　因此，区域低碳农业规划的函数映射关系就可以转化为：

$$T_{(x)} = f(m, e, v, c) \cdot F_{(x)} \qquad (4—2)$$

经过前文分析，我们知道低碳农业发展规划的行为主体分为内部行为主体和外部行为主体，内部行为主体主要包含政府、农民专业合作组织、农户和社会公众，外部行为主体主要包含作为相关咨询机构而具体承担规划编制工作的规划设计单位，例如大专院校等科研机构，同时还包含来自外部的关注低碳农业发展的非政府组织等。其中，政府和农民专业合作组织是规划的发起者，即低碳农业规划的委托方；农户和社会公众是区域低碳农业发展的利益相关方；外部行为主体是低碳农业规划的被委托方，主要提供咨询服务等。而从微观物质流的过程来看，低碳农业发展主要经过以下几个方面（见图4—1），在化肥、农药、农用薄膜、农用柴油、饲料等农业生产资料的投入端，要增加有机肥、生物农药施用比例，以太阳能、风能以及生物质能等可再生的清洁能源代替化石燃料的投入，同时提高投入原料的使用效率，进而减少原料的投入量；在农产品的消费端，鼓励勤俭节约，提倡低碳的消费方式和生活方式；在终端环节通过畜禽粪便处理、农作物秸秆处理，把农业生产中的废弃物资源化再利用，并为投入端提供清洁的原料，同时通过退耕还林、湿地保护、农田碳汇管理等方式在增加绿地面积的同时增加农业源二氧化碳的吸收量，即农业碳汇。

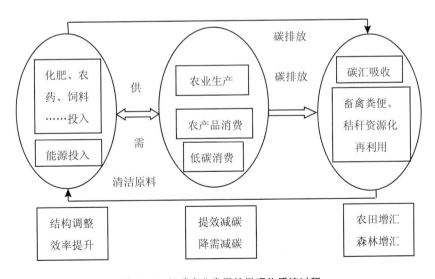

图4—1　低碳农业发展的微观物质流过程

低碳农业发展规划具有环境保护相关规划的一般特征，即规划主要分为两个阶段：第一阶段是基础信息搜集阶段，主要是低碳农业发展现状、农民专业合作组织发展现状的实际调查和研究资料搜集，是规划的基础；第二阶段是规划阶段，主要是区域农业碳排放测算、碳效率测算、影响因素分解、农民专业合作组织参与度、规划指标与目标的量化、支撑保障体系的确定等，是规划的核心。而农民专业合作组织视角下低碳农业发展规划机制则要求农民专业合作组织在遵循政府关于低碳农业规划的同时编制适合自己的低碳农业发展规划，分析自身在低碳农业发展中的优劣势，确立规划指标与目标，谋求在最低限度的农业碳排放基础上实现农民专业合作组织经济利益的最大化，最终建立政府、农民专业合作组织双层规划体系，为实现低碳农业、可持续化发展提供保证和支持。

第二节 农民专业合作组织视角下低碳 农业发展规划目标确定

规划目标指的是回顾过去发展情况和合理的分析现状，找寻发展规律，进而对未来的发展情况进行预测的基础上，对规划区域在规划期末的经济发展水平的期望值。低碳农业规划目标就是在探寻农业发展规律并对未来发展状况进行科学预测的基础上，对于规划期末区域低碳农业发展的期望值。其整体目标是实现对区域农业经济系统的重组和完善，充分发掘系统内外的潜力，使得系统内能量和物质等利用效率达到最大化，进而实现区域在整体上获得经济效益、环境效益和社会效益的最大化。在具体细化上，笔者将低碳农业发展的规划目标划分为经济系统目标、环境系统目标和社会系统目标，而本书着重刻画低碳农业发展的环境系统目标。

由于农民专业合作组织参与我国低碳农业发展状况难以进行量化，因此本书是在测算区域农业碳效率和碳排放趋势基础上，结合农民专业合作组织设定其规划目标。

一、我国农业碳效率的测算

（一）测算方法

本书运用数据包络分析方法（DEA）来测算我国区域农业碳效率。数据包络分析是由美国著名的运筹学家查恩斯（Charnes）等人在 1978 年提出，通过保持决策单元（DMU）输入或输出指标不变，进而借助统计数据和数学规划方法来确定决策单元的最优投入产出方案，是测算相对效率的重要工具之一。[①] 典型的数据包络分析模型主要包括 C^2R 模型、FG 模型、BC^2 模型、C^2GS^2 模型和 C^2W 模型等，[②] 本书选取具有非阿基米德无穷小量的 C^2R 模型，对我国区域农业碳效率进行测算。

假设有 n 个被评价的同类部门（决策单元），且每个决策单元都有 m 种输入指标和 s 种输出指标，见图 4—2。其中，x_{ij} 表示第 j 个决策单元对第 i 种输入的投入量，y_{rj} 表示第 j 个决策单元对第 r 种输出的产出量，$i=1$，2，$\cdots$，m，$r=1$，2，$\cdots$，s，$j=1$，2，$\cdots$，n，其中 x_{ij} 和 y_{rj} 都大于 0 且是已知的。

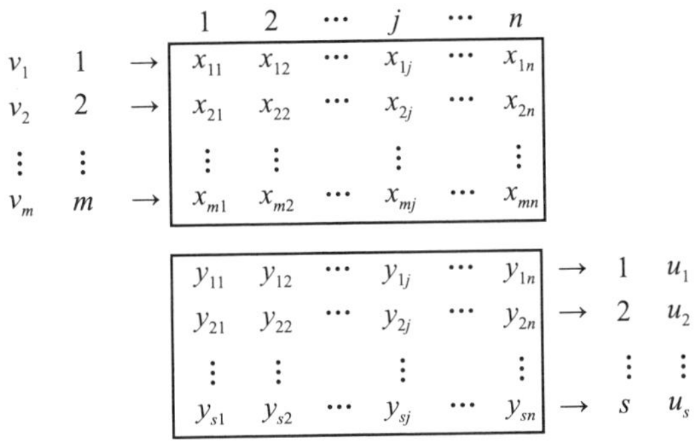

$$
\begin{array}{cccccc}
 & & 1 & 2 & \cdots & j & \cdots & n \\
v_1 & 1 \rightarrow & x_{11} & x_{12} & \cdots & x_{1j} & \cdots & x_{1n} \\
v_2 & 2 \rightarrow & x_{21} & x_{22} & \cdots & x_{2j} & \cdots & x_{2n} \\
\vdots & \vdots & \vdots & \vdots & & \vdots & & \vdots \\
v_m & m \rightarrow & x_{m1} & x_{m2} & \cdots & x_{mj} & \cdots & x_{mn}
\end{array}
$$

$$
\begin{array}{cccccc}
y_{11} & y_{12} & \cdots & y_{1j} & \cdots & y_{1n} & \rightarrow & 1 & u_1 \\
y_{21} & y_{22} & \cdots & y_{2j} & \cdots & y_{2n} & \rightarrow & 2 & u_2 \\
\vdots & \vdots & & \vdots & & \vdots & & \vdots & \vdots \\
y_{s1} & y_{s2} & \cdots & y_{sj} & \cdots & y_{sn} & \rightarrow & s & u_s
\end{array}
$$

图 4—2　n 个 DMU 的输入和输出

---

① Charnes A. , Cooper W. W. , Golany B. , et al. , "Foundations of Data Envelopment Analysis for Pareto—koopmans Efficient Empirical Production Functions", *Journal of Econometrics*, No. 30, 1985. Charnes A. , Cooper W. W. , Wei Q. L. , et al. , "Cone Ratio Data Envelopment Analysis and Multi—objective Programming", *International Journal of Systems Science*, No. 20, 1989.

② 彭云飞、沈曦著：《经济管理中常用数量方法》，经济管理出版社 2011 年版，第 78 页。

其中，v_i 为第 i 种输入指标的一种度量（权重），u_r 为第 r 种输出指标的一种度量（权重），且 $i = 1, 2 \cdots, m$，$r = 1, 2 \cdots, s$。u_r 和 v_i 可以根据已知的资料得到。为方便，笔者做如下的转化：

$$x_j = (x_{1j}, x_{2j}, \cdots, x_{mj})^T, j = 1, 2, \cdots, n, y_j$$
$$= (y_{1j}, y_{2j}, \cdots y_{sj})^T, j = 1, 2, \cdots, n,$$
$$v = (v_1, v_2, \cdots, v_m)^T, u = (u_1, u_2 \cdots u_s)^T。$$

对于一组特定的权系数 $v = (v_1, v_2 \cdots v_m)^T$ 和 $u = (u_1, u_2 \cdots u_s)^T$，每个决策单元都有对应的相对效率评价指数 h_j：

$$h_j = \frac{\sum_{r=1}^{s} u_r y_{rj}}{\sum_{i=1}^{m} v_i x_{ij}}, j = 1, 2, \cdots, n \tag{4—3}$$

此时，笔者总是可以选取适当的权系数 $v = (v_1, v_2 \cdots v_m)^T$ 和 $u = (u_1, u_2 \cdots u_s)^T$，使得其满足效率评价指数 $h_j \leqslant 1$，$j = 1, 2, \cdots, n$。以所有决策单元 DMU 的效率指数为约束，以权系数 $v = (v_1, v_2 \cdots v_m)^T$ 和 $u = (u_1, u_2 \cdots u_s)^T$ 为变向量，以第 j_0 个决策单元的效率为目标（$1 < j_0 < n$），对第 j_0 个决策单元进行效率评价，构建如下优化线性模型：

$$\begin{cases} \max h_{j_0} = \dfrac{\sum_{r=1}^{s} u_r y_{rj_0}}{\sum_{r=1}^{m} v_r x_{j_0}} \\[4mm] \dfrac{\sum_{r=1}^{s} u_r y_{rj}}{\sum_{r=1}^{m} v_r x_j} \leqslant 1 \qquad j = 1, 2, \cdots, n \\[4mm] u \geqslant 0, v \geqslant 0 \end{cases} \tag{4—4}$$

在此，笔者使用 Charnes—Cooper 变换将式（4—5）转化为一个等价的线性规划问题：

$$(P_{C^2R}^I)\begin{cases}\max \boldsymbol{\mu}^T Y_0 = V_{C^2R}^I \\ \boldsymbol{\omega}^T X_j - \boldsymbol{\mu}^T Y_j \geqslant 0,\ j=1,\ 2,\ \cdots,\ n \\ \boldsymbol{\omega}^T X_0 = 1 \\ \boldsymbol{\omega} \geqslant 0,\ \boldsymbol{\mu} \geqslant 0\end{cases} \qquad (4\text{—}5)$$

其对偶规划为（对于第 j_0 个决策单元的数据包络分析投入产出有效）：

$$\begin{cases}\min(\theta) \\ \sum_{j=i}^{n} x_j \cdot \lambda_j \leqslant \theta x_{j_0} \\ \sum_{j=i}^{n} y_j \cdot \lambda_j \geqslant y_{j_0} \\ \lambda_j \geqslant 0, \theta \in R\end{cases} \qquad (4\text{—}6)$$

在检验 DMU_{j_0} 的 DEA 有效性时，式（4—6）和式（4—7）都比较复杂，为简化模型，笔者在此引入一个非阿基米德无穷小量（小于任何正数且大于零），得到具有非阿基米德无穷小的 C^2R 模型：

$$(P_\varepsilon^I)\begin{cases}\max \boldsymbol{\mu}^T Y_0 \\ \boldsymbol{\omega}^T X_j - \boldsymbol{\mu}^T Y_j \geqslant 0,\ j=1,\ 2,\ \cdots,\ n \\ \boldsymbol{\omega}^T X_0 = 1 \\ \boldsymbol{\omega} \geqslant \varepsilon \hat{e},\ \boldsymbol{\mu} \geqslant \varepsilon e\end{cases} \qquad (4\text{—}7)$$

其对偶规划为：

$$\begin{cases}\min[\theta - \varepsilon(\hat{e}^T S^- + e^T S^+)] \\ \sum_{j=1}^{n} X_j \lambda_j + S^- = \theta X_0 \\ \sum_{j=1}^{n} Y_j \lambda_j - S^+ = Y_0 \\ S^+ \geqslant 0, S^- \geqslant 0 \\ \theta \in R, \lambda_j \geqslant 0\end{cases} \qquad (4\text{—}8)$$

设 λ^0、S^{-0}、S^{+0}、θ^0 为式（4—8）的最优解，式（4—8）的最优值为 $\alpha - \varepsilon b$，其中，$\alpha = \theta^0$，$b = \hat{e}^T S^{-0} + e^T S^{+0}$，$\alpha$ 为 DMU_{j_0} 的效率指数，b 为输入

过剩与输出不足 $\hat{e}^T S^{-0}$ 之和。

（二）区域农业碳排放的测算

由于农业温室气体排放源头较多，关于各区域的测算较繁杂，为了方便，在此笔者只研究小农业（种植业）的碳排放。运用前文的测算公式，选取化肥、农药、农用薄膜、农用柴油、农业灌溉和翻耕面积六类碳源测算区域农业碳排放，其中翻耕面积取实际农作物播种面积，测算结果见表4—1。

表4—1　2012年各省农业源二氧化碳排放情况（万吨）

区域	农用柴油	翻耕	灌溉	化肥	农用薄膜	农药	总计
北京	8.69	0.35	1.15	42.03	23.83	7.02	83.07
天津	34.55	0.54	2.32	79.80	23.55	6.89	147.65
河北	606.76	10.06	32.65	1086.97	241.10	153.47	2131.01
山西	66.72	4.35	10.38	397.35	87.11	53.93	619.85
内蒙古	131.48	8.15	22.21	663.35	131.50	54.14	1010.82
辽宁	152.99	4.75	10.57	498.50	275.51	106.84	1049.15
吉林	138.87	5.99	11.34	711.95	107.69	92.70	1068.53
黑龙江	290.34	14.01	40.11	804.56	160.66	145.66	1455.34
上海	29.56	0.46	1.38	35.47	36.66	10.52	114.04
江苏	217.32	8.78	28.42	1073.18	213.77	151.38	1692.85
浙江	423.99	2.82	10.58	303.43	118.30	113.75	972.88
安徽	152.99	10.34	32.33	1111.27	173.16	211.20	1691.30
福建	184.72	2.62	8.43	396.04	111.48	104.65	807.94
江西	57.16	6.29	14.98	465.00	95.49	181.66	820.58
山东	402.48	12.45	35.50	1552.30	604.09	293.00	2899.83
河南	241.44	16.34	37.31	2286.91	294.72	232.10	3108.81
湖北	134.30	9.18	20.96	1155.60	123.54	252.42	1696.01
湖南	85.84	9.63	23.16	815.06	151.07	222.49	1307.25

区域	农用柴油	翻耕	灌溉	化肥	农用薄膜	农药	总计
广东	168.21	5.24	13.29	800.94	84.39	206.02	1278.10
广西	129.96	6.87	11.91	839.69	75.40	122.63	1186.47
海南	49.55	0.96	1.96	156.74	40.63	71.71	321.55
重庆	37.38	3.91	5.07	317.22	77.74	35.24	476.56
四川	94.10	10.96	19.64	825.02	240.89	109.12	1299.74
贵州	21.08	5.76	6.96	319.85	83.69	26.14	463.48
云南	157.77	7.64	12.47	719.17	192.36	100.09	1189.51
西藏	9.13	0.28	1.80	18.72	2.19	1.67	33.78
陕西	173.86	4.79	9.08	793.72	74.22	23.43	1079.10
甘肃	64.33	4.69	9.64	310.99	285.61	133.42	808.68
青海	13.47	0.63	1.40	32.18	10.12	3.27	61.07
宁夏	45.20	1.44	3.74	132.67	29.03	4.96	217.04
新疆	146.69	5.71	35.81	667.29	356.61	35.91	1248.02

资料来源：数据来自于《中国农村统计年鉴2013》和《中国环境统计年鉴2013》。

（三）指标的选取

农业经济系统是一个多投入、多产出的系统，根据前文关于农业碳排放问题的阐释，本书选取单位面积化肥施用量、农药使用量、农用薄膜消耗量、农用柴油消耗量、农业翻耕面积和农业灌溉面积的碳排放量作为农业碳效率的碳输入指标；选用人均农业产值作为碳输出指标，具体指标及其解释见表4—2、图4—3。

（四）碳效率测算

运用具有非阿基米德无穷小的 C^2R 模型，对2012年我国31个省（市）的农业碳效率进行评价，运用Deap2.1软件上机操作，所得结果见表4—3。

表4—2　农业碳效率的碳投入产出指标（吨/公顷、万元/人）①

	指标	指标解释
输入	单位耕地化肥消耗碳排放	化肥消耗量×化肥碳排放系数/播种面积
	单位耕地农药消耗碳排放	农药消耗量×农药碳排放系数/播种面积
	单位耕地农用柴油消耗碳排放	农用柴油消耗量×柴油碳排放系数/播种面积
	单位耕地翻耕碳排放	翻耕的碳排放系数
	单位耕地灌溉碳排放	有效灌溉面积×灌溉碳排放系数/播种面积
	单位耕地农用薄膜消耗碳排放	农膜消耗量×农膜碳排放系数/播种面积
输出	人均农业产值	农业总产值/农村人口数

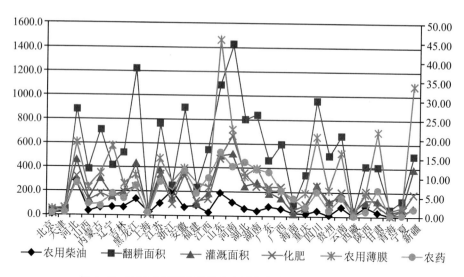

图4—3　2012年我国农业生产主要物资消耗（万吨、万公顷）

资料来源：详细的数据来自于《中国农村统计年鉴2013》和《中国环境统计年鉴2013》。

---

① 文锦菊、李跃军、吴胜锋：《关于永州市耕地抛荒情况的调查研究》，《湖南行政学院学报》2012年第5期。

表4—3　2012 年我国农业碳效率情况

DMU	综合效率	纯技术效率	规模效率	规模报酬	输出不足	输入冗余				
						S_1^-	S_3^-	S_4^-	S_5^-	S_6^-
北京	0.511	0.985	0.519	递增	0.013	0.000	0.031	0.574	0.713	0.190
天津	0.609	0.991	0.615	递增	0.016	0.373	0.031	0.700	0.369	0.107
河北	0.643	0.991	0.684	递增	0.000	0.328	0.012	0.211	0.026	0.131
山西	0.476	0.996	0.478	递增	0.037	0.000	0.004	0.212	0.056	0.088
内蒙古	1.000	1.000	1.000	不变	0.000	0.000	0.000	0.000	0.000	0.000
辽宁	0.764	0.994	0.769	递增	0.000	0.048	0.000	0.260	0.504	0.182
吉林	0.755	0.996	0.758	递增	0.000	0.000	0.000	0.359	0.008	0.065
黑龙江	1.000	1.000	1.000	不变	0.000	0.000	0.000	0.000	0.000	0.000
上海	0.595	0.992	0.600	递增	0.023	0.378	0.010	0.000	0.890	0.242
江苏	0.802	0.996	0.806	递增	0.000	0.000	0.010	0.599	0.078	0.136
浙江	0.503	0.991	0.507	递增	0.138	1.348	0.019	0.221	0.284	0.426
安徽	0.577	0.998	0.578	递增	0.045	0.000	0.008	0.477	0.000	0.173
福建	0.667	0.992	0.673	递增	0.000	0.447	0.001	0.712	0.270	0.417
江西	0.585	0.999	0.585	递增	0.036	0.000	0.007	0.170	0.000	0.273
山东	0.740	0.994	0.745	递增	0.000	0.031	0.000	0.411	0.261	0.222
河南	0.730	0.998	0.732	递增	0.000	0.000	0.002	0.637	0.000	0.000
湖北	0.994	1.000	0.994	递增	0.000	0.000	0.000	0.669	0.000	0.165
湖南	1.000	1.000	1.000	不变	0.000	0.000	0.000	0.000	0.000	0.000
广东	0.534	0.995	0.536	递增	0.288	0.062	0.004	0.899	0.000	0.376
广西	0.760	1.000	0.760	递增	0.000	0.000	0.000	0.000	0.000	0.000
海南	1.000	1.000	1.000	不变	0.000	0.000	0.000	0.000	0.000	0.000
重庆	1.000	1.000	1.000	不变	0.000	0.000	0.000	0.000	0.000	0.000
四川	0.920	1.000	0.920	递增	0.000	0.000	0.000	0.055	0.124	0.000
贵州	1.000	1.000	1.000	不变	0.000	0.000	0.000	0.000	0.000	0.000
云南	0.513	0.998	0.514	递增	0.217	0.067	0.000	0.047	0.126	0.039
西藏	0.283	1.000	0.283	递增	0.000	0.000	0.000	0.000	0.000	0.000
陕西	0.940	1.000	0.940	递增	0.000	0.000	0.000	0.000	0.000	0.000
甘肃	0.657	0.998	0.658	递增	0.000	0.000	0.001	0.000	0.755	0.241
青海	0.458	1.000	0.458	递增	0.000	0.000	0.000	0.000	0.000	0.000
宁夏	1.000	1.000	1.000	不变	0.000	0.000	0.000	0.000	0.000	0.000
新疆	1.000	1.000	1.000	不变	0.000	0.000	0.000	0.000	0.000	0.000

注：输入冗余 S_2^- 都为 0.000，即农业翻耕不存在输入冗余。

从数据包络分析有效性来看，内蒙古、黑龙江、湖南、海南、贵州、重庆、宁夏和新疆八个省（区）的综合效率为1，且S^-和S^+都为零，即不存在输入冗余和输出不足，为数据包络分析有效。农业碳效率值较高（0.8及其以上）的省份为12个，占总样本的38.71%；效率值居中（0.6到0.8之间）的省份为9个，占29.03%；效率值较低的为10个，占32.26%，且效率值最小的为西藏的0.283。从区域来看，东部地区较高的为江苏和海南，中部较高的为黑龙江、湖北和湖南，西部较高的为四川、重庆、贵州、陕西、内蒙古、宁夏和新疆，分别占16.67%、25.00%和58.33%；东部居中的为辽宁、天津、河北、福建和山东，中部地区为吉林和河南，西部地区为广西和甘肃，分别占55.56%、22.22%和22.22%；东部地区效率值较低的为北京、上海、浙江和广东，中部为山西、安徽和江西，西部为云南、西藏和青海，分别占40%、30%和30%。在此，笔者根据农业碳效率值对农业区域重新进行划分，高效率值的地区为江苏、海南、黑龙江、湖北、湖南、四川、重庆、陕西、贵州、内蒙古、宁夏、新疆12个省（区）；中效率值的为辽宁、天津、河北、福建、山东、吉林、河南、广西和甘肃9个省（市）；效率值低下的为北京、上海、浙江、广东、山西、安徽、江西、云南、青海和西藏10个省（区）。

二、基于灰色系统模型的低碳农业发展系统目标预测

（一）灰色 GM（1，1）模型[①]

灰色时间序列模型 GM（1，1）是一阶、一个变量的灰色模型，是经常用于预测的模型之一，是灰色系统理论的量化体现，是在生成有序数据的基础上构建微分方程，进而探寻生成数据的规律，最后将运算结果还原，其常用的方法有累加生成和累减生成两种。

设有变量 $X^{(0)}$ 的原始数据序列 $X^{(0)} = \{x^{(0)}$（1），$x^{(0)}$（2），…，$x^{(0)}$

---

① 中国农业科学院农业经济与发展研究所著：《农业经济计量模型分析与应用》，中国农业出版社2008年版，第367—371页。

$(n)\}$，对原始数据进行累加生成一阶累加生成数据序列 $X^{(1)} = \{x^{(1)}$ (1)，$x^{(1)}$ (2)，$\cdots$，$x^{(1)}$ $(n)\}$，其中 $x^{(1)}(k) = \sum_{i=1}^{k} x^{(0)}(i)$，且 $1 < k \leqslant n$。在此基础上笔者构建如下的微分方程：

$$\frac{dX^{(1)}}{dt} + aX^{(1)} = \mu \qquad (4\text{—}9)$$

其中，a 为发展系数，反映 $X^{(1)}$ 和 $X^{(0)}$ 的发展态势；μ 被称为灰作用量，反映数据变化关系的大小，参数 a 和 μ 采用最小二乘法进行辨识。根据微分的定义，可以转化为：$a^{(1)}[x^{(1)}(k+1)] + \frac{1}{2}a[x^{(1)}(k+1) + x^{(1)}(k)] = \mu$，其矩阵形式为 $Y_n = BA$。由最小二乘法可以求得矩阵 $A = (B^T B)^{-1} B^T Y_n = [a, \mu]$。其中，

$$a = [(\sum_{t=1}^{n} X^{(0)}(t))(\sum_{t=1}^{n} Z_t) - n(\sum_{t=1}^{n} Z_t X^{(0)}(t))]/D,$$

$$\mu = [(\sum_{t=1}^{n} Z_t^2)(\sum_{t=1}^{n} X^{(0)}(t)) - (\sum_{t=1}^{n} Z_t)(\sum_{t=1}^{n} Z_t X^{(0)}(t))]/D,$$

$$D = n(\sum_{t=1}^{n} Z_t^2) - (\sum_{t=1}^{n} Z_t)^2, Z_t = \frac{1}{2}[X^{(1)}(t) - X^{(1)}(t-1)]。$$

令初始值 $x^{(1)}(1) = x^{(0)}(1)$，则可以得到：$x^{(1)}(t) = [x^{(0)}(1) - \frac{\mu}{a}]e^{-a(t-1)} + \frac{\mu}{a}$，若用于预测则该式称之为时间响应函数，表示为：

$$\hat{x}^{(1)}(k+1) = [x^{(0)}(1) - \frac{\mu}{a}]e^{-ak} + \frac{\mu}{a} \qquad (4\text{—}10)$$

通过累减还原，可以得到原始数据序列 $X^{(0)}$ 的灰色预测模型：

$$\hat{x}^{(0)}(k+1) = \hat{x}^{(1)}(k+1) - \hat{x}^{(1)}(k) \qquad (4\text{—}11)$$

进一步化简可以得到 $\hat{x}^{(0)}(k+1) = (x^{(0)}(1) - \frac{\mu}{a})(e^{-a} - 1)e^{-ak}$。灰色预测模型需要进行后验差检验，是根据预测值与观测值之间的统计情况进行校验的方法，是从概率预测方法中移植过来的。是以残差为基础，根据各期残差的大小，研究残差较小点的出现概率。设观测值的方

差为 S_1^2，残差的方差为 S_2^2，且 $S_1^2 = \frac{1}{n}\sum_{k=1}^{n}\left[x^{(0)}(k) - \bar{x}\right]^2$，$S_2^2 = \frac{1}{m}\sum_{k=1}^{m}\left[\varepsilon(k) - \bar{\varepsilon}\right]^2$，则可以得到预测值和观测值之间的离散程度 $C = \frac{S_2}{S_1}$，以及残差和残差平均值之差小于给定值 $0.6745S_1$ 的概率 $P = p\left\{\left|\varepsilon(k) - \bar{\varepsilon}\right| < 0.6745S_1\right\}$，且指标 C 越小越好，而指标 P 越大越好，根据这两个指标可以综合评定灰色预测结果的预测精度（贾立江，2012），见表4—4。

表4—4　灰色预测的精度等级

预测精度等级	优秀	良好	基本合格	不合格
P 指标	> 0.95	> 0.8	> 0.7	≤ 0.7
C 指标	< 0.35	< 0.5	< 0.65	≥ 0.65

（二）农业生产资料投入的 GM（1，1）模型构建

以 1993—2012 年我国化肥施用量、农药使用量、农用薄膜消耗量、农用柴油消耗量、农业翻耕面积和农业灌溉面积数据作为原始数据序列，建立 GM（1，1）模型，进而对未来我国农业生产资料投入量进行预测，得到了各灰色预测模型如下：

化肥消耗总量的灰色预测模型为：$\hat{x}^{(0)}(k+1) = 4394.5676e^{0.0106k}$

农药消耗总量的灰色预测模型为：$\hat{x}^{(0)}(k+1) = 130.2870e^{0.015k}$

农用薄膜消耗总量的灰色预测模型为：$\hat{x}^{(0)}(k+1) = 117.9340e^{0.0397k}$

农用柴油消耗总量的灰色预测模型为：$\hat{x}^{(0)}(k+1) = 1338.6040e^{0.0272k}$

其中化肥消耗总量的灰色预测模型的 P 指标和 C 指标值分别为 0.7222 和 0.6099，预测精度合格；农药消耗总量的灰色预测模型 P 指标和 C 指标值分别为 0.7778 和 0.5216，预测精度合格；农用薄膜消耗总量的灰色预测模型 P 指标和 C 指标值分别为 1.0000 和 0.1993，预测精度为优秀；农用柴油消耗总量的灰色预测模型 P 指标和 C 指标值分别为 0.9444 和 0.3881，预测精度为良好，具体的预测结果见表4—5 和表4—6。

表4—5　我国农业化肥和农药消耗的实际值及预测值（万吨）

年份	化肥消耗				农药消耗			
	观测值	预测值	误差	相对误差	观测值	预测值	误差	相对误差
1993	3151.9	3151.9	0	0	84.5	84.5	0	0
1994	3317.9	4394.7	1076.8	0.3245	97.9	130.29	32.4	0.3309
1995	3593.7	4441.6	847.9	0.2359	108.7	132.25	23.6	0.2171
1996	3827.9	4488.9	661.0	0.1727	114.1	134.26	20.2	0.1770
1997	3980.7	4536.7	556.0	0.1397	119.5	136.28	16.8	0.1406
1998	4083.7	4585.1	501.4	0.1228	123.2	138.35	15.1	0.1226
1999	4124.3	4633.9	509.6	0.1236	132.2	140.43	8.2	0.0620
2000	4146.4	4683.3	536.9	0.1295	128.0	142.56	14.6	0.1141
2001	4253.8	4733.2	479.4	0.1127	127.5	144.71	17.2	0.1349
2002	4339.4	4783.7	444.3	0.1024	131.1	146.9	15.8	0.1205
2003	4411.6	4834.6	423.0	0.0959	132.5	149.12	16.6	0.1253
2004	4636.6	4886.2	249.6	0.0538	138.6	151.37	12.8	0.0924
2005	4766.2	4938.2	172.0	0.0361	146.0	153.66	7.7	0.0527
2006	4927.7	4990.8	63.1	0.0128	153.7	155.98	2.3	0.0150
2007	5107.8	5044.0	63.8	0.0125	162.3	158.34	4.0	0.0246
2008	5239	5097.8	141.2	0.0270	167.2	160.74	6.5	0.0389
2009	5404.4	5152.1	252.3	0.0467	170.9	163.16	7.7	0.0451
2010	5561.7	5207.0	354.7	0.0638	175.0	165.63	9.4	0.0537
2011	5704.2	5262.5	441.7	0.0774	178.7	168.13	10.6	0.0593
2012	5911.9	5318.6	593.3	0.1004	180.6	170.67	9.9	0.0548
2013	—	5375.3	—	—	—	173.25	—	—
2015	—	5490.4	—	—	—	178.53	—	—
2020	—	5789.3	—	—	—	192.43	—	—
2030	—	6436.6	—	—	—	223.57	—	—

注：相对误差＝误差÷观测值。

表4—6　我国农用柴油和农用薄膜消耗的实际值及预测值（万吨）

年份	农用柴油消耗				农用薄膜消耗			
	观测值	预测值	误差	相对误差	观测值	预测值	误差	相对误差
1993	938.3	938.3	0	0	70.7	70.7	0	0
1994	966.6	1338.6	372.0	0.3849	88.7	117.9	29.2	0.3292
1995	1087.8	1375.5	287.7	0.2645	91.5	122.7	31.2	0.3410
1996	1076.1	1413.5	337.4	0.3135	105.6	127.7	22.1	0.2093
1997	1229.5	1452.4	222.9	0.1813	116.2	132.9	16.7	0.1437
1998	1314.7	1492.5	177.8	0.1352	120.7	138.2	17.5	0.1450
1999	1354.3	1533.6	179.3	0.1324	125.9	143.8	17.9	0.1422
2000	1405.0	1575.9	170.9	0.1216	133.5	149.7	16.2	0.1213
2001	1485.3	1619.4	134.1	0.0903	144.9	155.7	10.8	0.0745
2002	1507.5	1664.0	156.5	0.1038	153.1	162.0	8.9	0.0581
2003	1574.6	1709.9	135.3	0.0859	159.2	168.6	9.4	0.0590
2004	1819.5	1757.1	62.5	0.0344	168.0	175.4	7.4	0.0440
2005	1902.7	1805.5	97.2	0.0511	176.2	182.5	6.3	0.0358
2006	1922.8	1855.3	67.5	0.0351	184.5	189.9	5.4	0.0293
2007	2020.8	1906.4	114.4	0.0566	193.7	197.6	3.9	0.0201
2008	1887.9	1959.0	71.1	0.0377	200.7	205.6	4.9	0.0244
2009	1959.9	2013.0	53.1	0.0271	208.0	213.9	5.9	0.0284
2010	2023.1	2068.5	45.4	0.0224	217.3	222.6	5.3	0.0244
2011	2057.4	2125.6	68.2	0.0331	229.5	231.6	2.1	0.0092
2012	2107.6	2184.2	76.6	0.0363	238.3	241.0	2.7	0.0113
2013	–	2244.4	–	–	–	250.7	–	–
2015	–	2369.9	–	–	–	271.5	–	–
2020	–	2715.0	–	–	–	331.1	–	–
2030	–	3563.8	–	–	–	492.4	–	–

注：相对误差＝误差÷观测值。

而农业翻耕和灌溉的灰色预测模型为不合格，在此用 Excel 工具进行数据序列趋势分析，其结果见图4—4 和图4—5。农业灌溉呈现线性趋势，其

拟合方程为 $Y = 680.24x + 47573$，且 $R^2 = 0.9568$，拟合精度较好；农业翻耕呈现三次曲线的趋势，其拟合方程为 $Y = 16.429x^3 - 492.81x^2 + 4546.7x + 141903$，$R^2 = 0.8998$，拟合精度较好。但是随着我国城市化的不断推进，耕地面积长期以来将会呈现递减的趋势，根据《国土资源公报2012》我国耕地面积的红线为18亿亩，且在不断靠近这一红线，因此农业翻耕数据序列趋势拟合方程与现实不符，在此舍去，笔者选取2011年的数据作为以后年份的翻耕数据，而由于我国耕地面积中的灌溉面积占到三分之一左右，其在较长期内呈现递增趋势，因此在此采用图4—5的拟合方程。

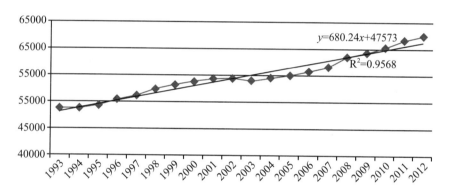

图4—4　1993—2012年我国农业灌溉面积数据序列趋势（千公顷）

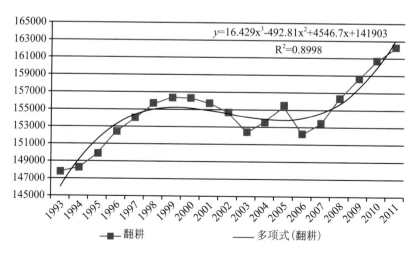

图4—5　1993—2011年我国农业翻耕面积数据序列趋势（千公顷）

（三）我国低碳农业发展目标构建

21 世纪以来，我国加快进入以重化工业增长为主要特征的城镇化和工业化快速发展的历史阶段，成为全球第二大经济体。取得巨大经济成就的同时，我国全面的资源、能源、环境的紧张状态在 2002 年开始出现，为此政府提出了一系列新的发展理念，以转变以往高消耗、高投入、高污染的发展方式，这些理念包括了走新型工业化道路（2002）、科学发展观（2003）、循环经济（2004）、"两型"社会（2004）、节能减排（2006）、生态文明（2007）、绿色低碳经济（2009）和绿色低碳发展（2011），以求实现经济社会的可持续发展。① 同时，作为《京都议定书》和《联合国气候变化框架公约》的缔约方，我国已向国际社会承诺（见表 4—7）：在 2005 年基础上，2020 年的单位 GDP 二氧化碳排放下降 40%—45%，其中非化石燃料占一次能源的比例达到 15% 左右；森林蓄积量和森林面积分别在 2005 年的基础上增加 13 亿立方米和 4000 万公顷。在农业方面通过大型商品粮基地建设、新增千亿斤粮食生产能力规划和优粮工程等行动，耕地产出水平稳步提升；通过种养业良种项目，促进了国家良种繁育推广体系的形成。2010 年，农业科技进步贡献率达到 52%，农田灌溉水有效利用系数达到 0.5。2005 年开始，我国政府实施测土配方施肥补贴项目，截至 2010 年，推广面积 11 亿亩以上，覆盖 2498 个县（区）。2006 年开始，通过秸秆还田、种植绿肥、增施商品有机肥等措施，提高了土壤有机质含量，改善了耕地基础地力，五年来累计推广 3000 多万亩；有机农产品认证体系不断完善，累计发放有机产品认证证书 6000 多张。2010 年，中国绿色食品生产企业总数达到 6391 家，产品总数达到 16748 个（《中国可持续发展国家报告》，2012）。

---

① 中国科学院可持续发展战略研究组著：《2012 中国可持续发展战略报告——全球视野下的中国可持续发展》，科学出版社 2013 年版，第 3—4 页。

表4—7　哥本哈根会议主要国家（经济体）的量化减排目标承诺①

国家	基准年	2020 年减排目标	承诺状态
美国	2005 年	14%—17%	考虑中
欧盟	1990 年	20%—30%	立法通过
日本	1990 年	25%	官方宣布
俄罗斯	1990 年	15%—25%	官方宣布
澳大利亚	2000 年	25%	官方宣布
巴西	–	按 BAU 削减排放 36.1%—38.9%	官方宣布（自愿减排）
中国	2005 年	削减碳排放强度 40%—45%	官方宣布（自愿减排）
印度	2005 年	削减碳排放强度 20%—25%	官方宣布（自愿减排）

在近期目标方面，2012 年国务院发布《"十二五"控制温室气体排放工作方案》，提出以 2010 年为基准年，2015 年全国单位 GDP 二氧化碳排放下降 17% 的减排目标；在中期目标方面，《2009 中国可持续发展战略报告》提出以 2005 年为基准年，2020 年全国单位国内生产总值的能耗和二氧化碳排放分别降低 40%—60% 和 50% 左右；在长远目标方面，2030 年全国二氧化碳排放量达到高点，碳排放总量开始逐步下降，经济发展和环境压力实现脱钩，2050 年实现绿色现代化，达到发达国家水平。我国也从钢铁、水泥、火电和交通等行业视角和区域视角提出了碳排放的目标和减排潜力，而作为温室气体排放重要源头的农业，现有文献多是从农业碳排放量、脱钩分析和影响因素等方面进行研究，很少有研究者提出量化的减排目标和减排潜力。本书结合我国碳减排的相关政策、区域农业发展实际和前文中我国农业碳效率的区域划分，因地制宜，提出了一套系统的农民专业合作组织视角下低碳农业发展目标和评价指标体系，包含经济系统目标、社会系统目标和生态系统目标，且生态系统目标为主体。

经济系统目标：把低碳农业发展与"农民人均收入倍增计划"结合起来，着力培育一批低碳农业"百亿元市、十亿元县、亿元乡镇、千万元

---

① 钟红霞、从荣刚：《后哥本哈根时代对中国减排承诺的认识》，《生态经济》2013 年第 1 期。

村、百万元屯和十万元户"；鼓励农民兴办专业合作社和股份合作社等多元化、多类型的合作社，大力推广"农户＋专业合作社＋龙头企业"的低碳农业发展模式，打造一批规模大、效益好、带动力强的合作社，并在市县一级成立专业合作社和龙头企业协会，使得合作社成员的农业经营收益高于区域平均水平的10%以上，使得合作社成为我国低碳农业发展的组织优势和动力所在，实现我国低碳农业规模化、产业化和市场化发展。

社会系统目标：把低碳农业发展和社会主义新农村建设结合起来，形成良好的低碳经济文化氛围，大力支持农民专业合作组织的发展，使之能够充分发挥其在带动分散农户、向小农户宣传和推广低碳农业发展理念和技术、解决低碳农业产品的销售、保障农户与政府之间的沟通等方面的优势，以其集聚效应来辐射带动小农户发展低碳农业的积极性，使得农业经营者对低碳农业的认知度达到80%及以上；提升农民专业合作组织经营者的营销技巧，在保障农民专业合作组织自身效益的同时，提高低碳绿色农产品的市场竞争力，以此来增强消费者对低碳绿色农产品的消费偏好，使得低碳绿色农产品的市场份额持续增加；建立完善的低碳农业政策支撑体系、低碳技术创新体系以及相关的激励约束机制，来保障和加强农民专业合作组织在低碳农业发展中的作用的发挥，促使农民专业合作组织逐步成为农村公共事务处理参与者和主体。

生态系统目标：把低碳农业发展和生态文明建设结合起来，发挥农民专业合作组织在农村生态文明建设中的组织化功能，促使农民专业合作组织将农户组织起来，将生态文明建设作为集体行为付诸实践，而不是松散、小规模的个人行为；根据区域农业发展实际，通过农民专业合作组织，对农户进行生态文明观念的塑造和发展生态低碳农业的技术能力培养，提升系统内物质和能量的利用效率，减少农业发展对化学农业生产资料的依赖度，提升有机肥、生物质清洁能源等的比例，缓解农业面源污染情况，提高系统本身对农业环境污染的自净能力，减少单位农业产值能耗和二氧化碳排放量，实现农业产值增加和环境质量的绝对脱钩；提升农民专业合作组织对环保低碳生产技术的引进、转化和推广实施，提升农民专业合作组织在农村生态文明建设中的参与度，使其成为农村生态文明建设的主体。量化的指标见表4—8。

表4—8　我国各区域低碳农业发展的量化生态系统目标

	高效率区	中效率区	低效率区
省（市、区）	江苏、海南、黑龙江、湖北、湖南、四川、重庆、陕西、贵州、内蒙古、宁夏和新疆	辽宁、天津、河北、福建、山东、吉林、河南、广西和甘肃	北京、上海、浙江、广东、山西、安徽、江西、云南、青海和西藏
区域目标	到2020年单位GDP二氧化碳排放比2005年下降50%；到2025年二氧化碳排放总量达到最高点。农药、化肥等使用率低于国家平均水平的10%；农作物秸秆综合利用率、农膜回收率、规模化养殖场粪污无害化、资源化率高于全国平均水平的10%	到2020年单位GDP二氧化碳排放比2005年下降45%；到2030年二氧化碳排放总量达到最高点。农药、化肥等使用率低于国家平均水平的8%；农作物秸秆综合利用率、农膜回收率、规模化养殖场粪污无害化、资源化率高于全国平均水平的8%	到2020年单位GDP二氧化碳排放比2005年下降40%；到2035年二氧化碳排放总量达到最高点。农药、化肥等使用率不高于国家平均水平的8%；农作物秸秆综合利用率、农膜回收率、规模化养殖场粪污无害化、资源化率不低于全国平均水平的8%
合作社目标	单位GDP二氧化碳排放比区域平均水平高10%以上；农药、化肥等使用率低于区域平均水平的10%；农作物秸秆综合利用率、农膜回收率、规模化养殖场粪污无害化、资源化率高于区域平均水平的10%	单位GDP二氧化碳排放比区域平均水平高8%以上；农药、化肥等使用率低于区域平均水平的8%；农作物秸秆综合利用率、农膜回收率、规模化养殖场粪污无害化、资源化率高于区域平均水平的8%	单位GDP二氧化碳排放低于区域平均水平的5%；农药、化肥等使用率低于区域平均水平的5%；农作物秸秆综合利用率、农膜回收率、规模化养殖场粪污无害化、资源化率高于区域平均水平的5%

以 1993 年作为基准年将农业（种植业）产值换算为可比产值，并运用灰色系统对我国农业产值进行预测，得到预测模型为：$\bar{x}^{(0)}(k+1) = 87448337e^{0.0278k}$，预测模型的 P 指标值和 C 指标值分别为 1 和 0.30149，预测精度为优秀，由此得到 2015 年、2020 年和 2030 年我国的农业产值的预测值分别为 15678.18 亿元、18016.18 亿元和 23790.11 亿元。经测算 2005 年农业二氧化碳排放量为 27613.05 万吨，按目前发展速度，2020 年农业二氧化碳排放量的预测值为 35316.09 万吨，而 2005 年和 2020 年的农业产值实际值和预测值分别为 11238.35 亿元和 18016.18 亿元，以 2020 年我国农业单位产值二氧化碳排放在 2005 年基础上降低 40%—50% 的中期目标来看，也就是要在 2005 年的每万元农业产值 2.46 吨二氧化碳排放量的基础上降低到 2020 年的每万元农业产值 1.23—1.476 吨二氧化碳排放量的水平上，这就要求 2020 年的农业二氧化碳排放范围为 22159.90 万吨到 26591.88 万吨，即 2020 年农业二氧化碳至少要在原来发展方式的基础上减少 8724.21 万吨。

第三节　农民专业合作组织视角下低碳农业发展规划的技术路线

区域低碳农业发展系统是一个复杂的系统，然而我国低碳农业的发展还处在起步阶段，低碳农业发展规划还是一片空白，成为亟待解决的问题，而规划编制的基础是规划技术路线的确立，本书构建了农民专业合作组织视角下区域低碳农业发展规划编制的技术路线，具体见图4—6。而流程主要包括五个阶段。

一、前期准备阶段

主要是规划提出之前的准备，包括规划的提出背景、规划的提出、人力物力财力准备以及组织分工等。低碳农业是一个复杂的系统，其规划涉及低碳农业发展的经济、社会、资源与环境等各个方面，这就需要做充分的前期准备，其规划人员应该包括农学、地理学、经济学、环境学等在内的多学科、多层次的精英人才，同时还要协调政府中环保部门、农业部门等各参与部门。

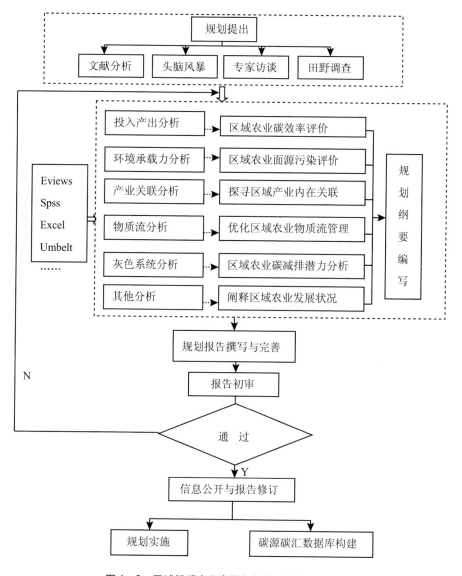

图4—6　区域低碳农业发展规划编制的技术路线图

二、资料搜集与处理阶段

通过文献分析、问卷调查、专家访谈、田野访谈等多方法和多途径最大限度地搜集与区域低碳农业发展规划编制有关的详细资料和数据，主要包含该区域农业经济及农民专业合作组织发展的历史、现状和未来发展的趋势等，最后对资料和数据进行处理，明确规划的思路和目标。

三、规划纲要的编写阶段

在资料搜集和处理的基础上，通过投入产出分析、环境承载力分析、产业关联分析、物质流分析、灰色系统分析等分析方法对区域低碳农业发展面临的生态环境、社会和经济条件进行分析，通过区域对比分析探寻各区域低碳农业及农民专业合作组织参与低碳农业发展的有利条件以及制约因素，进而对区域低碳农业发展趋势作出科学的预测，探析低碳农业发展的路径和保障机制，在此基础上编制规划纲要的草案，并公开草案广泛征求意见，最后形成低碳农业发展规划的编制指南。

四、规划报告编制阶段

在规划纲要的基础上，起草详细的规划报告，主要包括规划的具体目标、实现目标的方法、保障措施以及评价指标体系等，并公开报告草案广泛征求意见，最后进行意见汇总和报告修缮，形成规划报告提交委托方进行评审。

五、规划报告的评审和实施阶段

委托方组织有关专家形成评审团对规划报告进行详细的审核，提出修改意见，报告编写人员进行修改后形成最终的规划报告，提交委托方，委托方将规划报告内容进行选择性公开，建立低碳农业的碳源碳汇数据库，并按照规划报告要求将任务下放地方实施，并接受社会公众的监督。

第四节　农民专业合作组织视角下低碳农业发展规划机制构建

农民专业合作组织视角下低碳农业发展规划系统是一个多行为主体、多对象和多要素的复杂系统。从行为主体来看，低碳农业发展规划的行为主体分为内部行为主体和外部行为主体，内部行为主体主要包含政府、农民专业合作组织、农户和社会公众，外部行为主体主要包含作为相关咨询机构而具体承担规划编制工作的规划设计单位，以及来自外部的关注低碳农业发展的非政府组织等；从规划对象看，涉及区域农林牧渔副多部门的大农业，尤其是农牧的碳排放和农林的碳汇，同时还涉及区域低碳农业发展的相关支撑体系和保障机制；从农业产业生命周期来看，涉及生产者、消费者、传输者和分解者，甚至可以延伸到农业生产活动的上下游产业，例如化肥和农药等农资产业的上游产业，以畜禽粪便和秸秆为原料发展的沼气等生物质能源的下游产业，这就要求农民专业合作组织视角下低碳农业发展规划是既要全面但是又能突出重点的内容体系。

对我国低碳农业发展现状、农民专业合作组织发展现状以及农民专业合作组织在低碳农业发展中作用的实地调研和深入分析是农民专业合作组织视角下低碳农业发展规划的基础。实地调研是对我国低碳农业发展现状的第一手资料的来源，主要是通过田野访谈、问卷调查等方式对我国农业的投入产出情况、农业发展规模、绿色农产品的产供销情况、农业面源污染情况、农业废弃物的资源化利用情况、从业人员的受教育水平、对低碳农业的认识程度和接受程度，以及农民专业合作组织的发展状况进行调查分析；文献分析有助于笔者借鉴前人的研究成果，能够迅速地获得我国低碳农业发展的现状、面临的问题以及各个学者对低碳农业提出的相应对策，集思广益为低碳农业发展规划奠定基础。通过文献分析后，发现我国低碳农业发展面临的困境主要有：传统农业思想的束缚；农业现代化水平过低，农民收入增长过慢；小农经营制约低碳农业的规模化发展；低碳农业的相关宣传不力，农民素质普遍较低，低碳意识薄弱；缺乏低碳农业相配套的补偿机制和利益保障机制，农户发展低碳农业积极性不高；财力投入不足，农业基础过于薄弱；低碳技术投入不足，缺乏自主创新能力，科技支撑薄弱，低碳农业发展存在技术瓶颈；粗放式农业经营方式阻碍了低碳农业的推广；与国际交流不足（张新民，2012；郭辉，2011；邓水兰，2011）。[①] 而我国低碳农业的发展模式和实现路径主要有：平原区"农—林—牧—加"复合低碳生态农业模式；山地丘陵地区"畜—沼—电—粮（果、草）—加—畜"低碳生态农业模式；城郊观光休闲农业模式；以农业碳排放最小化为目标的产业链互动模式；以农业碳捕获为方向的碳汇农业模式；以碳中和为要求的立体农业模式；节水节能节材模式等；加强规划引领、完善相关政策法规的宏观政策引导，转变农业发展方式，推广农业节碳固碳技术，构建利益引导机制，推动低碳农业发展（郑恒，2011；郭永奇，2012；刘静暖，2012；王昀，2008）。[②]

　　资料搜集是基础，而区情诊断是关键。通过资料的搜集之后，就要对我国低碳农业发展进行比较全面的评价，探寻我国低碳农业发展面临的有利条件和制约因素，并通过区域比较分析，探寻区域低碳农业发展的比较优势和相对不足，对区情进行详细的诊断。在充分了解区域低碳农业发展的现实情况和未来发展方向的基础上，提出科学合理的规划目标，对区域低碳农业的农业结构进行空间布局，扶持区域低碳农业发展的重要项目，构建完善的政策支撑体系，最终实现低碳农业发展的规划目标。目前，我

---

① 张新民：《中国低碳农业的现状、挑战与发展对策》，《生态经济》2012 年第 10 期。郭辉、张术环：《我国发展低碳农业面临的主要问题及解决途径研究》，《农业经济》2011 年第 9 期。邓水兰、温诒忠：《我国发展低碳农业存在的问题及对策》，《南昌大学学报（人文社会科学版）》2011 年第 5 期。

② 郑恒、李跃：《低碳农业发展模式探析》，《农业经济问题》2011 年第 6 期。郭永奇：《中原经济区低碳农业发展模式与减排对策——以河南省为例》，《农业经济》2012 年第 12 期。刘静暖、于畅、孙亚南：《低碳农业经济理论与实现模式探索》，《经济纵横》2012 年第 6 期。王昀：《低碳农业经济略论》，《中国农业信息》2008 年第 8 期。

国关于低碳经济和低碳农业规划方面的研究相对较少，而关于循环经济和循环农业规划的相对比较全面，而前文已阐释过循环农业和低碳农业之间的关系。因此，本书借鉴国家发展和改革委员会提出的"循环经济示范城市（县）创建实施方案编制指南（试行）"和"循环经济试点实施方案编制要求"的内容框架，其主要分为七个部分：

第一，区域基本情况。主要包括区域的行政区划、气候条件、地理位置、总体经济发展情况、产业结构及布局情况、区域发展定位与优势、区域资源情况等。

第二，开展工作的基础。主要包括区域循环经济工作成效的评价描述、组织机构情况、循环经济相关规章制度的制定和执行情况、特色循环经济发展模式以及循环经济发展可能存在的问题和不利条件。

第三，指导思想和目标创建。指导思想要体现工作重点和发展的方向；规划目标要包括总体目标和年度目标。

第四，主要任务。对规划目标进行分解落实，突出发展的主攻方向和着力点。

第五，重点支撑项目规划与投资建设。对规划中的重点项目，要列出项目清单，并作出投资估算，说明投资来源及安排计划。

第六，管理保障机制构建。建立政府领导、有关部门分工配合、企业和社会公众积极参与的组织保障；建立完善的配套政策支撑体系，确定制度保障。

第七，需要国家给予支持。根据实际需求，提出需要国家给予支持的重点项目、技术、政策等。

本书在梳理低碳农业发展脉络的基础上，借鉴国家相关规划内容框架体系，构建了我国低碳农业发展规划的内容框架体系，并结合笔者参与的多项循环农业规划项目的经验，编制了农民专业合作组织视角下低碳农业发展规划机制的规划报告的内容体系，主要分为八个部分，具体见表4—9。

表4—9 农民专业合作组织视角下低碳农业发展规划报告的内容结构

目标层	准则层	主要内容及规划方向
区域基本情况	区划情况	行政区划、地理位置、气候条件、地理特点等
	经济发展情况	总体经济发展情况;农业经济发展情况;产业结构情况;产业布局情况;农民专业合作组织发展情况等
	社会发展情况	人口情况;劳动力情况;科教文卫情况;低碳农业认知度;农户参与农民专业合作组织和低碳农业的意愿
	资源环境情况	土地、矿产、水、森林等自然资源禀赋情况;大气环境、水环境、土壤环境质量以及农业废弃物排放;环境承载力评价
	制约因素及规划意义	基于横向和纵向比较探析低碳农业发展的制约因素;阐释规划编制的意义和必要性
低碳农业发展基础	经济基础	投入产出情况;资源综合利用情况等
	政策基础	促进低碳农业发展的相关政策规范的制定及执行情况
	社会基础	低碳意识;公众参与的积极性
规划目标	指导思想	充分利用区域优势条件,突出特色,以实现区域农业发展和碳排放脱钩为核心,体现出发展的方向
	基本原则	以人为本,环境优先;全面协调,科学布局;因地制宜,突出重点;政府主导,市场引导,农民专业合作组织和农户落实,社会公众广泛参与
	目标创建	既有总体目标,也有具体目标;既有近期目标,也有中长远目标;既有经济目标,也有环境目标和社会目标;既有区域目标,也有农民专业合作组织目标
主要任务与布局	主要任务	针对目标提出主要的任务;并对目标进行分解落实
	空间布局	产业的空间集聚与整合;农业园区空间规划等

目标层	准则层	主要内容及规划方向
重点产业和支撑项目规划	低碳种植业	化肥等化学农资的减量化使用；增加有机肥等缓解农业面源污染；农作物秸秆综合利用；农田碳汇管理
	低碳畜牧业（包括渔业）	饲料结构调整；规模化、标准化养殖；畜禽粪污的无害化处理和资源化利用
	低碳林业	林业碳汇项目规划等；碳汇交易机制构建
投资估算与效益分析规划	投资估算	资金筹措方案、资金来源和资金安排计划
	效益分析	经济效益、社会效益和生态效益评估及其风险评估
支撑保障体系	组织领导机制	规划中央地方政府领导，有关部门分工配合的运作机制
	公众参与机制	推广和普及低碳理念；形成农户和社会公众参与机制
	市场机制	以市场调配为主导，完善市场运作机制
	农业风险保障机制	完善农业保险承保理赔机制和风险保障机制
	人才培训体系	引进专业人才，强化内部人才培训，加强人才队伍建设，形成人才聚集机制；构建完善的人才培训体系
	政策体系	财税政策；环保准入政策和企业环保信用制度；低碳农业奖惩政策；产业政策；国土资源政策等
附录		区域的地理区位图；重点支撑项目汇总表；产业布局图等

　　从国家层面，以农民专业合作组织视角下低碳农业发展规划机制的规划报告的内容体系为主体，建立我国低碳农业发展的中长期规划，尤其是设定相关规划中长期目标，提出主要发展任务，并通过资金扶持、政策优惠、技术和人才支持等相关支撑手段支撑重点产业和规划项目的实施；构建一套完整的规划实施评价机制和详细的评价指标体系，对规划的实施进行监督。尤其是需要从国家层面重视农民专业合作组织参与低碳农业发展，在规划报告中列出专门的篇章去表述，并在农民专业合作组织的相关

法律法规中，加入其参与农村生态文明建设和低碳农业相关权利义务的篇章。编制农民专业合作组织促进低碳农业发展示范市（县）、示范村、示范社等创建实施方案的编制指南，为区域及农民专业合作组织的低碳农业相关规划及实施方案提供依据。

从地方政府层面，以国家层面的相关规划为范本，因地制宜，创建其总体要求和主要任务、规划目标，编制其低碳农业及其农民专业合作组织参与低碳农业发展的规划报告。主要包括以下几个方面：第一，区域概况及其经济社会发展情况、农民专业合作组织发展情况、环境资源情况。在此重点刻画其农业发展情况、农民专业合作组织发展情况、环境承载力情况，对其低碳农业发展现状进行评价。第二，根据区域农业发展的资源消耗、废弃物排放等指标，对低碳农业发展成效进行评价性描述，介绍区域特色的低碳农业模式和农民专业合作组织参与低碳农业发展的模式及其具有推广意义的典型做法，制定区域低碳农业和农民专业合作组织发展的规章和管理办法以及执行的情况，探析其低碳农业进一步发展及农民专业合作组织参与其中可能存在的问题和制约因素。第三，创建目标。根据国家层面的相关要求，创建总体中长期目标和年度目标，并根据种植业、畜牧业等提出产业目标。第四，提出主要任务、重点支撑项目及安排。以表格化方式对相关任务进行汇总，并对重点项目及投资方案进行汇总，对具体的项目要明确，对投资方案要进行效益分析。第五，管理和保障措施。包括组织保障和制度保障等。第六，规划方案的实施。及时发现、总结农民专业合作组织发展低碳农业的成功典型及经验做法，并借助多种宣传途径，大力宣传优秀农民专业合作组织及其带头人发展低碳农业的好做法、好经验、好典型，进而形成社会各界重视和支持农民专业合作组织参与低碳农业发展的整体合力。

从农民专业合作组织的层面，积极参与地方低碳农业发展规划，同时根据国家和地方的相关规划，制定适合自身发展低碳农业的相关规划。在农民专业合作组织的规划中，主要包括发展现状评价描述、发展目标设定、进一步发展面临的问题及主要任务、积极获取政府扶持等。通过对农民专业合作组织的投入、产出、效益等各方面进行评价，设定其发展的投入减量化、产出高效化目标，主要包括低碳生产技术引进目标、废弃物资源化目标、经济效益目标等量化目标，进而对实现目标所面临的制约因素进行详细的分析，并找出相对应的解决方案。同时，农民专业合作组织的相关规划可以报备政府部门，若是其符合低碳农业发展政策且对方案进行了实施，可以获得政府的相关扶持。

第五章　农民专业合作组织视角下低碳农业发展运行机制

本章深入分析基于农民专业合作组织视角的低碳农业发展运行机制的运行原理、生成路径以及良性运行的前提条件，进而坚持以农民专业合作组织为主体、以市场为导向、以政府为主导和法制化管理为基本原则，构建我国基于农民专业合作组织视角的低碳农业发展运行机制，其主要包括以政府为主导的引导机制、以农民专业合作组织为核心的践行机制、以减排固碳为主要目标的创新机制、以价值规律和自由竞争为导向的市场机制、以法律法规和道德规范为主要内容的社会规范机制以及以环境绩效为主要指标的评价监督机制。

第一节　农民专业合作组织视角下低碳农业发展运行机制的构建原则

一、主体参与原则

农民专业合作组织必须贯穿"运行结构—运行过程—运行结果"机制设计的全程，是低碳农业发展的主体。我国农业的发展面临家庭承包的小规模分散经营模式和大农业需求之间的矛盾、农业生产环节和部门的分割与农业整体效益提升之间的矛盾，而农民专业合作组织是在确保家庭承包经营权的基础上，农户自愿发起或参与，能有效缓解我国农业发展过程中的主要矛盾。如此，农民专业合作组织发展壮大的过程就是我国农业整体效益和农业生产力提升以及低碳农业发展的过程，也是农民收入不断增加和"三农"问题逐步解决的过程，因此势必要遵循以农民专业合作组织为主体的原则。

二、市场导向原则

农民专业合作组织视角下低碳农业发展运行机制属于低碳经济运行范畴，在本质上和我国社会主义市场经济运行机制相一致，而在市场经济中必须以价值规律和市场竞争机制为导向。且农民专业合作组织农业龙头企业作为一个以盈利为目的的组织，与一般企业在本质上相同，其运作必须遵循市场规律，以市场机制为导向。培育平等、公开、公正、互利共赢的市场竞争环境，形成行业的优胜劣汰，提升行业的整体效益和竞争力。

三、政府主导原则

农业在三大产业中属于弱质产业，尤其是我国农业基础设施薄弱，使得农业的弱质性更突出，而农业低碳化发展的环境效益和社会效益具有公共产品的非排他性，若完全依靠市场机制调节，就会出现市场失灵。同时农民专业合作组织在我国还处在不成熟的阶段，其发展壮大离不开政府的扶持，尤其是低碳农业的发展周期长、投资大、短期效益不明显，更需要政府的政策扶持。我国农村经济体制改革不完善也使得在未来一段时间内，低碳农业发展必须充分发挥政府的宏观调控职能，以政府为主导，制定利于低碳农业发展的财政政策、产业政策和信贷政策等。

四、法制化管理原则

要逐步完善农民专业合作组织和低碳农业发展相关的法律法规，保障参与农民专业合作组织及低碳农业发展中的各个主体的权益。强化《中华人民共和国农民专业合作社法》的宣传，鼓励农户依法维护自身的权益。目前我国还没有专门针对低碳农业方面的法律法规，因此必须加快建立健全低碳农业发展方面的法律法规，使得低碳农业规范化发展。强化法制管理，做到有法可依、有法必依、执法必严。

第二节　农民专业合作组织视角下
低碳农业发展的路径设计

一、低碳农业发展的运行原理

与一般的低碳农业运行模式相比，农民专业合作组织视角下低碳农业发展的运行原理和形式存在较大的差异。农民专业合作组织视角下低碳农业发展的运行形式是农户自愿参加农民专业合作组织，进而提升规模化、集约化、标准化和组织化水平，通过农民专业合作组织在产前农业生产资料购买、产中低碳农业技术推广与应用、产后农产品的销售、加工、运输、贮藏以及农业废弃物的综合利用，满足公众对绿色安全农产品的需求，并从消费者和政府获得资金、技术和市场支撑，从而促进我国农业的可持续发展，实现以高效、生态、优质、安全为特征的现代农业，具体见图5—1。

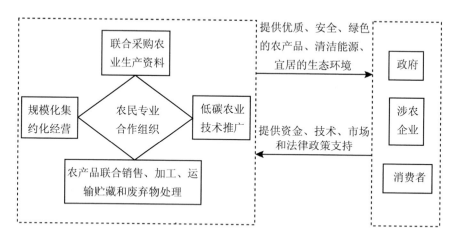

图5—1　基于农民专业合作组织视角的低碳农业发展运行原理

在该系统中，主要通过物质流、信息流、价值流和资本流等实现各个主体和部门间的物质、信息、资本和价值等的交换，维持系统的良性运行。其中，物质流主要包含两种方式，首先是农民专业合作组织通过农业生产活动向政府、社会公众等提供相关的物质产品和服务，其次政府、非政府组织、企业等为农民专业合作组织发展提供必需的物质条件，在此引入分解者企业和相关农业合作组织，实现农业废弃物的资源化处理，减少温室气体排放。信息流是各个主体和部门有效沟通和链接的桥梁，这里主要体现的是农民专业合作组织的信息沟通作用。资本流和价值流体现在两个方面，社会资本作为投资商投资农民专业合作组织和低碳农业，同时通过价值流实现对社会资本的回报，实现资本的闭合循环，然而政府作为我国低碳农业发展的主体和投资者，其无法从农民专业合作组织获得直接的价值回报，这里主要是政府对农民专业合作组织发展低碳农业的财政补贴，难以实现资本的闭合循环，但是这可以有效提升政府的生态服务功能。因此，农民专业合作组织发展低碳农业的运行原理就是各个要素在该系统内部的流动，实现物质流、信息流、价值流和资本流等在低碳农业发展系统内外部的交换和转化，实现系统的良性运行。

二、低碳农业发展运行机制的生成路径

农民专业合作组织视角下低碳农业发展运行机制指的是组成低碳农业发展系统的各要素和功能模块之间相互作用和关联所产生的维持、促进和制约低碳农业发展系统运行的运行原理。低碳农业发展运行机制的功能决定了低碳农业发展的活力，促进低碳农业发展和农民专业合作组织的融合。而低碳农业发展系统的运行过程既是农业资金、土地、劳动力等要素重新配置组合的过程，是一个农业经济由小规模分散经营的"小农业"向适度规模化、集约化的"大农业"转变的过程，而这种要素重新配置组合的过程不是简单的相加，而是农业经营方式的一次质的改变。因此，很有必要对农民专业合作组织视角下低碳农业发展运行机制的生成路径进行深入探析，以保证农民专业合作组织视角下低碳农业发展运行目标和任务的顺利完成。

农民专业合作组织视角下低碳农业发展运行机制作为一种带有规律性的经济运行机制，充分发挥农民专业合作组织的集聚效应，以农民专业合

作组织为主体对农业生产各要素重新配置组合，进而把农民专业合作组织的发展与低碳农业发展相结合，其运行遵循投入—转换—产出的一般路径，在此笔者从运行结构—运行过程—运行结果方面探析基于农民专业合作组织视角的低碳农业发展运行机制的生成路径，即基于农民专业合作组织视角的低碳农业发展运行机制始于农户在追求经济利益最大化的作用下自愿成立或参与农民专业合作组织，产生于农民专业合作组织的运行过程，而终于农民专业合作组织的运行结果。

运行的组织结构是农民专业合作组织视角下低碳农业发展运行机制的载体，是合作社从成员对农业生产社会化服务和规模经济效益需求出发，以实现其各项职能，即农民专业合作组织内部各要素、功能之间的相互作用、相互联系方式，主要包括农民专业合作组织的内部组织结构、利益分配机制、内部治理机制等。

运行过程是农民专业合作组织视角下低碳农业发展运行机制的核心，是其运行过程中各要素、功能相互作用的过程，是保证农民专业合作组织视角下低碳农业发展运行目标和任务顺利完成的转换器。农民专业合作组织通过产前农业生产资料联合采购、产中规模化作业以及对低碳技术推广应用、产后农产品联合销售和废弃物统一处理等诸多行为保证其预期目标的实现。这部分包含统一经营机制、风险防范机制、人才培养机制等。

运行结果是农民专业合作组织视角下低碳农业发展运行机制的最终结果，是该机制持续运行的保障。运行结果是建立在运行的组织结构和运行过程的基础上，各要素和功能相互作用而形成的特定结果，同时为运行的组织结构和运行过程的进一步发展提供必需的物质能量。而其运行结果可以分为三部分：一是农民专业合作组织视角下低碳农业发展运行机制所产生的经济效益；二是运行的组织结构带给农户的价值认同、农民增收和低碳意识的提升，即社会效益；三是农民专业合作组织视角下低碳农业发展运行机制的环境净化功能所产生的生态效益。因此，该部分主要包含经济效益、社会效益和生态效益。

综上，农民专业合作组织视角的低碳农业发展运行机制的路径本质是运行目标和任务的实现。农户为了追求经济利益最大化的预期目标而自愿成立或参与农民专业合作组织，通过农民专业合作组织统一的行为策略得到特定的结果，进而为运行机制的进一步发展奠定基础，最终实现其可持续发展，具体生成路径见图5—2。

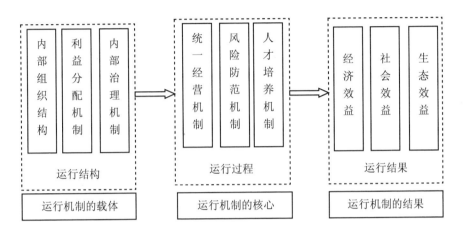

图5—2　基于农民专业合作组织视角的低碳农业发展运行机制的生成路径

三、实现低碳农业发展良性运行的前提条件

农民专业合作组织视角下低碳农业发展运行机制的有效运行需要系统各要素和功能之间建立有效的协调互动，使得农业生产活动与农户的经济利益追求、公众绿色安全农产品需求和良好生态环境需求结合起来，降低农业生产的物质消耗和废弃物排放，提升农业生产效率，从而实现农业的低碳化可持续发展。然而，只有具有完备的前提条件，农民专业合作组织视角下低碳农业发展运行机制才能良性运行，否则运行过程就会偏离预定的轨道，使得运行结果难以达到预期的目标，进而使得运行机制难以持续运转。农民专业合作组织视角下低碳农业发展运行机制良性运行的前提条件主要有以下四个方面：

（一）明确农民专业合作组织的主体地位

农民专业合作组织是以成员提供农业生产服务和最大限度地增加农户的收入为根本目的，坚持"民办、民营和民受益"的原则，成员间生产资料合作互助,实行风险共担、利益共享,改变单个农户面对市场的弱势地位,维护农民的利益。农民专业合作组织势必成为我国农业现代化进程中的重要角色,同时农民专业合作组织本身所具有的优势条件使得其在我国低碳农业进程中担负重任。在前文中,详细阐释了农民专业合作组织推进低碳农业发展的作用机理,通过论述,本书认为农民专业合作组织必须作为推进我国低碳农业发展的最重要主体。而农民专业合作组织主体地位的确立,必须从农民专业合作组织内外双管齐下。在外部环境下,完善农民专业合作组织方面的法律规范体系,进一步放宽农民专业合作组织的创办、经营限制,鼓励和扶持农民专业合作组织的发展,通过税收政策、信贷政策、产业政策、合作社示范社(示范基地)建设、转移支付等方式扶持农民专业合作组织的发展,通过设立绿色发展基金,鼓励农民专业合作组织积极参与低碳农业发展。在农民专业合作组织内部,以《中华人民共和国农民专业合作社法》为基础,明晰产权,优化产权结构,杜绝"搭便车"行为;完善成员(代表)大会、监事会、理事会"三会"制度的内部治理机制;建立公正公开的盈余分配制度,兼顾农民专业合作组织的效率和公平,以实现农民专业合作组织的持续发展;健全成员参与机制;主业定位,将农民专业合作组织与低碳绿色农产品生产销售相结合。同时还要以协同效应最大化、利润最大化、提升市场占有率、增强行业竞争力和降低经营成本为动因,推动农民专业合作组织的适度扩张,使得农民专业合作组织成为我国低碳农业发展的最重要主体。

(二) 强化政府引导作用

尽管农民专业合作组织是低碳农业发展的最重要主体,但是不能忽视或弱化政府的作用。这主要表现在两个方面:一是我国农民专业合作组织正处在发展的初期阶段,农民专业合作组织的发展壮大需要得到政府的扶持;二是我国农民专业合作组织中很大部分具有"官方"背景,即很多农民专业合作组织的发起者是县乡政府或村委会。而政府在农民专业合作组织推动低碳农业发展过程中的职能主要有:一是政府要提供强有力的财政支持,农业受制于自然因素的特殊性和我国农业发展基础薄弱的现实,且低碳农业的发展周期长、短期效益不明显、低碳技术研发与推广应用投资大，使得低碳农业的经营风险巨大，进而影响了农户甚至农民专业合作组织发展低碳农业和投资农业低碳技术的积极性，因此，政府必须通过税收优惠、信贷优惠、转移支付甚至直接投资等方式，扶持农民专业合作组织的迅速发展，进而壮大低碳农业发展的主体，巩固低碳农业发展的社会基础和经济基础；二是政府培育和规范相关领域的市场竞争机制，对市场进行引导和监督管理，并适当地参与到市场竞争中，市场规范和政府引导相结合，促进农民专业合作组织参与到低碳农业发展进程中。

（三）重视人才队伍建设

人才是我国低碳农业发展的基石，主要包括农业低碳技术的创新者、农民专业合作组织经营管理人才、高素质职业农民等。首先，要健全人才培养制度，建立员工职业生涯规划制度，充分发掘内部成员的潜能和需求，将人才发展统筹到农民专业合作组织、低碳技术研发单位等的总体发展中，通过培训、学习和津贴等手段，培养人才；其次，要强化人才的引进，加强和相关科研机构、高等院校等智能机构合作，通过高福利等手段引进高层次的低碳农业技术研发和经营管理人才；再次，要转变人才管理的思想，通过股金配发等方式把人才尤其是高层次人才视为合作伙伴，而不是仅仅将其视作被雇佣者，同时培养整体的尊重知识、尊重人才的良好氛围，并创造适度竞争的发展环境，为高层次人才提供才能发挥的机会和空间。

（四）加速县域经济转型升级

县域经济是一种以县城为中心、乡镇为纽带、农村为腹地、资源丰富、功能完备、生产门类齐全的县级行政区划类型的区域经济，其发展和壮大直接关系到我国"三农"问题的解决、社会主义新农村的建设和农民收入倍增计划的实现。[①] 然而，从整个国民经济发展、区划和社会构成的视角看，县域经济的关键是农村经济、农村和农民，因此我国低碳农业发

---

① 戎承法、张正河：《论县域经济核心竞争力》，《农业技术经济》2003 年第 6 期。

展的主要场所是县域经济。要解决我国农业发展面临的困境，必须在家庭承包经营的基础上，创新农地流转模式，推进土地承包经营权的合理流转，为农民专业合作组织的进一步发展消除制度障碍；扶持和壮大农业龙头企业和专业合作组织，完善农村公共服务体系和农产品质量监管体系。而在龙头企业和专业合作社发展中起重要作用的农民企业家则需要借助县域经济在政策保障、社会环境、经济环境和技术环境等方面形成的对农民企业家的培育机制，县域经济在加速农村经济社会的分化，促进创业要素的流动和集聚，大批的农业企业家精英顺势而出，并加速其职业化、社会化过程，促进农民企业家的自身成长，而这些农民企业家和龙头企业、专业合作社的产生也促进了农村经济乃至整个县域经济的转型升级。

第三节　农民专业合作组织视角下低碳农业发展运行机制的保障体系

一、以政府为主导的引导机制

低碳农业发展纳入国家整体发展战略中，从国家战略层面推进低碳农业可持续发展。而我国低碳农业的发展必须考虑到我国还是发展中国家，还要完成既定的经济发展目标，因此我们不能牺牲经济利益去苛求减排固碳，这就要求我们把农业碳减排和农业发展相协调定为我国经济社会持续发展的一项战略目标，把农业系统内外相关要素和功能整合到政府的各项规划或政策中，因地制宜，针对不同区域探索出相应的低碳农业发展模式，力求以最小的碳排放实现最大的农业产值，即尽量实现单位农业产值碳排放的最小化。此外，低碳农业发展成功与否，也取决于社会公众、农户和农民专业合作组织等农业产业的消费者和生产者对低碳农业发展的重视程度。从长远来看，碳减排既是挑战，也是重要的发展机遇，挑战是因为我国农业底子薄，其弱质性更突出，生产效率低下，碳减排就会成为农业发展的绊脚石；机遇是因为我们可以借此转变农业发展方式，实现碳减排和农业发展的双赢。而我国低碳农业发展还处在初级阶段，这就需要充分发挥政府的引导作用。

从宏观来看，政府应实行强有力的低碳农业发展推广机制，以增强民众的低碳环保意识；将低碳农业发展纳入国家中长期发展战略规划，制定发展目标、重点任务以及发展路径，并分解实施；成立多部门参与的领导机构，相互间分工协作、各司其职；建立低碳农业发展经济信息的统计监测指标体系，为低碳农业发展的定量分析和评价奠定基础。从中观来看，实施碳税政策，以减少碳排放和改善生态环境为目标，对化肥、农药、农用薄膜等大量消耗燃煤、石油和天然气的产品按照含碳率征税，以促进其积极调整产品结构，研发和生产含碳率较少的产品；同时可以积累碳基金，为低碳农业发展提供资金支持；实施低碳农产品认证制度，依据《绿色食品标志管理办法》，强化低碳绿色农产品的认证制度，引导公众对绿色消费偏好，进而引导农户、农民专业合作组织等生产低碳绿色农产品，以市场引导生产促进农业的低碳化发展。从微观来看，实施低碳采购政策，在低碳农产品社会认可度不高的情况下，政府要积极采购符合低碳认证标志的农产品，弥补市场上的需求不足，以保护和激励农户进行低碳生产，同时通过政府的消费行为来引导社会的消费倾向。

二、以农民专业合作组织为核心的践行机制

农民专业合作组织在低碳农业发展中主要分为两种：主动参与和在政策引导下被动执行低碳农业发展，而随着低碳意识的不断增强，将会是一个由被动逐渐转向主动的动态过程。在前文的演化博弈分析中，笔者发现"经济人"的理性使得农民专业合作组织发展低碳农业与否取决于农民专业合作组织对发展低碳农业的收益期望，而在此我们需要引导其扮演"社会人"角色，更多地关注生态环境保护，这就需要从利益诱导机制构建和提升农业经营者的低碳自觉性两方面激发其"社会人"理性。

利益诱导机制构建需要通过产权制度改革、环境补偿机制等方式实现。长期以来我国形成的小农经营方式在解决生态环境问题上有巨大的缺陷，农村不可避免地出现了生态环境质量恶化和自然资源存量减少等环境

问题，主要是因为现有的环境资源产权制度存在突出的缺陷，主要表现为：环境资源价格失真、环境资源产权虚置、环境资源的产权流转不灵、政府环境对资源产权监管不力。而产权制度的缺陷使得农业环境资源的配置出现了"市场失灵"和"政府失灵"，反过来又加速了农业生态环境的恶化。"市场失灵"主要表现为市场缺乏、不确定性和短视行为、外部性和不完全信息；而"政府失灵"表现为政府的干预缺位、政府干预失当和政府干预越位。[①] 这就需要明确界定农业的环境资源产权，完善和稳定土地承包期限，增强农民的土地保护意识和积极性，消除短视行为；对拥有农业环境资源产权使用权的农户、农民专业合作组织的权利和义务进行界定，制定衡量标准，并给予相应的奖惩；在排污权所有制基础上建立高效的农业环境资源产权的市场交易机制，完善环境资源的价格体系。在低碳农业的初级阶段，各种技术、制度还不规范，低碳农业发展的过程中不可避免会遇到高风险和高成本，为此必须通过一定的环境补偿机制分担农民的经营风险和成本，增强其参与低碳农业发展的积极性。对农民专业合作组织实行税收减免或税收优惠，尤其是那些率先采用低碳技术、低碳设备和生产低碳农产品的农民专业合作组织和农户；通过政府的直接财政补贴和转移性支付，对生产低碳农产品和研发低碳技术的相关单位及个人直接进行财政补贴，对绿色低碳农产品的销售进行价格补贴，提升农民收入的同时增强民众的低碳农产品购买力；通过农民专业合作社示范社（示范基地）或低碳农业发展项目建设，直接参与低碳农业的推广。

三、以减排固碳为主要目标的创新机制

农业减排固碳目标的实现过程就是农业经济由"高碳"向"低碳"缓慢转变的动态过程，也是农业发展过程中的发展模式创新、制度创新和低碳技术创新，然而这些创新的实现仅仅依靠低碳农业系统内部的动因是远远不够的，还需要设计一系列相关的创新机制，而这些创新机制主要包括

---

① 杨惠：《我国农业环境资源问题及其诱因分析》，《农村经济》2007 年第 6 期。

低碳技术创新机制、低碳管理创新机制和低碳创新人才激励机制。

　　农业低碳技术主要有四个方面——农田生态固碳技术、农业废弃物资源化利用技术、节省型农业技术和农作制度创新技术。[①] 在农业低碳技术创新系统中，企业是创新主体，政府通过政策法规等进行引导、银行等金融机构提供资金支持、科技中介机构提供相关低碳技术服务信息，相互合作共同完成低碳技术的研发，即一个完整的低碳农业技术创新系统至少包括以企业为核心的低碳技术供给子系统、以金融机构为核心的资金供给子系统、以政府为核心的政策供给子系统和以中介机构为核心的低碳技术信息供给子系统。充分协调各个子系统，重点发展测土配方施肥技术和节水灌溉技术等减量化投入技术、生物有机肥和生物农药等无害化投入技术、饲料管理技术、碳捕集和碳封存技术、农业温室气体排放的核算技术、农田生物固碳技术、秸秆和畜禽粪尿等农业废弃物的资源化能源化利用技术。

　　低碳管理创新是将低碳融入农业经济管理过程和管理思想中，以创建低碳农业管理体系。我国政府 2009 年公开承诺 2020 年我国单位国内生产总值的二氧化碳排放量在 2005 年的基础上降低 40%—45%，要实现我国承诺的减排目标的同时实现我国的工业化、城镇化发展，必须构建有效的目标管理机制，实现经济效益、社会效益和生态环境效益的协调统一。

　　人才是低碳农业发展的基石，构建创新人才激励机制势在必行。低碳农业发展的人才主要包括农业低碳技术的创新者、农民专业合作组织经营管理人才、高素质职业农民等。要健全人才培养制度，要强化人才的引进，要转变人才管理的思想，培养整体的尊重知识、尊重人才的良好氛围，并创造适度竞争的发展环境，为高层次人才提供才能发挥的机会和空间，构建创新人才激励机制。

---

　　① 陈娟、王雅鹏：《中国低碳农业技术创新体系架构与建设路径研究》，《科技进步与对策》2013 年第 16 期。

四、以价值规律和自由竞争为导向的市场机制

市场机制也称市场调节机制，是构成市场的主体、客体、中介、价格、信息、供求、风险和竞争等各种要素之间的相互作用所形成的特定的资源配置方式、资源配置功能和资源配置条件。[①] 低碳农业发展的市场机制是特殊的市场调节机制，其主要包括市场的供求机制、竞争机制、价格机制、风险机制和碳交易市场机制。

低碳农业发展的供求机制是通过低碳农产品、低碳技术等的供给和需求之间的矛盾运动，进而影响农业生产要素重新组合的一种机制。从供给来看，低碳农产品和低碳技术的提供者是以追求利润最大化为目标的理性"经济人"，而其收益的途径为农产品销售和低碳技术销售，而影响其供给的因素主要有资源禀赋、农业经营成本、农产品价格、低碳技术研发成本和销售价格等。从需求来看，低碳农产品的需求是基于能更好地满足自身发展的需要，而低碳技术的需求是基于该技术能带来更好的经济效益，其取决于需求者的购买能力、价格因素以及预期值。供求机制通过影响低碳农产品和低碳技术的价格，实现对农业资源的有效配置，供给和需求相互作用，从而实现了低碳农业市场的均衡数量和均衡价格，达到市场均衡。

低碳农业发展的竞争机制是低碳农业的各行为主体为了追求自身的利润最大化相互之间通过价格竞争或非价格竞争，以优胜劣汰为法则调节市场运行，由此形成农业经济系统内部的必然联系。由于低碳技术的研发成本高昂使得单个农户很难进行研发，因此低碳技术市场属于卖方市场；同时低碳绿色农产品的价格较普通农产品价格较高且外观不够鲜亮，低碳农产品市场属于买方市场。低碳技术的卖方垄断价格，使得农户在自身购买力不足的情况下，处于不利的地位，农户为了自身的利益而无法采用低碳技术；而低碳农产品的买方垄断价格，使得供给方无法通过低碳经营获得

[①] 李淑霞、周志国：《森林碳汇市场的运行机制研究》，《北京林业大学学报（社会科学版）》2010 年第 2 期。

预期的收益而放弃低碳生产，这都会造成整个社会的利益受损，而有效的竞争机制可以解决该困境。

低碳农业发展的价格机制是通过低碳产品市场价格的变动影响其供求关系，从而实现生产和流通的自动调节。价格机制分为价格形成机制和价格调节机制。通常价格是由生产成本、流通费用、税赋和利润组成，低碳产品的价格也由这四部分构成，然而低碳产品市场并不是完全竞争市场，使得价格难以真正反映其真实价值和供求关系，难以实现市场的资源配置功能，这就需要对现行的低碳产品价格机制进行改进。

低碳农业发展的风险机制是低碳农业经营过程中存在的各种风险及其影响。低碳农业的发展周期长、投资大，使得其市场风险较大；农业经营过程中易受霜冻、冰雹、干旱、洪涝和病虫等自然灾害的影响，因此低碳农业发展必须构建行之有效的风险机制。首先，经营主体必须意识到其经营风险的复杂性，提升风险防范意识；其次，通过农业风险投保等措施减少风险造成的损失。

低碳农业发展的碳交易市场机制是以农业碳汇为基础的碳排放权的市场交易。其供给方通过农田经营和森林经营，产生碳汇，销售给需要碳排放指标的需求方。但是存在碳汇及其经营成本难以准确地核算，且碳汇交易市场属于买方市场，买方就具有碳汇的定价能力，使得卖方处于供求关系中的不利地位，必须以政府为主体建立健全法律法规体系和碳汇定价机制等政策规范农业碳汇交易市场。

五、以法律法规和道德规范为主要内容的社会规范机制

截至目前，我国已经颁布并实施了一系列与低碳经济相关的法律法规和政策文件，包含《中华人民共和国循环经济促进法》《节能中长期专项规划》《节约能源法》《清洁生产促进法》《中国应对气候变化国家方案》《可再生能源法》和历年的《中国可持续发展战略报告》，同时也制定公布了以《中华人民共和国农民专业合作社法》为基础的农民专业合作方面的政策和法律文件。这些法律法规和政策文件为我国应对全球气候变化以及

节能减排的实现和促进农民专业合作组织的发展壮大提供了必要的保障。但是我国目前还没有专门针对低碳农业，甚至没有专门针对低碳经济方面的法律法规，更无法界定农民专业合作组织在低碳农业发展中的权利义务。因此，必须加快低碳经济、低碳农业方面的立法工作，比如《低碳经济促进法》《低碳农业促进法》等，明确各参与方的权利义务，将低碳农业发展以及农民专业合作组织在其中的作用纳入到法制轨道，为其规范、有序、全面的发展提供法律和政策的保障。

道德和责任在低碳农业发展过程中具有重要的作用。政府承担整个经济社会持续化发展的责任，农民专业合作组织和农户承担着实现自身利益最大化的同时促进经济社会进步的责任，而社会公众则承担着监督和辅助的责任。[1] 为此，要营造利于低碳农业发展的社会氛围，提升各参与主体的责任意识和道德价值取向，提升其参与的自觉性。从战略层面我们要着眼构筑全民性、全方位的生态理论，建立低碳经济社会的道德责任教育体系，将环境保护纳入普通教育、成人教育和职业教育中，同时通过各类媒体等宣传平台强化低碳宣传。在引导公众绿色消费的同时，由于信息的不对称，社会公众难以对农户、农民专业合作组织的行为形成有效的监督，在此就必须通过培训等手段增强农民企业家和农民的低碳自觉性，真正构建以法律法规和道德规范为主要内容的社会规范机制。

六、以环境绩效为主要指标的评价监督机制

完善的低碳指标评价监督体系是低碳农业发展的关键，其主要包括区域、企业组织的指标评价监督和低碳经济干部的绩效评价监督。前者主要针对区域和农民专业合作组织的低碳农业发展，建立完善的评价指标体系，量化评价其综合效益，并设立奖惩制度，提升其参与低碳农业发展的积极性。后者主要针对的是政府工作人员，要形成正确的政绩观念和科学

---

① Huixiao Wang, Longhua Qin, Linlin Huang, Lu Zhang, "Ecological Agriculture in China: Principles and Applications", *Advances in Agronomy*, No. 94, 2007.

的政绩评价体系，设立专项考核机构，定期考核与日常考核相互结合，摆脱"GDP崇拜症"，建立政府的环境绩效考核机制，并作为干部升迁的重要指标。同时通过网络、热线电话等多种方式构建公众反馈监督机制，通过物质或精神奖励，提升社会公众的参与积极性，强化社会公众对农民专业合作组织、政府的监督。

第六章　农民专业合作组织视角下
低碳农业发展激励机制

　　本章基于委托—代理模型，构建了包含激励地方政府、社会公众、农民专业合作组织和农户积极参与低碳农业发展的激励机制。该机制提出的具体激励策略为：对于地方政府而言，其作为风险规避型的行为主体，需要通过建立健全对地方政府的低碳农业考核制度、完善地方政府环境保护问责机制、推进低碳农业发展的宣传机制以及扶持环境非政府组织（EN-GO）发展激励和约束地方政府积极参与低碳农业发展；对于农民专业合作组织而言，其经济效益要依据其产值进行激励，而对于其固碳减排效益要通过固定支付契约的方式进行激励；在农民专业合作组织内部的委托—代理关系中，农民专业合作组织经营者的努力程度与自身资产收益占农民专业合作组织总收益的比重、对互惠的敏感系数、经营者在农民专业合作组织待分配盈余中的分配比例正相关，要通过法律手段、经济手段、实行环境标志制度和构建农民专业合作组织内外部约束机制实现农民专业组织合作内部利益的最优化配置。

第一节　农民专业合作组织视角下低碳
农业发展激励机制的模型构建

　　激励机制是低碳农业发展机制的驱动力所在，是整个机制有效运转的基本保障。因此，需要构建一套行之有效的激励机制为我国低碳农业发展奠定基础。低碳农业发展机制的正常运行涉及各方的利益，涵盖了政府、社会公众、农民专业合作组织和农户等，必须妥当处理相关者的利益以调动其参与低碳农业发展的自觉性和积极性。根据前文的文献分析和演化分析，可以得到一个理念，即低碳农业发展机制需要政府和具有政府背景的非政府组织以整个社会福利最大化为目标，运用自身的管理职能激励和引导农民专业合作组织、社会公众和农户积极参与到低碳农业进程中，激发他们的环境责任感，实现相关者的利益联结，为形成低碳农业发展的长效机制提供持续的驱动力。

随着国内对低碳农业的愈发重视，其激励机制的构建成为了重要的研究对象，但是目前多数的研究成果是基于低碳经济方面的研究。其主要观点有：在地方政府发展低碳经济过程中，激励机制不到位和约束机制不健全使得地方政府在低碳经济发展中缺乏动力机制的同时陷入严重的信任危机、管理危机和道德危机，低碳经济也面临发展危机，这主要是由于中央政府对地方政府不科学的绩效考核制度、地方政府在低碳经济发展中不合理的利益导向、责任追究机制不健全、监督机制不完善、法律规范体系滞后等原因造成的，需要构建系统的行政激励、财税激励、制度环境激励和激发民众等积极参与的激励机制。在低碳经济发展中主要涉及三个经济变量，即政府的政策和制度规范引导低碳经济的发展方向、作为市场经济中最重要的经济主体的企业是推动低碳经济的直接动力、作为低碳经济参与者和受益者的社会公众的行为机制对低碳经济发展具有重要的影响，因此在低碳经济发展激励机制设计中，政府的激励机制是强化政府行为规范，企业的激励机制是提升企业参与低碳经济的积极性，社会公众的激励机制是提升其组织职能水平。[①] WTO 规则、碳关税、低碳税收补贴和碳标记制度对低碳经济具有激励和约束作用。在企业过度自信条件下，政府的最优激励与不确定因素的方差、企业的风险规避度和企业努力的成本系数呈负

---

① 吴金、肖建明：《推进低碳经济发展的激励机制设计》，《环境保护与循环经济》2011 年第 6 期。

相关，与企业的过度自信系数和节能减排系数正相关。[①]

一、中央政府与地方政府之间的委托—代理模型

（一）中央政府与地方政府的委托—代理关系描述

在我国中央政府是以国家经济发展总体为视角，通过经济、法律、教育等方式实现整个社会的协调发展，其中经济发展是永恒追求，生态环境改善是根本保障，社会稳定和谐是基础条件，因此中央政府行为决策的出发点就是实现经济效益、社会效益和生态效益的协调统一。地方政府是有限理性的，以追求自身利益最大化为根本目标。因此在低碳农业发展的中央政府与地方政府的委托—代理关系中，中央政府是委托人，是契约的提供者，地方政府是代理人，本书中假定委托人和代理人都是风险规避型的。中央政府向地方政府提供契约的时候，地方政府会根据自身利益作出选择，以求获得最大的期望值。

用 S 代表地方政府所有可选择的行为策略的集合，即与低碳农业发展相关的所有行为决策的集合，s 代表地方政府特定的某个行为策略，其可能促进低碳农业发展，也可能与低碳农业的发展方向相背离，且 $s \in S$。ε 是不受代理人和委托人控制的外生变量，给定 ε 的分布函数 $G(\varepsilon)$ 和密度函数 $g(\varepsilon)$。π 是地方政府采取与低碳农业发展相关行为 s 时中央政府所获得的收益，在此 π 是 s 的严格递增的凹函数，且 $\pi = \pi(s, \varepsilon)$。$c$ 为地方政府选择与低碳农业相关行为 s 时的成本。u 为中央政府激励行为的具体形式，是其收益 π 的函数，即 $u = u(\pi)$。则委托人和代理人的期望函数分别为：$v_t = \pi - u(\pi)$ 和 $v_i = u(\pi) - c(a)$，中央政府的期望是全国层次上的效益，而地方政府的保留效用为 $\hat{v}_i$。在此模型的构建中，委托人需要设计一个合理的激励 $u(\pi)$，并根据观测到的 π 对代理人进行激励和约束。

① 吴勇、吴松强、刘卫国：《基于过度自信的企业发展低碳经济激励机制研究》，《企业经济》2012 年第 2 期。

（二）非对称信息条件下的激励设计

在对称信息条件下，代理人的行为策略 s 是可以直接观测的，委托人提供的契约可以使得代理人的行为得到有效的约束，其会协助委托人发展低碳农业，帕累托最优是可以实现的。但是在现实环境中，中央政府和地方政府在博弈中处于非对称信息条件下，即中央政府无法知道地方的行为策略 s，鉴于在给定情况 $u^* [\pi (s, \varepsilon)]$ 下地方政府在行为选择的时候具有"经济人"理性特征，其策略选择是为实现自身效益的最大化而不是严格遵守中央政府的意图和要求，往往帕累托最优是无法实现的。在对称信息条件下，委托人就会受到代理人的激励相容约束（IC）和参与约束（IR），因此，委托人需要设计合理的 s 和 $u(\pi)$ 以实现整个社会效益最大化，即：

$$
\begin{cases}
\max\limits_{s, u(\pi)} \int v_t (\pi (s, \varepsilon) - u (\pi (s, \varepsilon))) g (\varepsilon) d\varepsilon \\
(IR) \int v_i (u^* (\pi (s, \varepsilon))) g (\varepsilon) d\varepsilon - c (s) \geqslant \overset{\wedge}{v_i} \\
(IC) \int v_i (u^* (\pi (s, \varepsilon))) g (\varepsilon) d\varepsilon - c (s) \geqslant \int v_i \\
\quad (u^* (\pi (s, \varepsilon))) g (\varepsilon) d\varepsilon - c (s')
\end{cases} \quad (6-1)
$$

在参与约束和激励相容约束的约束条件下，其最大化的一阶条件为：

$$
E (v'_t \cdot \frac{\partial u^*}{\partial \pi} \cdot \frac{\partial \pi}{\partial s} - \frac{\partial c}{\partial s}) = 0 \quad (6-2)
$$

假设式（6—2）的解为 a^+，在完全信息条件下该式的解为 a^*，a^+ 与 a^* 是不等同的，且鉴于地方政府属于风险规避型的行为主体，因此其最优行为策略是追求自身利益最大化或是自身成本最小化的行为，以至于其努力水平低于帕累托最优条件下的努力水平，即 $a^+ < a^*$。同时，在现实经济中，地方政府可能存在隐瞒私人信息的情况，而中央政府又缺乏对地方政府可以量化的考核制度，这就使得对已经引起严重农业生态环境污染的决策项目以及项目的决策主体难以追究责任，这样地方政府为了追求自身经济利益最大化就会在项目审核上低标准，使得低碳农业的发展呈现粗放式、高成本的发展，而地方政府为了逃避中央政府的惩罚，会将本区域生

态效益和社会效益的下降归结于不可控因素，地方政府的行为策略就会背离中央政府发展低碳农业的初衷，严重弱化了中央政府制定的低碳农业政策的实施效率。因此，为了实现整个社会效益的最大化，必须改变现有的对地方政府的政绩考核制度，把低碳农业的工作考核纳入到考核制度中，并根据区域经济实力、技术水平和环境保护标准等实际情况，组织制定一套具有强操作性、差异化的低碳农业评价指标体系，强化低碳农业工作考核。

二、社会公众参与下中央政府与地方政府的委托—代理关系的改造

前文的演化分析中，论述了社会公众在低碳农业发展中充当监督者的角色，同时公众参与能降低政府的监督和激励成本。而政府作为公众利益的捍卫者和代表，公众对农业生态环境保护的敏感度的提升，必然会提升政府维护农业生态环境和强化农产品质量安全的责任心，同时对农民专业合作组织（农户）的农业生产产生舆论和市场压力，督促其生产绿色、低碳、安全的农产品。社会公众参与到地方政府的行为决策中，尤其是社会公众强大的舆论能量，使得利益多元化，在中央政府、社会公众的双重监督下，地方政府不会执意追求自身利益最大化而偏离社会大众的利益，地方政府的最终行为决策是在各种不同利益代表者之间反复博弈后作出的。因此，地方政府此时是风险中性的，即 $v'_i = 1$，$v''_i = 0$。根据风险的最优分担理论，在地方政府期望的导函数为常数的时候，中央政府期望的导函数亦为常数，即 $v'_t / v'_i = \lambda$，在帕累托最优风险分担条件下存在 $\partial u / \partial \pi = 1$，此时式（6—2）变成 $E(\partial \pi / \partial s) = \partial c / \partial s$，由此得到 $a^* = a^+$，这表明了在社会公众的参与和监督下，地方政府在风险中性时所选择的行为策略是帕累托最优的。

社会公众的积极参与使得地方政府更趋向于选择利于低碳农业发展的行为策略。因此，中央政府应通过加强舆论宣传、公众参与政策和法律规范制定等方式，提升社会公众的环境保护意识、参与意识，同时进行制度

创新，拓宽社会公众参与的范围和方式，使得社会公众真正成为低碳农业发展的参与者和监督者。

三、地方政府与农民专业合作组织之间的委托—代理模型

（一）地方政府与农民专业合作组织的委托—代理关系描述

在市场经济中，农民专业合作组织作为理性"经济人"，在其生产、销售等农业生产活动中，以追求自身经济利益最大化为目标，对自身的经济成本和经济效益进行设计，由于对自身追求经济利益过程中产生的生态环境问题而引发的外部成本欠考虑，其都没有折合到农业经营的成本和收益中，这就助长了农业生产过程所造成的农业生态环境问题。同时若是缺乏外部干预，农民专业合作组织是不会为了农业生态环境保护而放弃部分经济利益的，因此，农业生态环境的改善必须有强大的外部激励和约束力进行干预。在我国，地方政府是以区域经济总体发展为视角，通过经济、法律、教育等方式实现区域的协调发展，其中经济发展是永恒追求，生态环境改善是根本保障，社会稳定和谐是基础条件，因此地方政府行为决策的出发点就是实现区域经济效益、社会效益和生态效益的协调统一。区域总体利益最大化的实现就需要农民专业合作组织在发展过程中严格按照低碳农业标准生产，在分担自身经济生产任务的同时分担环境保护和社会服务的任务，但这与农民专业合作组织追求自身利益最大化在一定程度上是相矛盾的，这就需要设计一套行之有效的激励机制以激励和约束农民专业合作组织的行为，使其自觉参与到环境保护和社会服务的任务中。在低碳农业发展过程中，地方政府是委托人，农民专业合作组织是代理人。

（二）模型假设与基本前提[①]

在本书中假设农民专业合作组织是风险规避的，地方政府是风险中性的，地方政府对农民专业合作组织的激励是线性的支付契约。农民专业合

---

① 徐莉、朱同斌、余红伟：《低碳经济发展激励机制研究》，《科技进步与对策》2010 年第22 期。

作组织在低碳农业发展过程中的目标包含经济效益、环境效益和社会效益三个方面，假定农民专业合作组织的努力水平的向量为 $e = (e_1, e_2, e_3)^T$，其中 e_1、e_2 和 e_3 分别表示农民专业合作组织在经济效益、固碳减排效益和社会效益上的努力水平，且都可以用货币衡量。$c(e_1, e_2, e_3)$ 表示农民专业合作组织的努力成本，是其努力水平的函数，且是严格递增的凸函数。$\pi = (\pi_1, \pi_2, \pi_3)^T$ 表示农民专业合作组织的总效益，是其努力水平的函数，且是严格递增的凹函数。假设存在以下的关系：

$$\begin{cases} c(e_1, e_2, e_3) = \sum (a_{ii}e_i^2 + 2a_{ij}e_ie_j)/2 \\ \pi = \pi_1 + \pi_2 + \pi_3, \pi_i = e_i + \varepsilon_i \end{cases} \quad (6\text{—}3)$$

其中 $i, j = 1, 2, 3$，且 $i < j$，$\varepsilon = (\varepsilon_1, \varepsilon_2, \varepsilon_3)^T$ 是服从正态分布且均值为零的随机数，在此分别表示农民专业合作组织取得经济效益、固碳减排效益和社会效益所付出的努力的不确定性因素，也就是要承担的风险因素。ε 的协方差矩阵为 $\sum$，σ_i^2 表示随机变量 ε_i 的方差，$i = 1, 2, 3$。

农民专业合作组织的努力成果向量 π 的最终直接所有权是地方政府，但是地方政府为了提升农民专业合作组织发展低碳农业的积极性不能独占这个成果，必须将一部分作为激励因素转移给农民专业合作组织，在此设其为 $s(\pi_1, \pi_2, \pi_3)$，地方政府根据自身观测的实际值来确定激励，因此，地方政府的线性激励函数为：$s(\pi_1, \pi_2, \pi_3) = \alpha + \sum \beta_i\pi_i$，其中 $i = 1$, 2, 3，α 是地方政府对农民专业合作组织固定的转移支付，即经济支持，$\beta_i^T = (\beta_1, \beta_2, \beta_3)^T$ 是地方政府对农民专业合作组织的激励强度向量，且满足 $0 \leq \beta_i \leq 1$ $(i = 1, 2, 3)$。在此模型的构建中，地方政府需要设计一个合理的激励 $s(\pi)$，并根据观测到的 π 对农民专业合作组织进行激励和约束，以实现利益的联结和优化配置。由于地方政府是风险中性的，因此其期望效益 v 等于其期望的收入，即 $E_v = E\pi - E[s(\pi_1, \pi_2, \pi_3)] = \sum e_i - \alpha - \sum \beta_ie_i$，其中 $i = 1, 2, 3$。农民专业合作组织是风险规避的，其实际收益和收益的期望值分别为：

$$
\begin{cases}
r = s(\pi_1, \pi_2, \pi_3) - c(e_1, e_2, e_3) = \\
\qquad \alpha + \sum \left[\beta_i \pi_i - (a_{ii} e_i^2 + 2 a_{ij} e_i e_j)/2 \right] \\
E_r = E\left[s(\pi_1, \pi_2, \pi_3) - c(e_1, e_2, e_3) \right] = \\
\qquad \alpha + \sum \left[\beta_i e_i - (a_{ii} e_i^2 + 2 a_{ij} e_i e_j)/2 \right]
\end{cases} \tag{6—4}
$$

其中 i, $j = 1$, 2, 3, 且 $i < j$。设农民专业合作组织的效用函数为 $u = -e^{-\rho r}$，则 u 是严格递增的凹函数，这就意味着农民专业合作组织者是风险规避的，ρ 表示农民专业合作组织绝对风险规避，r 表示农民专业合作组织的实际收入，农民专业合作组织的确定性等价收入 CE 就是农民专业合作组织期望收入和其方差的线性函数，而地方政府的确定性等价收入 CEG 就等于其实际收益的期望，因此农民专业合作组织和地方政府的目标函数分别为：

$$
\begin{cases}
CE = E_r - \dfrac{1}{2}\rho \operatorname{var}(r) = \alpha + \sum \left(\beta_i e_i - \dfrac{1}{2}\rho \beta_i^2 \sigma_i^2 - \dfrac{1}{2} a_{ii} e_i^2 - a_{ij} e_i e_j \right) \\
CEG = \sum e_i - \alpha - \sum \beta_i e_i
\end{cases}
$$

$$\tag{6—5}$$

其中 i, $j = 1$, 2, 3, 且 $i < j$。E_r 为农民专业合作组织的期望收入，$\dfrac{1}{2}$ $\rho \operatorname{var}(r)$ 为农民专业合作组织的风险成本。

（三）非对称信息条件下的激励设计

为了使农民专业合作组织朝着低碳农业发展的三大任务努力，地方政府必须设计合理的激励契约，在农民专业合作组织的努力水平不可观测的情况下，即在信息不对称的条件下，该契约必须满足农民专业合作组织激励相容约束和参与约束的同时实现自身实际收益的期望值最大化。激励相容约束是农民专业合作组织在接受地方政府的经济激励之后，能最大化固碳减排和社会服务效益的努力所得到的确定性等价收入。参与约束是农民专业合作组织在接受地方政府的经济激励之后，其从经济效益、固碳减排效益和社会服务效益的努力所得到的确定性等价收入至少不小于其保留收入。地方政府面临的问题就是设计合理的激励机制和来实现利益最优化分配问题。

$$\begin{cases} \text{Max}E_r = \text{Max}\left(\sum e_i - \alpha - \sum \beta_i e_i \right) \\ \text{s. t. } (IR)\, CE = \alpha + \sum \left(\beta_i e_i - \frac{1}{2}\rho\beta_i^2\sigma_i^2 - \frac{1}{2}a_{ii}e_i^2 - a_{ij}e_i e_j \right) \geqslant \overline{r} \\ (IC)\, \text{Max}CE = \text{Max}\left[\alpha + \sum \left(\beta_i e_i - \frac{1}{2}\rho\beta_i^2\sigma_i^2 - \frac{1}{2}a_{ii}e_i^2 - a_{ij}e_i e_j \right) \right] \end{cases}$$

$$(6\!-\!6)$$

其中 i, $j = 1$, 2, 3, 且 $i < j$。对农民专业合作组织的激励相容约束求一阶导数, 可以得到 $(a_{i1}, a_{i2}, a_{i3}) \cdot (e_1, e_2, e_3)^T = (\beta_1, \beta_2, \beta_3)^T$, 其中 $i = 1$, 2, 3。同时地方政府在选择激励契约时, 会尽量压缩激励的成本, 也就是地方政府只为农民专业合作组织发展低碳农业提供最低限度的激励, 即农民专业合作组织的参与约束取等号的时候, 这样就能得到农民专业合作组织发展低碳农业地方政府的固定经济支持:

$$\alpha = \overline{r} - \sum \left(\beta_i e_i - \frac{1}{2}\rho\beta_i^2\sigma_i^2 - \frac{1}{2}a_{ii}e_i^2 - a_{ij}e_i e_j \right), i,j = 1,2,3, 且 i < j$$

$$(6\!-\!7)$$

把 α 代入到地方政府期望效益 $E_v = E\pi - E[s(\pi_1, \pi_2, \pi_3)] = \sum e_i - \alpha - \sum \beta_i e_i$ 中, 结合 $(a_{i1}, a_{i2}, a_{i3}) \cdot (e_1, e_2, e_3)^T = (\beta_1, \beta_2, \beta_3)^T$, 由此可以得到:

$$E_v = (1, 1, 1) \begin{bmatrix} a_{11} & a_{12} & a_{13} \\ a_{21} & a_{22} & a_{23} \\ a_{31} & a_{32} & a_{33} \end{bmatrix}^{-1} \begin{bmatrix} \beta_1 \\ \beta_2 \\ \beta_3 \end{bmatrix} - \frac{1}{2}(\beta_1, \beta_2, \beta_3)$$

$$\begin{bmatrix} a_{11} & a_{12} & a_{13} \\ a_{21} & a_{22} & a_{23} \\ a_{31} & a_{32} & a_{33} \end{bmatrix}^{-1} \begin{bmatrix} \beta_1 \\ \beta_2 \\ \beta_3 \end{bmatrix} - \frac{1}{2}\rho(\beta_1, \beta_2, \beta_3) \begin{bmatrix} \sigma_1^2 & 0 & 0 \\ 0 & \sigma_2^2 & 0 \\ 0 & 0 & \sigma_3^2 \end{bmatrix} \begin{bmatrix} \beta_1 \\ \beta_2 \\ \beta_3 \end{bmatrix} - \overline{r}$$

对 E_v 求一阶导数, 经过化简得到地方政府的期望效用最大化的条件:

$$\begin{bmatrix} \beta_1 \\ \beta_2 \\ \beta_3 \end{bmatrix} = \left[I + \rho \begin{bmatrix} a_{11} & a_{12} & a_{13} \\ a_{21} & a_{22} & a_{23} \\ a_{31} & a_{32} & a_{33} \end{bmatrix} \begin{bmatrix} \sigma_1^2 & 0 & 0 \\ 0 & \sigma_2^2 & 0 \\ 0 & 0 & \sigma_3^2 \end{bmatrix} \right]^{-1} \begin{bmatrix} 1 \\ 1 \\ 1 \end{bmatrix} \quad (6\!-\!8)$$

在上式中 I 表示单位矩阵。经过运算化简得到地方政府的激励强度 β_i：

$$\begin{cases} \beta_1 = \dfrac{\rho^2\sigma_2^2\sigma_3^2\ (a_{33}a_{21}-a_{33}a_{22}-a_{31}a_{23}+a_{23}^2+a_{22}a_{13}-a_{23}a_{21})\ +\rho\sigma_2^2\ (a_{21}-a_{22})\ +\rho\sigma_3^2\ (a_{31}-a_{33})\ -1}{A} \\[3mm] \beta_2 = \dfrac{\rho^2\sigma_1^2\sigma_3^2\ (a_{11}a_{23}-a_{13}a_{12}+a_{33}a_{12}-a_{13}a_{23}+a_{13}^2-a_{33}a_{11})\ +\rho\sigma_1^2\ (a_{12}-a_{11})\ +\rho\sigma_3^2\ (a_{23}-a_{33})\ -1}{A} \\[3mm] \beta_3 = \dfrac{\rho^2\sigma_1^2\sigma_2^2\ (a_{22}a_{13}-a_{12}a_{23}-a_{12}a_{13}-a_{11}a_{22}+a_{11}a_{23}+a_{12}^2)\ +\rho\sigma_1^2\ (a_{13}-a_{11})\ +\rho\sigma_2^2\ (a_{23}-a_{22})\ -1}{A} \end{cases}$$

其中 $A=\rho^2\sigma_1^2\sigma_2^2\sigma_3^2\ (a_{11}a_{23}^2+a_{33}a_{12}^2-2a_{12}a_{13}a_{23}-a_{11}a_{22})\ +\rho^2\sigma_1^2\sigma_2^2\ (a_{22}$ $a_{13}-a_{11}a_{22})\ +\rho^2\sigma_2^2\sigma_3^2\ (a_{23}^2-a_{22}a_{33})\ +\rho^2\sigma_1^2\sigma_2^2\ (a_{12}^2-a_{11}a_{33})\ -\rho\ (a_{22}\sigma_2^2+$ $a_{23}\sigma_3^2)\ -\rho\sigma_1^2\ (a_{11}-a_{13})\ -1$。

将激励强度 β_i 代入到式（6—7）中，可以得到地方政府对农民专业合作组织发展低碳农业的固定经济支持 α，将激励强度 β_i 代入到（a_{i1}，a_{i2}，a_{i3}）·（e_1，e_2，e_3）^{T} =（β_1，β_2，β_3）^{T}，可以得到农民专业合作组织在低碳农业发展过程中的经济效益、环境效益和社会效益三个任务的努力水平 e =（e_1，e_2，e_3）^{T}：

$$e = \begin{bmatrix} e_1 \\ e_2 \\ e_3 \end{bmatrix} = \begin{bmatrix} a_{11} & a_{12} & a_{13} \\ a_{21} & a_{22} & a_{23} \\ a_{31} & a_{32} & a_{33} \end{bmatrix}^{-1} \begin{bmatrix} \beta_1 \\ \beta_2 \\ \beta_3 \end{bmatrix} \tag{6—9}$$

（四）地方政府对农民专业合作组织的最优激励合同分析

受到低碳技术进步、农民素质提高、环境变化、市场变化等众多不确定性因素的影响，地方政府对农民专业合作组织努力水平的准确观测很难做到。这就要求地方政府在激励机制设计的时候，对可能出现的随机因素充分考虑。农民专业合作组织在低碳农业发展过程中的行为决策都与经济效益、固碳减排效益和社会服务效益息息相关，而农民专业合作组织在低碳农业发展过程中通过转变农业经营方式，在增加农民收入的同时以环境友好和资源节约的方式利用农业自然资源，为社会提供充足的安全、绿色和低碳农产品，从而实现社会服务功能，在此笔者假设农民专业合作组织服务社会的效益是依托经济效益和固碳减排效益实现的，鉴于地方政府对农民专业合作组织的经济效益评价容易获取，而经济实践中对农民专业合作组织在固碳减排效益方面的努力缺乏评价的标准，且农民专业合作组织的环境效益在短期内难以获得显而易见的实际环境效益，因而相比较可以发现，增加经济效益结果的不确定性相对较小，而提高固碳减排效益结果的不确定性较大，即 $\sigma_2^2 > \sigma_1^2$。因此，地方政府就是要设计一种激励机制以调动农民专业合作组织完成固碳减排效益的积极性，在此通过分析 β_i 在 $\sigma_2^2 \to +\infty$ 时的极限来探讨激励机制的设计。通过极限运算得到 β_i 在 $\sigma_2^2 \to +\infty$ 时的极限：

$$\begin{cases} \lim\limits_{\sigma_2^2 \to +\infty}\beta_1 = \dfrac{\rho^2\sigma_3^2\ (a_{12}a_{33}+a_{13}a_{22}-a_{23}a_{31}-a_{12}a_{23}-a_{22}a_{33}+a_{23}^2)+\rho\ (a_{12}-a_{22})}{\rho^2\sigma_1^2\sigma_3^2\ (a_{11}a_{23}^2+a_{33}a_{12}^2-2a_{12}a_{13}a_{23}-a_{11}a_{22})+\rho\sigma_1^2\ (a_{22}a_{13}-a_{11}a_{22})+\rho\sigma_3^2\ (a_{23}^2-a_{22}a_{33})\ -a_{22}} \\[4mm] \lim\limits_{\sigma_2^2 \to +\infty}\beta_2 = 0 \\[4mm] \lim\limits_{\sigma_2^2 \to +\infty}\beta_3 = \dfrac{\rho^2\sigma_1^2\ (a_{22}a_{13}-a_{12}a_{23}+a_{11}a_{23}-a_{12}a_{13}-a_{11}a_{22}+a_{12}^2)+\rho\ (a_{23}-a_{22})}{\rho^2\sigma_1^2\sigma_3^2\ (a_{11}a_{23}^2+a_{33}a_{12}^2-2a_{12}a_{13}a_{23}-a_{11}a_{22})+\rho\sigma_1^2\ (a_{22}a_{13}-a_{11}a_{22})+\rho\sigma_3^2\ (a_{23}^2-a_{22}a_{33})\ -a_{22}} \end{cases}$$

$$(6-10)$$

其中 $\rho^2\sigma_1^2\sigma_3^2\ (a_{11}a_{23}^2 + a_{33}a_{12}^2 - 2a_{12}a_{13}a_{23} - a_{11}a_{22}) + \rho\sigma_1^2\ (a_{22}a_{13} - a_{11}a_{22}) + \rho\sigma_3^2\ (a_{23}^2 - a_{22}a_{33})\ - a_{22} \neq 0$。由式（6—10）可以得到，不确定性程度与农民专业合作组织努力结果的可观测性呈负相关关系，当 $\sigma_2^2 \to +\infty$ 时，即固碳减排效益的不确定因素无限大的时候，其激励强度 $\beta_2 \to 0$，此时地方政府若是对农民专业合作组织的固碳减排实施直接的经济激励，其效果不明显，对于此种任务，依据实际观测值奖罚农民专业合作组织方式的效果小于固定支付契约的方式，此时地方政府可以通过财政扶持、转移支付、金融和技术创新激励等方式提升农民专业合作组织对固碳减排效益任务的努力水平。而对于不确定性较低且农民专业合作组织的努力结果可观测性较强的任务，依据实际观测值奖罚农民专业合作组织方式的效果优于固定支付契约的方式，所以此时应根据实际观测值对农民专业合作组织采用线性的激励契约。地方政府对农民专业合作组织提升经济效益和社会服务效益的任务应根据农民专业合作组织的实际工作成果确定奖惩措施，可以通过税收政策、延伸经营者环境责任、环境标志制度等方式得以实现。

若农民专业合作组织在经济效益、固碳减排效益和社会服务效益三项任务以及地方政府对农民专业合作组织三项努力的激励成本都是独立的，则此时 $a_{ij}=0$（$i\neq j$），则式（6—8）就变为：

$$\begin{bmatrix}\beta_1\\\beta_2\\\beta_3\end{bmatrix}=\begin{bmatrix}I+\rho\begin{bmatrix}a_{11}&0&0\\0&a_{22}&0\\0&0&a_{33}\end{bmatrix}\begin{bmatrix}\sigma_1^2&0&0\\0&\sigma_2^2&0\\0&0&\sigma_3^2\end{bmatrix}\end{bmatrix}^{-1}\begin{bmatrix}1\\1\\1\end{bmatrix} \quad (6—11)$$

在式（6—11）中 I 表示单位矩阵，经过化简得到：

$$\beta_i=\frac{1}{1+\rho a_{ii}\sigma_i^2},\ i=1,2,3 \quad (6—12)$$

从式（6—12）可以得知，地方政府的最优补贴因子 β_i 是成本系数、绝对风险规避率 ρ 和不确定因素方差 σ_i^2 的减函数。这表明成本系数越高、绝对风险率越高和不确定因素越多，则地方政府的激励契约对农民专业合作组织的激励强度就越低。因此，地方政府在设计激励契约时，把激励重点放在激励成本较低的经济激励，对激励成本较高的给予较低的激励强度，减少激励成本；对不同的农民专业合作组织进行不同的激励强度，对于处在高风险期的农民专业合作组织给予较高的激励，对于规避风险率较低的成熟的农民专业合作组织给予较低的激励；对于成果可观测性较强的农民专业合作给予较低的激励，对于成果可观测性较差的农民专业合作组织给予较高的激励。因此在现实情况中，地方政府应强化对农民专业合作组织在固碳减排效益和社会服务效益方面的激励强度。[①]

然而在现实经济活动中，农民专业合作组织的三个任务并不是完全独立的，是相互依存的，即 $a_{ij}\neq 0$。例如农民专业合作组织在农业生产过程中，强调发展安全、绿色的有机农产品，这样就能获得众多消费者的认可进而获得巨大的市场份额，这是在追求环境效益的同时实现了经济效益。而经济效益较好的农民专业合作组织，也愿意在农村农业生态环境保护和农村社会问题等方面投入更多的财力物力，这就在实现经济效益的同时带动环境效益和

---

① 刘卫国、储祥俊、郑垂勇：《多任务委托—代理模型下企业发展低碳经济的激励机制》，《水利经济》2010 年第 5 期。

社会效益的实现。本书中假设农民专业合作组织在经济效益上的努力可观测性高，而鉴于缺乏完善的评价体系和固碳减排、社会服务效益自身难以准确测度等原因使其努力的可观测性差，即 σ_2^2，$\sigma_3^2 > \sigma_1^2$，在此笔者假设其努力不可观测，即 σ_2^2，$\sigma_3^2 \to +\infty$，由式（6—8）可以得到：$\beta_2 = 0$，$\beta_3 = 0$，

$$\beta_1 = \frac{a_{12}a_{33} + a_{13}a_{22} - a_{23}a_{31} - a_{12}a_{23} - a_{22}a_{33} - a_{23}^2}{\sigma_1^2 \left(a_{11}a_{23}^2 + a_{33}a_{12}^2 - 2a_{12}a_{13}a_{23} - a_{11}a_{22} \right) + \dfrac{1}{\rho} \left(a_{23}^2 - a_{22}a_{33} \right)}。$$

由此可知地方政府对经济效益的最优激励因子与其绝对风险规避率 ρ 呈正向相关，因此地方政府对处在高风险规避期的农民专业合作给予较高的激励，而对于风险规避率较低的处于成熟期的农民专业合作组织给予较低的激励。当 $a_{ij} > 0$ 时，则说明了第 i 项任务和第 j 项任务之间正向相关，反之呈现负向相关。

四、农民专业合作组织内部的委托—代理模型

（一）农民专业合作组织内部委托—代理关系的描述

我国农民专业合作组织的利益相关者有农民专业合作组织的出资者、惠顾者及其经营者，且三者之间并不是完全独立的，而是相互交叉的，如社员既可能是出资者也可能是惠顾者和经营者。我国农民专业合作组织主要存在三种委托—代理关系，即外部投资者和农民专业合作组织经营者之间、农民专业合作组织内部普通社员与农民专业合作组织经营者之间以及农民专业合作组织经营者自身三种委托—代理关系，外部投资者和农民专业合作组织经营者之间的委托—代理关系在前文已经分析过，在此不再赘述，农民专业合作组织内部的委托—代理关系主要包括后两种，而农民专业合作组织经营者自身的委托—代理关系是源于农民专业合作组织经营者同时也是惠顾者的缘由，即经营者对农民专业合作组织具有经营权和部分所有权，但这种委托—代理关系是不完全的委托—代理关系。马彦丽等（2008）认为由于少数人控制着农民专业合作组织，使得农民专业合作组织的核心成员侵犯中小社员的利益，农民专业合作组织的委托—代理关系

成为双重的委托—代理关系，即农民专业合作组织传统全体社员与农民专业合作组织经营者之间以及农民专业合作组织中小社员和农民专业合作组织核心社员之间的委托—代理关系，而后者是农民专业合作组织矛盾的主要所在。[①] 在本节中重点分析农民专业合作组织内部普通社员与农民专业合作组织经营者之间的委托—代理关系，社员是委托人，农民专业合作组织经营者是代理人，代理人在物质资本、人力资本等方面具有较强的优势，所以他们是在信息不对称条件下的委托—代理关系。农民专业合作组织成立的初衷是通过内部社员之间的互惠互助改变单一小农户的弱势地位，因此与一般的委托—代理关系相比较，合作组织内部社员作为理性"经济人"，除了自利性偏好，还存在互惠偏好，但这种互惠者主要是农民专业合作组织内部的小农（小农和大农相对应，小农是农民专业合作中的普通社员，大农主要是合作组织的发起者以及拥有农民专业合作组织资产的经营者），大农拥有农民专业合作组织的经营权和规则制定权，这就使其掌控农民专业合作组织实际的剩余利润分配权和经营决策权，在其追求自身利益最大化的理性"经济人"和天然的机会主义优势的驱使下，必然产生代理问题，偏离农民专业合作组织的价值和成立初衷，使得农民专业合作组织的代理问题更加严峻。[②]

（二）模型假设与基本前提[③]

在委托—代理关系中，农民专业合作组织的普通社员（小农）是委托人，农民专业合作组织经营者（大农）是代理人。代理人通过管理活动获得的工资收益、作为农民专业合作组织惠顾者所获得的经营收益和从农民专业合作组织盈余中所获得的利润、红利等收益分别为 w、a 和 tq，t（$0 <$

---

①　马彦丽、孟彩英：《我国农民专业合作社的双重委托—代理关系——兼论存在的问题及改进思路》，《农业经济问题》2008 年第 5 期。

②　Malo M.，Vezina. M.，"Governance and Management of Collective User – Based Enterprises Value – Creation Strategies and Organizational Configurations"，*Annals of Public & Cooperative Economics*，No. 75，2004.

③　谭智心、孔祥智：《不完全契约、非对称信息与合作社经营者激励——农民专业合作社"委托—代理"理论模型的构建及其应用》，《中国人民大学学报》2011 年第 5 期。

t<1）和 q 分别表示代理人在盈余中的分配比例和农民专业合作组织的待
分配盈余额。代理人对互惠偏好的效用为 $k = k$（αy），α 和 y 分别表示代
理人对互惠的敏感系数和委托人对代理人的互惠度量，α 若大于 0 表示代
理人偏好惠顾，α 若小于 0 表示代理人厌恶惠顾。c（e）是农民专业合作
组织中代理人在努力程度为 e 时的努力成本，且是严格递增的凸函数，即 c
（e）$'>0$ 和 c（e）$''>0$。委托人作为农民专业合作组织惠顾者所获得的经营
收益和从农民专业合作组织盈余中所获得的利润、红利等收益分别为 b 和
（$1-t$）q。委托人对互惠偏好的效用为 $k_1 = k_1$（$\alpha_1 y_1$），α_1 和 y_1 分别表示
委托人对互惠的敏感系数和代理人对委托人的互惠度量。代理人的努力成
果的最终直接所有权是委托人，但是委托人为了提升代理人努力的积极性
不能独占这个成果，必须将一部分作为激励因素转移给代理人，但是代理
人的努力程度难以观测，在此假定委托人根据分配盈余确定对代理人的激
励，即委托人的激励成本为 s（q）。基于上述假设，可以得到代理人和委
托人的期望函数 U 和 V。

$$U = u（w + a + tq）+ k（\alpha y）- c（e）\qquad (6\text{—}13)$$

式（6—13）中，u（$w + a + tq$）、k（αy）和 c（e）分别表示农民专
业合作组织中代理人的货币收入效用、互惠偏好效用和代理成本。

$$V = v（b +（1-t）q）+ k_1（\alpha_1 y_1）- s（q）\qquad (6\text{—}14)$$

式（6—14）中，v（$b +（1-t）q$）、k_1（$\alpha_1 y_1$）和 s（q）分别表示农
民专业合作组织中委托人的货币收入效用、互惠偏好效用和激励（委托）
成本。

（三）非对称信息条件下的激励设计

为了使农民专业合作组织的发展符合成立的初衷和价值，委托人必须
设计合理的激励契约，在代理人的努力水平不可观测情况下，即在信息不
对称条件下，该契约必须满足代理人激励相容约束和参与约束的同时实现
自身实际收益的期望值最大化。激励相容约束是代理人在接受委托人的经
济激励之后，能最大化其努力所得到的收益。参与约束是代理人在接受委
托人的经济激励之后，其努力所得到的收益至少不小于其保留收入，在农

民专业合作组织中委托人也同样存在参与约束，即其努力所得到的收益至少不小于其保留收入。农民专业合作组织面临的问题就是设计合理的激励机制来实现利益最优化分配问题。

$$
\begin{cases}
\text{Max} \ \left[v \ (b + \ (1 - t) \ q) + k_1 \ (\alpha_1 y_1) \ - s \ (q) \right] \\[2mm]
\text{s. t. } (IR) \left[\begin{array}{l} u \ (w + a + tq) + k \ (\alpha y) \ - c \ (e) \geq \overline{u} \\ v \ (b + \ (1 - t) \ q + k_1 \ (\alpha_1 y_1) \ - s \ (q)) \ \geq \overline{v} \end{array} \right] \\[4mm]
(IC) \ \text{Max} \ \left[u \ (w + a + tq) + k \ (\alpha y) \ - c \ (e) \right]
\end{cases}
$$

$$(6\text{—}15)$$

为了便于分析，本书将农民专业合作组织中代理人的期望函数货币化。前文中用 $u \ (w + a + tq)$ 表示农民专业合作组织中代理人的货币收入效应，货币收入和货币效应呈正相关，所以货币效用货币化的数据可以用货币收入 $(w + a + tq)$ 表示。$k \ (\alpha y)$ 表示农民专业合作组织中代理人的互惠偏好效用，在此用 $\beta \alpha y$ 表示互惠偏好效用的货币化数值，β 为其货币化系数。$c \ (e)$ 分别表示农民专业合作组织中代理人的代理成本，在此用 $\zeta e^2 \ (\zeta > 0)$ 表示代理人努力成本的货币化数值，ζ 为其货币化系数。农民专业合作组织的产出总量 Q 和待分配盈余 $q \ (q < Q)$ 与代理人的努力水平有着很大的关系，本书假设两者之间存在线性函数的关系，即存在相关系数 γ 和 $\gamma' \ (0 < \gamma' < \gamma)$ 使得 $Q = \gamma e$ 和 $q = \gamma' e$ 成立。由于农民专业合作组织中存在不完全的委托—代理关系，这就使得代理人在机会主义和自身利益最大化的驱动下，对自身资产经营的努力程度和对农民专业合作组织经营的努力程度不一致，因此本书将代理人的努力程度划分成两部分 θe 和 $(1 - \theta) \ e$，θ 为代理人用于农民专业合作组织资产经营的努力程度，$(1 - \theta)$ 为代理人用于自身资产经营的努力程度。代理人自身资产经营收益为总收益 Q 的 $\lambda \ (0 < \lambda < 1)$，则 $a = \lambda Q = \lambda \gamma \ (1 - \theta) \ e$。农民专业合作中普通社员对代理人的惠顾程度与普通社员的待分配盈余成正比，因此本书用 $y = \rho \ (1 - t) \ q = \rho \ (1 - t) \ \gamma' e$ 表示其惠顾程度，其中 ρ 为惠顾程度的系数。由此得到农民专业合作组织代理人期望的货币化函数：$U^* = w + \lambda \gamma \ (1 - \theta)$

$e + t\gamma'e + \beta\alpha\rho\ (1-t)\ \gamma'e - \zeta e^2$，结合农民专业合作组织代理人的参与约束，可以得到农民专业合作组织代理人效用最大化的一阶条件：

$$\frac{\partial\ U^*}{\partial\ e} = \lambda\gamma\ (1-\theta)\ + t\gamma' + \beta\alpha\rho\ (1-t)\ \gamma' - 2\zeta e \qquad (6\text{—}16)$$

由式（6—16）可以得到农民专业合作组织代理人效用最大化时的努力水平为：

$$e = \frac{\lambda\gamma\ (1-\theta)\ + t\gamma' + \beta\alpha\rho\ (1-t)\ \gamma'}{2\zeta} \qquad (6\text{—}17)$$

对式（6—17）进行整理变换可以得到代理人的努力程度与农民专业合作组织盈余的待分配比例之间的关系：

$$t = \frac{2\zeta e - \lambda\gamma\ (1-\theta)\ - \beta\alpha\rho\gamma'}{\gamma'\ (1-\beta\alpha\rho)} \qquad (6\text{—}18)$$

由式（6—17）和式（6—18）可以得到，农民专业合作组织代理人的努力程度与自身资产收益占农民专业合作组织总收益的比重正相关，这体现出了代理人作为"经济人"的自利性和我国农民专业合作组织主要由种粮大户、种粮能手等大农发起成立且拥有农民专业合作组织经营权的现实。代理人的努力程度与其对互惠的敏感系数正相关，这体现了代理人的努力程度在一定程度上取决于其对互惠的偏好程度。代理人的努力程度与代理人在农民专业合作组织待分配盈余中的分配比例正相关。农民专业合作组织代理人的努力程度与其所获得的综合效用正相关，只有在农民专业合作组织中获得更多的利益，才会在农民专业合作组织的经营管理中更加积极努力，这也是其发起成立农民专业合作组织的初衷所在。

第二节　农民专业合作组织视角下低碳
农业发展激励机制的实现策略

一、激励地方政府与社会公众的策略

（一）建立健全对地方政府的低碳农业考核制度

在低碳农业发展的目标下，地方政府作为代理人，具有"经济人"的

自利性，偏好追求能较好体现政绩的经济数据，而对低碳农业发展和环境保护比较懈怠，因此促进地方政府发展低碳农业，就必须把低碳农业的发展纳入到政府绩效考核体系中，必须建立一套包含低碳农业、农业生态环境保护等内容的科学、全面、合理的政府绩效考核指标体系，尤其是要增加低碳农业指标在农业大省、县的绩效考核指标体系中的比重。科学合理的绩效考核指标体系是被考核者的行为策略的方向，中央政府作为委托人，其制定的绩效考核指标体系越发准确、系统，则越是能获取代理人行为选择的信息，解决之前无法观测代理人行为而引发的信息不对称问题，弱化委托人设计有效激励机制的困难，有针对性地设立对代理人的奖罚制度，实现委托—代理双方主体的激励相容。为此，要将绿色 GDP 纳入考核指标体系中，淡化 GDP 总量和 GDP 增长率等显性指标，将自主创新、资源消耗和环境保护等潜在指标纳入绩效考核中。[①] 构建一套具有及时性、准确性、公平性和有效性的激励机制，实现地方政府推进低碳农业发展的长效机制。

（二）构建并完善地方政府环境保护问责机制

尽管中央政府强化"绿色新政"，但地方政府仍然忽视中央政府对节能减排的硬性要求，淡化其生态环境保护的道德约束和责任，在经济发展中盲目追求经济增速和粮食产量，盲目发展"三高"项目，主要是因为缺乏完善的对地方政府环境保护问责机制，发展低碳经济和低碳农业成为了政治口号。建立健全生态建设和环境保护的责任追究制度，对未履行环境保护职责、因决策失误引起重大环境事故以及对环境问题监管不到位的地方政府及其公务员，依法追究责任。将农村环境改善、农产品质量安全、农业面源污染控制、农业源等温室气体排放削减纳入到目标管理绩效体系中，对于完成情况不好的单位和主要负责人进行通报批评，并责令限期整改，真正建立地方政府生态建设和环境保护的问责机制。

---

① 卢跃东、张电电、虞定海：《我国政绩评估机制的主要缺陷及优化路径选择》，《软科学》2013 年第 7 期。

（三）推进低碳农业发展的宣传机制

在前文的博弈分析中发现社会公众的积极参与能减少政府对低碳农业的监督成本，在中央政府和地方政府之间的委托—代理关系中还能对地方政府发展低碳农业行为进行监督，促使其在行为决策选择上偏好低碳农业的发展，从而推动低碳农业发展。社会公众参与低碳农业发展的积极性取决于其环保意识、参与渠道方式和政策支撑等。公众环保意识的提升在于强化低碳农业方面的宣传，建立广播电视、报刊书籍、网络、手机等全方位宣传体系，提升公众对保护农业生态环境、严格农产品质量等环境权益方面的维权意识，大力营造公众参与环境监督的氛围，改变传统消费习惯，拓展低碳绿色农产品的市场份额。扩展公众参与低碳农业发展的渠道、方式和范围，例如借助微博检举等方式使得公众参与更加便利、廉价。政府应制定明确支持公众参与低碳农业发展的政策，并对公众广泛宣传和解释，建立奖励制度，对非低碳农业提出重要建议、对污染环境事件检举并得到核实的行为以及对低碳农业相关方面的发展作出其他重要贡献的公众进行物质和荣誉称号奖励。

（四）扶持环境非政府组织发展

非政府组织分为有政府背景的和民间自发成立的两种，前者是政府职能的延伸，其目标是辅助政府增强政策履行的有效性，后者代表全体或部分公众的利益，其目标是维护公众的利益。非政府组织在社会经济发展过程中举足轻重，环境非政府组织是我国环境保护监督的重要主体，而政策的投入是其发展的根本资源保障。当务之急，政府须加快立法进程，完善相关法律法规体系，使得环境非政府组织参与低碳农业和环境保护的各项活动有法可依。解决我国环境非政府组织目前面临的社会了解不够、自身经费不足、参政渠道不畅和专业水平不强等问题，尤其是其面临的经费问题，据调查我国环境非政府组织中 76.1% 没有固定经费来源。① 借鉴公众环境研究中心（IPE）实践经验，构建环境非政府组织—政府—企业（农

---

① 郭炯、赵宁：《关于我国环境非政府组织发展的探讨》，《中国市场》2012 年第 27 期。

民专业合作组织）三元结构的环境舆论监督模式。[1] 借鉴美国和印度的公
益诉讼制度（PIL），最大化地扩大对环境问题提起诉讼的公诉人的范围，
利于公众和环境非政府组织的广泛参与。[2] 政府要借助自身的信息优势和
渠道优势，大力宣传环境非政府组织，提升人们对其的全面认识，增强非
政府组织参与环境保护的舆论和公众基础。

二、激励农民专业合作组织与农户的策略

在前文政府和农民专业合作组织的演化分析中发现农民专业合作组织
发展低碳农业必然要得到政府的扶持，作为追求自身经济利益最大化的理
性"经济人"，其没有发展低碳农业的动力。在地方政府与农民专业合作
组织的委托—代理关系模型中，地方政府对于农民专业合作组织的激励主
要集中在观测难度较小的经济激励，对于固碳减排和社会服务效益应采取
固定支付契约，可以通过财政扶持、转移支付、金融和技术创新激励等方
式提升农民专业合作组织在固碳减排任务中的努力水平。在农民专业合作
组织与农户的演化博弈中发现由于双方存在信息不对称情况，农民专业合
作组织经营者作为理性"经济人"，在缺乏约束机制的条件下，农民专业
合作组织往往会侵犯农户的利益，而且农民专业合作组织经营者的努力程
度与自身资产收益占农民专业合作组织总收益的比重、对互惠的敏感系
数、经营者在农民专业合作组织待分配盈余中的分配比例正相关，这就需
要对农民专业合作组织经营者增加经济激励的同时增加农民专业合作组织
经营者侵犯农户利益的成本，形成利益联结机制。

（一）法律支持

农民专业合作组织是一种特殊的经济组织形式，是作为弱势群体农户
的联合，是改变我国人数最多的群体农民在市场经济中的弱势地位的有效

---

①　王积龙：《我国环保非政府组织的舆论监督功能研究》，《西南民族大学学报（人文社会
科学版）》2013 年第 6 期。

②　Rajamani Lavanya, "Public Interest Environmental Litigation in India: Exploring Issues of Access,
Participation, Equity, Effectiveness and SustainAbility", *Journal of Environmental Law*, No. 1, 2007.

尝试，对内追求公平，对外追求盈利，这使得其既具有公益社团的性质也具有现代企业法人性质。但是农民专业合作组织的成员以农民为主体，且管理者也大多是农民，先天缺陷使得其在市场经济中的弱势地位难以得到根本上的改变，这样农民专业合作组织在低碳农业的发展中积极性就会大打折扣。这就需要制定专门的法律法规对农民专业合作组织及其发展低碳农业进行规范和引导。因此，加快针对农民专业合作组织的特殊性颁布相应法律法规的步伐，建立一套包括农民专业合作组织的产权制度、组织制度、财务制度和分配制度等内部运行制度、农民专业合作组织发展低碳农业激励约束政策等法律规范，为农民专业合作组织的发展壮大以及以农民专业合作组织推进低碳农业发展等提供法律保障和支持。

（二）经济激励

把低碳农业发展及环境保护纳入财政预算中，建立低碳农业支出科目，增加低碳农业预算，加大财政补贴的力度。强化信贷支持，解决农民专业合作组织发展面临的资金不足的瓶颈，尤其是对于正处于发展初期以及积极发展低碳农业的农民专业合作组织进行信贷扶持，以贴息、放宽放贷条件、降低贷款利息率等方式对农民专业合作组织实施信贷倾斜政策。低碳农业的发展使得农民专业合作组织在发展过程中成本和市场风险增加，为增强其发展低碳农业的积极性，就必须实行针对性的生产补贴。借鉴国外经验，对农民专业合作组织采取税收优惠，实行低税、减税甚至免税的税收政策，改善农民专业合作组织未盈利先纳税的境况。

（三）实行环境标志制度

农业环境标志制度是以污染预防为主、治理为辅的思想为指导，将污染控制从农业生产活动的下游治理，扩展到包含产业中上游污染治理，包括原材料的开发、农产品生产、运输、消费以及最终废弃物的处理的农业生产活动全过程。例如，在农业原材料的开发中，可以加大可降解农膜的研发与使用，从根本上解决农田"白色污染"；开发生物质农药、化肥，可以有效缓解农业面源污染、提升农产品质量和降低农业源碳排放水平。因此，应不断进行技术和制度创新，使得环境标志制度逐渐适应我国经济技术发展现状，提升其在农业相关企业的使用率。

（四）构建农民专业合作组织内外部约束机制

在农民专业合作组织发展低碳农业过程中，农民专业合作组织经营者存在侵犯农户利益的行为，而农户偏好通过搭便车获得额外的收益，这就需要建立有效的内外部约束机制实现农民专业合作组织的和谐发展。对于农民专业合作组织经营者的约束，需要完善农民专业合作组织的财务制度，实行账目内部公开和外部独立审计；建立农民专业合作组织经营者考核制度，实行合理有效的奖惩措施；完善农民专业合作组织的内部民主决策机制，真正实行"一人一票"，对于农民专业合作组织内部重要事务，通过所有委托人民主投票来决定代理人的行为决策，从根本上杜绝代理人的个人决策，减少其侵犯农户利益的可能性。对于农户"搭便车"行为，需要完善农民专业合作组织产权制度，实行股份制等，使得中小社员的个人财产得到最优化配置；降低合作社内部监督的交易费用，通过信任构建和互惠促进等方式，减少委托人对代理人的监督成本，激发其合作的主动性和积极性。

第七章　农民专业合作组织视角下低碳农业发展反馈控制机制

本章在对反馈对象进行界定的前提下，基于控制论，构建了基于农民专业合作组织视角的低碳农业发展反馈机制，该机制的运行机理为通过低碳农业发展信息系统，对反馈信息进行评价，并将纠正系统运行偏差形成新的政策迅速反馈出去。并在此基础上，借助信息交流平台对反馈信息内容进行预设计。设计了控制机制模型，确立控制机制的三个阶段：机制设计阶段、控制方案设计和控制实施。

第一节　农民专业合作组织视角下低碳农业发展反馈机制的构建

一、农民专业合作组织视角下低碳农业发展反馈机制的构成要素和特征

（一）构成要素

反馈的本质是信息的反馈，这里的信息不是一般意义上的信息，其包括劳动力、资金、化肥、农药、农用薄膜、农业柴油、种子、饲料等农业生产过程中所需要的生产资料，经过农业生产转化，最终输出满足人们生活需要的各种产品及其他产物。而这个信息的输入、输出的变换过程是无法直接观察到的，在此笔者需要对其组成要素进行抽象，反馈机制的组成要素主要包括反馈对象、反馈媒介和反馈信息内容三个方面。反馈对象分为反馈信息的发出方和接收方，而在复杂的系统中，反馈信息的发出方和接收方可以是一体的。反馈媒介是信息传递的载体和路径方向，信息作为

一种非物质实体，其传递的过程必须借助特定的载体或者路径才能得以实现，即"路径依赖"。反馈内容是反馈信息的发出方给接收方的具体内容，其包含反馈信息的具体内容和信息量的大小，即熵值。社会经济系统和生态环境系统之间的物质、能量交换所产生的熵变以及社会经济系统内部环境质量的恶化和环境建设过程中所产生的熵变分别称之为"熵流"和"熵产生"。① "熵"是用来度量"混乱"程度，熵值越大则系统就越发混乱，反之，则意味着系统稳定有序，因此正熵就和系统的混乱度相关联，而负熵和系统的有序度相关联。负熵是耗散结构理论的最核心问题，由比利时著名物理学家普利高津首先提出。由此笔者知道系统稳定有序演化的基本条件就是系统能从外部获取足够的物质、信息和能量等负熵流，从而使得系统的正熵减少，因此系统稳定有序演化的实现路径就是引入或创造"负熵"。

（二）特征

农民专业合作组织视角下低碳农业发展反馈机制既具有反馈机制的一般特性，也有其独特性。作为农业的经营主体，农户和农民专业合作组织具有分散性和不可控性，易造成反馈信息的相对弱化。因此，我们必须把握其反馈的特殊性，才能针对性地建立行之有效的反馈机制。

1. 反馈的延迟性

农民和农民专业合作组织是农业生产活动的直接参与者，但是其分布在我国广大的农村地区，具有众多性、流动性和分散性等特点，受制于落后的信息传播媒介和农业生产的特殊性，因此很难及时地获取较为集中的反馈信息，只能通过田野调查等形式主动地搜集反馈的信息。同时我国农民受到传统农业经营思想的影响，对新的农业经营方式和新的生产技术需要有一个时间过程去接受。即使其想主动作出反馈，其很少会借助网络等快捷的方式来作出，一般会通过向村委会等基层组织反馈，而基层组织在

---

① 张妍、杨志峰、何孟常、胡廷兰：《基于信息熵的城市生态系统演化分析》，《环境科学学报》2005 年第 8 期。

搜集足够量的反馈信息后才会向上级组织反馈，这一过程是漫长的，而政府的信息下达也需要层层传递，其到达农民手里的时间也较漫长。因此，在农业信息的传播过程中，信息的发出方很难及时地获得受众的反馈信息，而只有及时准确的信息反馈才能及时有效地对系统的运行作出修正，这是建立农民专业合作组织视角下低碳农业发展反馈机制必须要考虑的问题。

2. 反馈的独立统一性

在低碳农业发展系统中，反馈机制是通过信息流在系统内的各个要素间相互传递和作用，了解系统运行的情况，并适时作出修正，最后实现农业的低碳化发展。和前文的农民专业合作组织视角下低碳农业发展激励机制、规划机制和运行机制不同的是，其既独立又统一，独立性表现在：反馈机制可以作为独立的部分加以研究，和其他机制属于并列的关系，其在系统的激励、规划和运行中起到纽带的作用，将系统的各个机制联成一个可以自我调整的循环系统；其统一性表现在：反馈机制以不同的形式在激励机制、规划机制和运行机制的内部起作用，成为上述各个机制的一部分，即反馈机制可以分为机制间的反馈机制和机制内的反馈机制（薛冰，2009）。

3. 反馈的零散性

我国以家庭联产承包为基础的农业经营使得农业呈现分散化和小规模经营，使得农民的分散性较大，其对接受信息的反馈具有较大的随意性，且信息反馈在一般情况下属于个人行为，即使有反馈的想法，也只是消极应对，可以对信息视而不见，不去做任何的反馈，只有很少一部分农民会采取积极有效的反馈形式进行反馈。这就造成了其反馈的信息非常零散，且表现形式单一，缺乏系统性和科学性，不利于低碳农业发展。

4. 反馈的间接性

受客观条件的限制，反馈信息的发出方和接收方无法直接地交流，反馈信息需要层层传递，在传播的途中极易受到外界噪音干扰，使得最终反馈回来的信息出现失真情况。同时反馈者出于自己利益最大化的考虑，也可能故意隐瞒一些真实信息或者传播一些虚假信息，而作为接收者也不可能通过直接的观察和调查去检验反馈信息的真伪，因此反馈信息的间接性传播极可能造成信息的失真，系统的运行很有可能偏离预期轨道。

二、农民专业合作组织视角下低碳农业发展反馈机制的结构

低碳农业发展的反馈系统分为系统的正反馈结构、系统的负反馈结构和系统的多重反馈结构。正反馈是一种系统具有自我强化的因果链，在该反馈结构中，任何一个变量的变动会促使该变量的同方向的变动趋势得以加强；负反馈是一种系统具有自我修正功能的反馈模式，当系统中某一变量发生变化后，通过系统中各个变量之间的相互作用，最终使得该变量的变化量最小化，进而使得整个系统趋于稳定，实现系统的自我修正；而多重反馈结构是一种复杂的反馈系统，是由多个正反馈和负反馈相互链接而形成，其具有正反馈的自我强化功能，同时具有负反馈的自我调节功能。而本书在农民专业合作组织视角下低碳农业反馈机制的构建正是多重反馈结构模式的构建，这主要是因为低碳农业作为一个复杂的农业系统，其既有正反馈也有负反馈，但主要的还是体现在负反馈的自我修正功能。

当然在多重反馈系统中，正反馈模式的自我强化功能与负反馈模式的自我修正功能的作用效果并不是完全相等的，在低碳农业发展的整个系统中，必然会出现正反馈的促"增长"和负反馈的保"稳定"，且两者是相互变化的，当正反馈的作用效果强于负反馈时，系统就会出现无限"增长"或"衰退"的行为，低碳农业发展就会出现极大的波动，而当负反馈的作用效果强于正反馈时，系统的自我修正功能使得低碳农业发展系统出现平稳运行的状态。因此，农民专业合作组织视角下低碳农业发展的增长、衰退、震荡和稳定等状态的出现，是反馈机制中正反馈和负反馈之间相互矛盾的体现。而本书的反馈机制的设计，是在巧妙利用农民专业合作组织的特性和优势、低碳农业发展中正反馈和负反馈结合的效应，充分地设计由正反馈和负反馈结构组成的多重反馈，以协调低碳农业发展中各个系统间的关系，在保持低碳农业良性发展的同时，尽量保持农业生态和经

济的稳定与平衡。

三、建立农民专业合作组织视角下低碳农业发展反馈机制的意义

低碳农业发展过程是在市场经济体制下实现，而在市场经济中的行为主体都属于理性"经济人"，具有自利性，其行为遵循"利润最大化"的原则，而其他的影响因素则是次要的。在低碳农业发展尚未成为硬性要求的前提下，农民专业合作组织或农户采用低碳发展方式，需要采购大量的生物农药等绿色原料，或投入更多资源处理农业废弃物，或减少化学农业物资的消耗，这将比传统农业经营方式的成本更高、产出却降低，为了追求利润最大化，将会导致低碳绿色农产品在市场竞争中处于劣势地位。此外，低碳农业发展是一项投资大、风险大、短期收益不明显的工程，这就使得本就资金实力不足的农户和农民专业合作组织难以承受，其为了短期的利益而不愿加大对低碳农业的投资。因此，必须通过适当的渠道将农户、农民专业合作组织等发展低碳农业的有关行为主体在低碳农业发展过程中的困难反馈给政府，使得政府通过优惠政策对农户、农民专业合作组织等低碳农业的有关行为主体进行"激励"，进而对低碳农业发展的"运行"进行调节，并将低碳农业发展纳入国家"规划"中，通过绿色消费和低碳意识的宣传和推广，引导社会公众对低碳绿色农产品的消费偏好，进而使得农户、农民专业合作组织自觉参与到低碳农业发展进程中。因此，农民专业合作组织视角下低碳农业发展反馈机制具有重要的理论和实践意义。

首先，有利于及时掌握农民专业合作组织及其低碳农业发展动态，为政府相关决策的作出提供现实依据。科学的、及时的决策是低碳农业发展系统有序平稳运行的前提，而政府部门科学、及时的决策的作出必须依赖对低碳农业现实情况发展的深入了解，而实际信息的获取关键在于反馈机制的构建。通过设计行之有效的低碳农业发展的相关信息的反馈机制，既可以为决策单位提供海量的、真实可靠的直接信息，又可以在相关决策或方案付诸实践之前，通过论证分析对其正确与否进行检验，对系统的运行

作出及时准确的修正。

其次，有利于农民专业合作组织及其低碳农业发展相关政策的全面贯彻。任何一个决策都必须经过实践的检验，进而将实践结果进行反馈，才能判定决策的正确与否。同时有效的信息反馈，可以给系统运行的修正提供支持。我国低碳农业发展不能仅仅是喊口号、搞规划、定政策、发文件等，必须建立有效的反馈机制，多渠道、及时、有效地搜集各种决策的执行情况的反馈，进而对决策进行修正，只有这样才能保证低碳农业发展系统的顺利运行和决策的准确执行。

最后，有利于低碳农业发展系统的协调发展。低碳农业发展系统内部施控系统和被控系统之间的良性互动以及相互信任；相关信息的有效传递，以及书刊、广播、手机等移动网络、互联网等传播渠道的更新、维护、协调与整合都有赖于信息反馈机制的构建及其有效运行。在信息反馈中暴露出的农产品质量问题等信息将会通过反馈机制传递到农户及其农民专业合作组织管理层，为了改善产品形象和市场份额，其会主动加强农产品质量监管、改进生产方式等；消费者对优质农产品的需求以及对食品安全问题的强烈关注，在促使生产者作出生产调整的同时，反馈到政府，政府将会作出相关的决策以应对；农民专业合作组织、农户在低碳农业发展中面临的困境反馈到政府，为了低碳农业发展系统的良性运行，将会通过一系列的决策强化对其的补贴力度。因此，农民专业合作组织视角下低碳农业发展反馈机制的建立有利于低碳农业发展系统的良性运行。

四、反馈对象的界定及反馈机制的设计思路

农民专业合作组织视角下低碳农业发展反馈机制的设计，首先要解决的问题就是对反馈对象的界定，否则反馈信息的传递媒介和信息内容就无法设计，进而使得建立的反馈机制失去研究的意义和实际应用价值。在前文笔者阐释了在低碳农业发展系统中，其行为主体主要包括政府、农民专业合作组织、农户和社会公众，但是低碳农业发展需要对农业废弃物的资源化处理，而很多农民专业合作组织无法满足这一要求，在此笔者引入第

三方回收机构。就政府角色而言，其在低碳农业发展系统中起到引导者和调节者作用，通过适当的激励或规范手段引导农户、农民专业合作组织等农业经济主体的行为，协调各方利益关系，以改善农业生态环境、实现整个社会福利的最大化为目标，是农民专业合作组织视角下低碳农业发展系统的主要载体之一；就农民专业合作组织及农户的角色而言，其在低碳农业发展系统中担当生产和农产品销售的职能，成为基于农民专业合作组织视角下低碳农业发展系统运行的主要载体之一；就社会公众的角色而言，其主要包括农产品的消费者和为低碳农业发展提供智力支持的非政府组织，社会公众也是低碳农业发展系统中最大的载体；而第三方回收机构负责农民专业合作组织及农户的农业活动产生的秸秆、动物粪尿等废弃物以及农产品销售之后产生的废弃物的回收，但是其不直接参与回收工作，而是以委托协议形式通过专门的回收企业（比如废品收购站）负责回收具体工作，其产生的原因主要是我国农业生产者普遍规模较小，受制于技术水平和规模效益水平，而无法独立承担废弃物的回收工作，其在低碳农业发展系统中充当分解者角色，是农民专业合作组织视角下低碳农业发展系统的另一主要载体。因此，笔者将反馈机制的反馈对象初步界定为低碳农业发展系统的有关行为主体：政府、农民专业合作组织及农户、社会公众和第三方回收机构。

在社会主义市场经济条件下，政府这只"看得见的手"在低碳农业发展过程中，起着重要的引导和调控作用。作为社会公共服务的提供者，政府是区域产业政策等相关信息的主要发出者，本书将政府界定为反馈信息的接收方。而对于农民专业合作组织及农户、社会公众和第三方回收机构，既可以是低碳农业发展系统反馈信息的发出方，也可以是反馈信息的接收方，即具有双重身份。因此，农民专业合作组织视角下低碳农业发展中的信息反馈方式有"社会公众——社会公众""农民专业合作组织及农户——农民专业合作组织及农户""社会公众——第三方回收机构""农民专业合作组织及农户——第三方回收机构""农民专业合作组织及农户——社会公众""政府——整个系统"等六种方式，具体见图7—1。

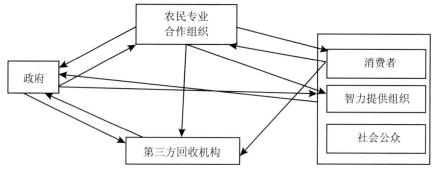

图 7—1　反馈机制流程图

五、基于 EPR 的反馈路径设计

在低碳农业发展过程中，对各个反馈对象之间的反馈信息的有效利用水平决定了整个反馈机制的运行水平，是反馈机制有效与否的关键。在前文明确界定了低碳农业发展反馈机制中的反馈对象以及反馈方式的基础上，笔者需要设计有效的信息反馈路径。而信息反馈路径的设计必须满足两个条件，即反馈对象对于反馈信息的获取必须是易达的、低成本的和真实有效的以及信息的传递媒介必须是通畅的，否则所设计的信息传递路径就是不成功的。结合前文对反馈要素界定时的相关论述，在此将低碳农业信息定义为：能直接或间接表征农业发展面临的自然环境、经济环境和社会环境等内容有关的分布特征、数量、质量和联系等方面的语言文字、数据、图表等信息的总称，具体包含农业资源禀赋情况、农业投入产出、农业经营模式等相关的信息。但是这些信息在不同的对象之间是极其不对称的，很多对象为了追求自身利益最大化，会选择有利于自己的信息进行披露，而对自己利益有损的信息则存在隐瞒的倾向，这就使得信息反馈路径设计的两个前提条件难以达到。为此，本书基于生产商延伸责任制（EPR）（张士兵，2008）为构建低碳农业发展信息反馈机制，以协调政府、农民专业合作及农户、社会公众和第三方回收机构之间在信息交流方面的合作，以解决反馈信息不对称的问题，最终实现经济效益、环境效益和社会效益的协调统一和整个社会福利最大化。

在现代社会，信息的传递工具主要有以互联网为基础的现代网络通讯技术、以报刊为基础的传统平面媒体和对象间的"面对面"直接交流等方式（薛冰，2009）。三种信息传递方式各有优劣：现代网络通讯的信息传播速度快、对信息量大小没有限制，但是信息真实性较低；平面媒体的普及率高，但对信息量大小有限制；对象间面对面交流的信息真实度高，但是速度慢、成本高，难以大面积普及和推广。因此，低碳农业发展的信息反馈方式要综合上述三种方式来构建，创建区域低碳农业发展信息交流平台。以区域低碳农业发展信息交流平台为基础，各个反馈对象相互信任并通力合作，对区域低碳农业发展相关的信息进行采集、分类、筛选、分析、评价和管理，实现相关信息的高效传递，为区域低碳农业的发展提供信息支撑，解决信息不对称问题，满足各个反馈对象对信息的需求，实现信息的高效利用。在此，本书借助区域低碳农业发展信息交流平台，设计"社会公众——社会公众""农民专业合作组织及农户——农民专业合作组织及农户""社会公众——第三方回收机构""农民专业合作组织及农户——第三方回收机构""农民专业合作组织及农户——社会公众""政府——整个系统"的信息反馈路径。

（一）"政府——整个系统"的信息反馈方式

政府在低碳农业发展的过程中起着重要的引导和调节作用，因此在信息反馈平台的设计中也要以政府为中心，构建以政府为主体的信息交流平台。在"政府——整个系统"的信息反馈方式下，其主要是针对"政府——农民专业合作组织及农户"和"政府——第三方回收机构"的反馈方式，其主要作用是对农民专业合作组织等农业经营主体、社会公众和第三方回收机构反馈的信息进行搜集、分类、存储、分析的基础上，并通过相关的决策的形式对低碳农业发展系统进行修正。同时政府信息交流平台也要为政府各职能部门以及政府与低碳农业发展相关非政府组织之间的信息集成和交互提供网络空间。因此，政府信息交流平台的构建要包括以Web网站和数据库为基础的低碳农业发展的信息发布子系统、信息存储和处理子系统两个部分。

　　政府低碳农业发展信息发布子系统主要是基于 Web 网站构建，即以建立相关网站主页，其主要功能是即时发布低碳农业发展、农民专业合作组织和农业废弃物资源化利用等相关的政策、各区域低碳农业发展状况等，在 Web 网站设置政府相关部门、主要相关非政府组织主页的链接，并能提供相关的数据统计及其查询功能。而低碳农业发展的信息存储和处理子系统则主要是基于相关数据库，其主要将各区域低碳农业发展的反馈信息进行汇总，这些反馈信息主要源自于农民专业合作组织及农户、社会公众和第三方回收机构，在汇总的基础上进行分类、处理、甄别和存储，最后将处理结果提供给信息发布子系统，通过 Web 网站将结果予以公布，政府信息交流平台的运作模式见图 7—2。

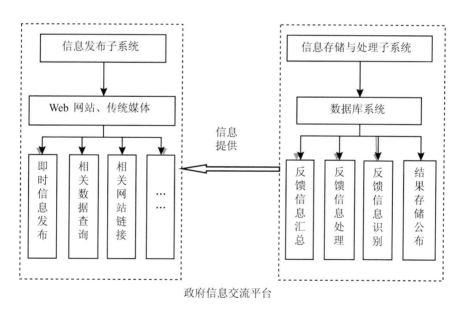

图 7—2　低碳农业发展政府信息交流平台运作模式图

　　（二）"农民专业合作组织及农户——整个系统"的信息反馈方式

　　农民专业合作组织及农户是低碳农业发展的直接实施者，是低碳农业发展信息反馈的关键。通过构建以农民专业合作组织及农户为主体的信息交流平台，充分协调农民专业合作组织之间、农民专业合作组织及农户与政府、第三方回收机构和社会公众之间的信息传递，以实现各个行为主体的信息需求。农户与农民专业合作组织之间主要是农业生产经验交流、资源互补等，例如以养殖业为主体的农民专业合作组织可以将畜禽粪尿等废弃物无害化处理后销售给以种植业经营为主体的农民专业合作组织，而后者又可以将农作物秸秆等以及玉米等粮食产品销售给前者作为畜禽的饲料来源，两者通过资源互换实现产业链耦合，减少废弃物产生的同时降低经营成本；农民专业合作组织及农户与政府之间的信息反馈主要是农民专业合作组织能将低碳农业经营过程中遇到的各种困难及时反馈给政府，使得政府了解低碳农业发展适时情况和相关决策的执行情况，并作出相应的调整，再传递给农民专业合作组织及农户；农民专业合作组织及农户与社会公众之间的信息反馈主要分为两方面：一是农民专业合作组织及农户根据低碳绿色农产品的销售情况进行生产调节，二是农民专业合作组织及农户与低碳技术提供者等智力组织之间的技术需求供给信息反馈；农民专业合作组织及农户与第三方回收机构之间的信息反馈主要是农业经营产生的废弃物信息的反馈。农民专业合作组织及农户信息交流平台的构建要以现代网络通讯技术为主，以传统平面媒体和对象间的"面对面"直接交流为辅，以 Web 网站和数据库为主要载体。

和政府信息交流平台类似，Web 网站作为主要载体之一，其主要功能是即时发布低碳农业发展、农民专业合作组织发展状况、低碳绿色产品生产销售情况等低碳农业发展相关情况，并在 Web 网站设置政府主管部门、主要相关非政府组织、主要农民专业合作组织等的链接方式，并能提供相关的数据统计及其查询功能。而数据库的功能是对区域农业产业情况、农产品生产情况、低碳技术需求状况、农业废弃物的属性及数量等信息进行收集、分类、分析、甄别、存储并再次输出，为 Web 网站的相关信息发布奠定基础。

（三）"社会公众——整个系统"的信息反馈方式

"社会公众——整个系统"的信息反馈方式主要包括"社会公众——

社会公众""社会公众——农民专业合作组织及农户""社会公众——第三方回收机构"和"社会公众——政府"四种信息传递方式，在此笔者建立以社会公众为主体的信息交流平台，实现社会公众与政府、农民专业合作组织及农户、第三方回收机构的信息反馈以及社会公众内部的信息反馈，而社会公众信息交流平台的构建必须基于以互联网为基础的现代网络通讯技术、以报刊为基础的传统平面媒体和对象间的"面对面"直接交流等方式，创建适合的信息反馈路径。

　　前文详细地论述了社会公众的概念，社会公众分为非政府组织（NGO）和消费者两大部分，因此"社会公众——社会公众"的信息反馈要将其分开来论述。在"消费者——消费者"的信息反馈方式下，主要是基于社会公众信息交流平台，而该平台的构建要围绕"社区"来进行，社区主要分为现实的公众居住的社区和以现代通讯技术为基础的虚拟社区，随着现代网络技术的普及，虚拟社区具有不受时间、地域等限制的特性，虚拟社区的地位愈发重要。虚拟社区主要是由出于对某一事物等共同的兴趣或者现实的、具有交集的公众而组建，主要表现形式有微博、QQ 群、微信群、BBS 讨论系统等。在"消费者——非政府组织"方式下，相关非政府组织对消费者在低碳农业发展以及食品安全等方面的诉求进行搜集、分类、分析、处理、储存，最后反馈到政府等相应组织。"社会公众——农民专业合作组织及农户"的传递方式，主要是低碳绿色农产品和低碳技术的供需信息的反馈；"社会公众——第三方回收机构"是对农产品消费后的垃圾的回收与处理，主要是表现为督促公众对垃圾分类的重视等以及非政府组织对回收机构的废弃物无害化处理的技术和资金支持，主要通过在 Web 网站设置特定的模块来实现；"社会公众——政府"是将低碳农业发展的公众要求及时反馈给政府有关部门，主要通过在政府平台上设定特定模块或是建立独立的 BBS 讨论系统来实现，具体见图 7—3。

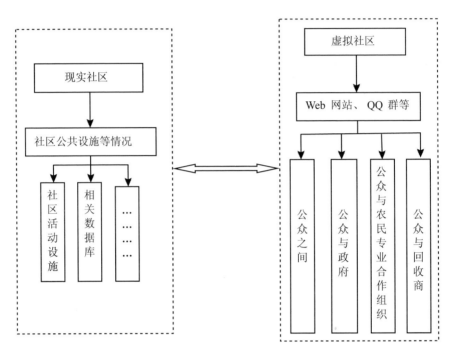

图7—3　社会公众信息交流平台运作模式图

（四）"第三方回收机构——整个系统"的信息反馈方式

第三方回收机构在低碳农业发展系统中充当最后的也是最重要的分解者，是低碳农业发展系统良性运行的重要保障。在此，笔者需要构筑第三方回收机构信息交流平台，其功能是对农业生产和农产品消费产生的终端废弃物信息及其分解技术供需信息的搜集、分类、分析、处理和甄别。通过反馈机制，农业生产者——农民专业合作组织及农户向第三方回收机构提供农业废弃物相关信息，并将废弃物资源化，作为前者下一阶段农业生产的清洁资源投入；第三方回收机构根据生产者反馈的信息对产品的流向进行跟踪，制定针对性的废弃物回收措施、回收点布局等，比如废弃木质家具等；通过回收点合理布局、信息反馈等方式激励消费者自觉通过参与产品以旧换新等方式将废弃物交到回收点；第三方回收机构根据废弃物具体情况，向政府和相关的非政府组织寻求技术和资金支持。而第三方回收信息交流平台的构建和社会公众信息交流平台类似，通过社区来实现，通过社区中回收点布局等方式实现，在虚拟社区中，依托现代通讯技术让更多的生产者和消费者关注并参与废弃物的回收处理。

政府信息交流平台、农民专业合作组织及农户信息交流平台、社会公众信息交流平台和第三方回收机构信息交流平台之间并不是相互独立的，而是相互嵌入成为一个有机整体，在此笔者需要构建一个公共平台以强化各个平台之间的联系，其载体同样以 Web 网站和数据库为主，而 Web 网站则至少包括区域低碳农业发展和农民专业合作组织发展情况的历史数据查询功能、其他各个子平台的链接、政府相关部门的链接、区域低碳农业信息的 BBS 讨论系统等，具体见图 7—4。

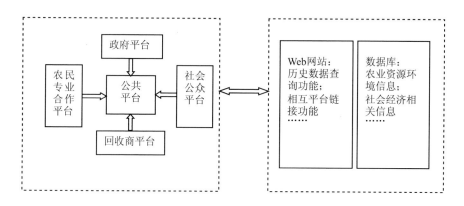

图7—4　公共平台运作模式图

六、反馈机制中反馈信息的预设计

前文笔者对农民专业合作组织视角下低碳农业发展反馈机制的反馈对象进行了界定，并以现代网络通讯技术为基础构建了信息反馈的详细路径，最后笔者需要对反馈信息的内容进行预设计，保证反馈机制的有效运行。反馈信息内容的预设计就是对各个反馈对象之间的信息内容进行初步的规划，设定反馈对象之间信息反馈的最低限度，以达到对反馈信息不确定性的控制。反馈信息内容的预设计可以使得原来海量或无序的反馈信息精简化和有序化，增加信息处理的便捷性，进而在增加反馈信息处理效率的同时，合理控制反馈信息的不确定性，使得农民专业合作组织视角下低碳农业发展反馈机制能够不断完善。

在前文中，笔者强调了在机制的设计过程中坚持系统性、科学性原则的同时，要结合我国农业区域间差异化显著的实际情况，坚持因地制宜和具有可操作性原则，在反馈信息内容的预设计中，笔者必须充分考虑各个区域的地理位置、自然环境、经济社会环境等实际状况，综合归纳出能反映针对各个区域低碳农业发展情况的相关指标体系，而这些指标的具体数值就是反馈信息的具体内容。在本书中，我们是对各个区域低碳农业发展的一般特点进行抽象，建立低碳农业发展的评价指标体系，对反馈信息的内容进行预设计。在信息内容的预设计中，笔者要充分借助前文构建的信息交流平台，对反馈信息进行明确地要求和详细地规划，强化各个对象之间的相互交流，尽量减少因为理解偏差而引起反馈信息出现误差甚至错误；尽量保持信息内容是未经过加工的原数据，减少因为数据二次加工或多次加工而引起的误差；尽量精简指标体系，尽量选择能集中反映低碳农业发展的指标，减少由于信息海量性和无序性造成的信息搜集工作无法实现，进而提升相关指标信息搜集的可操作性。在前文研究的基础上，以层次分析法（AHP）为工具，从农业发展基础、投入产出效率、农业环境效益对农民专业合作组织视角下低碳农业发展反馈机制的反馈信息的内容进行预设计，但需要说明的是由于社会公众参与的反馈信息相当庞大，且具有较强的不确定性和复杂性，在此笔者无法对其反馈信息的内容进行预设计。

该指标体系分为四个层次：第一层是反馈信息的内容预设计；第二层为具体目标层，包括农业发展基础（A1）、投入产出效率（A2）和农业环境效应（A3）；第三层为具体的准则层，是目标的细化，其中农业发展基础分为区划状况（A11）、资源禀赋（A12）和经济社会状况（A13）三个方面；投入产出效率分为物质消耗（A21）和农业产出（A22）两个方面；农业环境效益分为废弃物产生量（A31）、废弃物资源化利用情况（A32）、温室气体排放量（A33）和碳汇能力（A34）；第四层为具体的指标层，其中区划情况主要包括行政区划（A111）、地理位置（A112）、气候条件（A113）等；资源禀赋主要包括土地资源（A121）、水资源（A122）和森林资源（A123）等；经济社会状况主要包括 GDP（A131）、产业结构（A132）、常住人口情况（A133）、科教文卫情况（A134）和农民专业合作组织发展情况（A135）等；物质消耗主要包括化肥消耗（A211）、耕地面积（A212）、农药消耗（A213）、农用柴油消耗（A214）、农用薄膜消耗（A215）、饲料消耗（A216）和农业劳动力（A217）等；农业产出主要包括粮食产量（A221）、肉类产量（A222）、农业产值（A223）、农村居民人均农业产值（A224）等；废弃物产生量主要包括农作物秸秆产生量（A311）、废弃农膜、农药包装物等（A312）和畜禽粪尿（A313）等；废弃物资源化利用情况主要分为秸秆资源化利用（A321）、畜禽粪尿资源化利用（A322）等；温室气体排放主要包括二氧化碳排放（A331）、一氧化二氮排放（A332）和甲烷排放（A333）等；碳汇主要包括农田碳汇（A341）、森林碳汇（A342）、草地碳汇（A343）等。具体的前三级指标见图7—5。

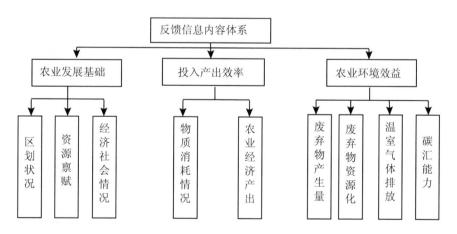

图7—5　反馈信息内容预设计的指标体系

第二节　农民专业合作组织视角下
低碳农业发展控制机制

一、农民专业合作组织视角下低碳农业发展控制机制设计

控制机制主要包含三个阶段：机制设计阶段、控制方案设计和控制实施。在机制设计阶段，首先，决策主体要识别第二主体和受控客体，并对相互间的影响因素进行识别和深入分析；结合前文的规划机制、运行机制和激励机制，对影响整个系统运行的影响因素进行梳理，探寻需要决策主体采取措施的某个或某些关键因素，并对这些因素的源头、作用机理和影响程度等问题进行深入的研究；其次，要对控制机制进行预设计，包括控制的影响范围有多大、控制的强度应该怎样等，以保证控制机制的有效性；同时还需要对整个机制的生态效益、经济效益和社会效益进行评价。阶段二是控制方案的制订，为保证控制机制的有效运行，必须设计一套完整的控制方案对控制机制实施进行指导。由于低碳农业发展涉及众多参与主体和内容，需要充分集合各个主体的智慧，充分考虑整个机制运行的方方面面，综合各个利益相关主体的利益诉求，结合经济发展、生态环境改善和农民收入提升等综合目标，制定合理、可操作性强的控制方案，并通过不断的后续评估，不断对方案进行调整、延续或终止。若是控制方案经过检验发现并不是很完善，这就需要重新进行控制机制设计。阶段三是控制机制的实施，对基于农民专业合作组织视角的低碳农业发展系统进行控制，也就是要对反馈机制反馈回来的信息进行综合评价，发现系统运行与规划目标之间的偏差，并进行修正，尽可能地使得被控系统的运行接近规划目标。在此，可以采用三种方式进行控制：按照偏差进行调节、补偿以及按照规划目标进行控制。首先，设立预防机制，对于事前可以预测到的问题，应采取事前控制；对于在机制实施过程中可以转移到系统外的风险和问题，要及时发现并转移；对于那些对系统运行起着关键作用的因素，要尤其注意，在机制运行的全过程实施监控；然而对于那些易造成环境污

染等伤害的问题，要及时责令相关主体纠正，并恢复到原来的情况；而对于利益受损的行为主体，要进行合理的补偿。

二、农民专业合作组织视角下的低碳农业发展控制机制实施

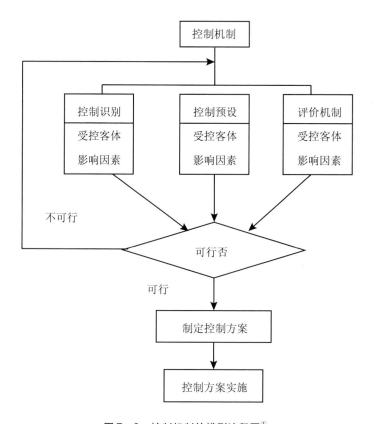

图7—6　控制机制的模型流程图[①]

在农民专业合作组织视角下的低碳农业发展系统中，控制机制的本质就是决策主体通过监督和检测低碳农业发展复杂系统的整体运行状况，检验激励和运行成效与规划目标是否相匹配，若是出现偏差，要及时地纠正

---

① 王怡、孙菲、王艳秋：《中国低碳经济复杂系统的反馈控制机制研究》，《经济体制改革》2012年第3期。

偏差，保障规划目标的最终实现。在控制机制中，首先要确立一套全面有效的评价机制，包括具体控制目标、评价指标体系和评价方法。控制目标要结合在规划机制中设立的区域低碳农业发展的具体目标，而指标评价体系要结合反馈机制的反馈信息，建立以农业生产要素的投入产出效率指标、农业能源利用低碳化水平指标、农业生产方式低碳化指标和农业碳汇效益指标为主要指标的指标体系，而评价方法主要包括主成分分析法、德尔菲法、层次分析法等操作性较强的方法。

控制目标及标准的制定是对规划目标的进一步细化，是推动农业不断节能减排的动力所在，也是确定农业污染治理资金、人力等资源投入的技术依据。根据规划目标的确立，就可以确定低碳农业治理的程度，进而为做好相关预算提供价值标准。

第八章　农民专业合作组织视角下
低碳农业发展案例研究

——以黑龙江省双城市为例

本章基于前文的农民专业合作组织视角下低碳农业发展机制理论，以黑龙江省双城市作为研究区域，对其低碳农业发展进行机制设计，包括规划机制、运行机制、激励机制和反馈控制机制，最终发现经过机制设计可以实现双城市在农业温室气体减排的同时提高农户和农民专业合作组织收入水平，以达到经济效益、社会效益和生态效益的协调统一。

第一节　黑龙江省双城市低碳农业及农民
专业合作组织的发展现状

在写作期间，笔者多次到双城市调研，到双城市农业局、统计局、工商局、双城市农业技术推广中心、哈尔滨统计局等相关单位查询有关双城市低碳农业和农民专业合作组织发展的相关数据和资料，并到一些农业发展集中的乡村和相关项目地进行考察，其中考察最多的是位于双城市新兴满族乡新华村哈尔滨阿尔伯塔生物科技开发有限公司承办的哈尔滨市高效低碳生态循环农业示范园区建设项目、韩甸镇、团结乡和万隆乡等。深入双城市庆胜养猪专业合作社、汉福蔬菜种植专业合作社、百谷玉米种植专业合作社、东富马铃薯种植专业合作社、丰旺玉米种植专业合作社、宏志农机专业合作社、兴元现代农业农机专业合作社、汇宇肉牛养殖专业合作社、源莹家禽养殖专业合作社等三十多家合作社调研。最终将搜集到的资料进行汇总整理，得到双城市低碳农业和农民专业合作组织的发展状况，为后文的机制设计奠定基础。

一、双城市低碳农业发展现状

2012 年，全市全年实现农林牧渔业总产值 177.3 亿元，同比增长 7.6%。其中，种植业产值 92.1 亿元，同比增长 7.7%；林业产值 0.6 亿元，同比增长 15.2%；畜牧业产值 79.4 亿元，同比增长 7%；渔业产值 1.2 亿元，同比增长 43.6%；农林牧渔服务业产值 3.9 亿元，同比增长 7.9%。全市农作物总播种面积 350.6 万亩，同比增长 4%。其中，粮食作物播种面积 329.4 万亩，同比增长 3.1%。全年粮食总产量为 51.64 亿斤，同比增长 10.7%。2012 年，畜牧业增加值实现 499763 万元，同比增长 18.4%。肉类总产量 112361 吨，同比增长 6.5%。其中，猪肉产量 58036 吨，增长 6.5%；牛肉产量 35750 吨，增长 7.0%；羊肉产量 670 吨，下降 14.8%；禽肉产量 17544 吨，增长 7.7%。禽蛋产量 106446 吨，增长 7.6%；牛奶产量 947703 吨，增长 3.3%。奶牛存栏 293769 头，同比增长 0.7%；大牲畜存栏 581523 头，增长 0.3%；生猪存栏 494868 头，下降 8.0%。黄牛饲养量 492223 头，增长 7.6%；生猪饲养量 1258503 头，增长 7.1%；家禽饲养量 2349 万只，增长 3.2%。

农业的快速发展需要更多的物质资料消耗，2012 年农业机械总动力 73.4 万千瓦，同比增长 2.1%；全年化肥施用量（折纯量）73458 吨，同比增长 0.3%；全年农药使用量 778 吨，同比增长 0.4%；全年地膜使用量 1165 吨，同比下降 0.4%；全年有效灌溉面积 25867 公顷，增长 44.9%；农用柴油和农业电力消耗也呈现增加趋势；年产各类农作物秸秆合计 265.3 万吨，目前已开发约 80 万吨，开发利用率较低；养殖业的迅猛发展造成了畜禽粪便的迅速增加，而落后的畜禽废弃物处理技术和能力不能及时的消纳，双城市年产畜禽粪便约 618.44 万吨，但规模养殖户比例少，散养户居多，畜禽粪便能够得到有效收集利用的还不足总量的 20%，大量畜禽排泄物只能以原始的方式释放到环境中，导致环境污染和资源流失。由此造成的双城市农业源温室气体排放持续增加。而化肥、农药、农膜等农业化学生产资料的大量使用和畜禽废弃物的直接排放造成了双城市农业水体、空气和土壤的立体污染，农业面源污染形势严峻。

为了改善生态环境，双城近年来加强了环境保护工作力度，力求建成循环经济示范市，打造以现代农业示范区、食品产业加工区、现代物流中心区、循环经济先行区、城乡统筹样板区为核心的"五区"。大力发展现代农业，以幸福乡为核心，建设50万亩现代农业核心区，创建全国知名有机绿色食品生产基地，打造全省一流、国内领先、接轨国际的现代农业园区，建成展示黑龙江现代农业发展水平的示范窗口。围绕牲畜粪便、秸秆等农业生产废弃物再利用，重点实施中海油循环经济示范项目，打造集试验、生产、展示成果于一体的全国农业循环经济先行区。这些政策的实施在双城市低碳农业发展中取得了一定的成就，但是双城市低碳农业发展依然面临严峻的形势。

二、双城市农民专业合作组织发展现状

自《中华人民共和国农民专业合作社法》《黑龙江省农民专业合作社条例》、《哈尔滨关于加快农民专业合作社发展的若干意见》和《双城市现代农业农机专业合作社管理办法》的颁布并实施以来，双城市农民专业合作组织迅速发展。截至目前，全市在工商部门正式登记注册的农民专业合作社共1267个，其中包括：种植业，如水稻、玉米、白瓜和香瓜、花卉、烤烟、花生等；畜牧养殖业，如奶牛、生猪、渔业、禽类等，以及农机合作社和旅游合作社。共发展社员八千余人，带动农户两万余户。双城市五家镇奶牛养殖协会成为农业部农民专业合作经济组织100家试点单位中3家黑龙江省合作社之一，双城市东跃村农民刘彩华作为一个推进农民专业合作组织发展的农民，在2012年获得了"全国十大农民女状元"称号。虽然农民专业合作组织在推进当地农业产业化、低碳化发展以及促农民增收方面效果明显，但其发展还存在一些问题，主要表现为："弱、小、缺、低、差和一个不完善"，即扶持力度弱、个体规模小、专业人才缺、管理水平低、运行质量差和利益分配机制不完善等问题。

牌知名度，实现双城市农作物秸秆、畜禽粪便等农业废弃物综合利用率均达到100%，健全有机农产品质量检测与追溯体系，基本实现双城农业的"绿色低碳、经济高效、优质安全、可持续发展"，创建双城有机农产品品牌，全力打造国家级绿色有机食品工业基地和亚洲食品产业城，具体产业目标见表8—1。

表8—1 双城市农业生态循环经济产业规模目标

指标		2015 年	2020 年
有机种植业	有机玉米（万亩）	25	60
	有机水稻（万亩）	15	20
	有机杂粮（万亩）	5	10
	有机瓜菜（万亩）	5	10
有机畜牧业	奶牛总存栏量（万头）	40	50
	有机奶牛养殖数量（万头）	6	20
	肉牛饲养数量（万头）	65	100
	有机肉牛养殖数量（万头）	6.5	30
	生猪饲养量（万头）	150	200
	有机生猪养殖数量（万头）	45	80
	蛋鸡饲养量（万只）	3000	4000
	有机蛋鸡饲养量（万只）	300	1000
	肉鸭饲养数量（万只）	1800	2500
	有机肉鸭饲养量（万只）	100	1000

资料来源：由《双城市农业生态循环经济"十二五"发展规划》相关数据整理得到。

（二）种植业目标规划

从近期目标（2011—2015 年）和长期目标（2016—2020 年）对双城市种植业进行规划，在种植业的规划方面突出有机农产品的生产，尤其是通过农民专业合作组织的规模生产和低碳技术采用，实现化肥、农药、农膜等化学农产品的减量化。具体规划目标见表8—2。

（三）畜牧业目标规划

有机畜牧业对资金、技术等要求较高，这就决定了农民专业合作组织、涉农企业等必须成为有机畜牧业发展的主体。本书从有机奶牛产业、有机肉牛产业、有机生猪产业、有机蛋鸡产业和有机肉鸭产业对双城市畜牧业的近期目标（2011—2015 年）和长期目标（2016—2020 年）做了具体的规划，而这个目标的实现与否有赖于农民专业合作组织、涉农企业发展的成功与否，规划目标见表 8—3。

表 8—2　双城市种植业规划目标

指标		2015 年	2020 年
有机玉米	总面积（亩）	25000	60000
	总产量（吨）	150000	360000
	有机玉米比例（%）	8.73	20.94
有机水稻	总面积（亩）	150000	200000
	总产量（吨）	60000	80000
	有机水稻比例（%）	30.42	40.56
有机杂粮	总面积（亩）	50000	100000
	总产量（吨）	7000	14000
	有机杂粮比例（%）	68.76	100
有机瓜菜	总面积（亩）	50000	100000
	总产量（吨）	160000	300000
	有机瓜菜比例（%）	45.45	90.9

资料来源：由《双城市农业生态循环经济"十二五"发展规划》相关数据整理得到。

表 8—3　双城市畜牧业规划目标

指标		2015 年	2020 年
有机奶牛产业	有机奶牛养殖数量（万头）	6	20
	绿色奶牛养殖比例（%）	35	50
	有机奶牛养殖比例（%）	15	40
有机肉牛产业	有机肉牛养殖数量（万头）	6.5	30
	绿色肉牛养殖比例（%）	30	50
	有机肉牛养殖比例（%）	10	30

	指标	2015 年	2020 年
有机生猪产业	有机生猪养殖数量（万头）	45	80
	绿色生猪养殖比例（%）	30	50
	有机生猪养殖比例（%）	30	40
有机蛋鸡产业	有机蛋鸡饲养量（万只）	300	1000
	绿色蛋鸡养殖比例（%）	35	50
	有机蛋鸡养殖比例（%）	10	25
有机肉鸭产业	有机肉鸭饲养量（万只）	180	875
	绿色肉鸭养殖比例（%）	65	90
	有机肉鸭养殖比例（%）	10	35

资料来源：由《双城市农业生态循环经济"十二五"发展规划》相关数据整理得到。

（四）废弃物资源化利用目标规划

双城市的秸秆资源和畜禽粪便资源比较丰富，但秸秆除一部分作为动物饲料外，基本都直接焚烧，而畜禽粪便不经过处理直接用于还田或是直接堆砌在露天环境中，使得由此引起的农业面源污染问题日趋严峻，本书旨在通过对发展秸秆的饲料化、秸秆还田和秸秆固化燃料等、畜禽废弃物肥料化、沼气化的农民专业合作组织、涉农企业的扶持，引导农民专业合作组织向该领域转移，实现农业废弃物的资源化利用，以实现经济效益和生态效益的协调统一。其规划目标见表8—4和表8—5。

（五）农民专业合作组织发展目标规划

从农民专业合作组织的规模、行业结构、数量等方面进行了规划。近期目标（2015 年）是不断壮大农民专业合作组织，鼓励农户参与农民专业合作组织，发展一大批农民专业合作组织，并引导农民专业合作组织逐渐向产销及农产品初加工一体化发展；中长期（2016—2020 年）来看，实现农民专业合作组织规模的扩大化，培育一批抗风险能力强、盈利模式好的具有典型性的农民专业合作组织。

表8—4　双城市秸秆综合利用规划

单位：万吨

区域	秸秆产量	秸秆饲料化	秸秆还田	秸秆燃料
双城镇	8.20	–	–	8.20
兰棱镇	11.02	9.37	1.65	–
周家镇	9.07	–	2.72	6.35
五家镇	11.05	–	–	11.05
韩甸镇	16.98	14.43	2.55	–
单城镇	9.11	4.55	4.55	–
东官镇	11.16	–	–	11.16
农丰镇	9.75	2.93	2.93	3.90
杏山镇	12.92	10.98	1.94	–
朝阳乡	15.70	13.35	2.36	–
金城乡	10.51	8.93	1.58	–
青岭乡	10.82	–	3.25	7.58
联兴乡	9.60	–	–	9.60
幸福乡	8.56	–	–	8.56
新兴乡	8.85	–	–	8.85
公正乡	12.73	–	3.82	8.91
永胜乡	8.01	–	8.01	–
临江乡	8.20	–	8.20	–
水泉乡	10.01	10.01	–	–
乐群乡	10.44	8.35	–	2.09
团结乡	16.40	16.40	–	–
万隆乡	16.63	14.13	2.49	–
希勤乡	10.23	8.70	1.53	–
同心乡	9.36	7.96	1.40	–
合计	265.30	130.09	48.97	86.25

资料来源：由《双城市农业生态循环经济"十二五"发展规划》相关数据整理得到。

表8—5 双城市畜禽粪便沼气化利用规划

分布区域	奶牛粪便沼气工程（立方米）	肉牛粪便沼气工程（立方米）	生猪粪便沼气工程（立方米）	蛋鸡粪便沼气工程（立方米）	合计（万立方米）
朝阳乡	22291	7554	1478	4965	3.63
希勤乡	9302	4193	431	919	1.48
团结乡	16312	2105.5	815	1108	2.03
公正乡	5685	0	332	496	0.65
幸福乡	6233	3	1066	2291	0.96
乐群乡	5629	846.5	383	1532	0.84
万隆乡	19435	14747	1249	3001	3.84
双城镇	8984	1758.5	605	3751	1.51
联兴乡	8300	255	1266	2775	1.26
金城乡	9512	6482	2636	822	1.95
农丰镇	8118	138	278	561	0.91
五家镇	10445	1034.5	978	3277	1.57
青岭乡	7483	16	417	495	0.84
东官镇	15972	3104	1837	3423	2.43
同心乡	3226	465	300	371	0.44
杏山镇	11326	8715.5	762	2177	2.30
永胜乡	7565	2397	1169	1507	1.26
周家镇	7176	294.5	210	3556	1.12
兰棱镇	5169	12615.5	1413	569	1.98
单城镇	4928	0	465	2376	0.78
韩甸镇	18299	6085.5	1320	1999	2.77
临江乡	9475	2694	742	2456	1.54
水泉乡	10845	798.5	469	1297	1.34
新兴乡	5242	2931	1035	11969	2.12
合计（万立方米）	23.70	7.92	2.17	5.77	39.55

资料来源：由《双城市农业生态循环经济"十二五"发展规划》相关数据整理得到。

制定农民专业合作组织发展规划，引导农民专业合作组织的发展。对于农民专业合作组织的发展要量与质并重，通过政策、资金、技术、管理等多方面支持，促进农民专业合作组织的发展，使得农民专业合作组织成为双城市低碳农业发展的主力军。强化农民专业合作组织的宣传，使得更多农户认识到农民专业合作组织的重要性，同时通过盈利模式创新吸引农户自愿参与其中；技术扶持，聘请相关农业专家和有经验的农民专业合作组织组织者进行定期的研讨和深入乡村进行专业技术和管理经验传授；资金支持，通过小额贷款、专项资金扶持等方式为农民专业合作组织的发展进行资金支持。

第三节　黑龙江省双城市低碳农业发展的运行机制

一、以农民专业合作组织为主体的践行机制

低碳农业发展的要求和双城市小农业发展模式之间的矛盾，决定了农民专业合作组织必须成为低碳农业发展的主体。前文分析了农民专业合作组织在低碳农业发展中的行为和发展过程：主动参与和在政策引导下被动执行低碳农业发展，而随着低碳意识的不断增强，将会是一个由被动逐渐转向主动的动态过程。因此，对于双城市农民专业合作组织参与低碳农业发展，尤其是在发展的初期，必须强化政策引导和经济激励。

通过经济补偿、政策支持、技术扶持等方式鼓励农民专业合作组织参与低碳农业发展。在农业产前，鼓励农民专业合作组织采用有机肥、生物农药等生产资料，从根源上减少温室气体排放和农业面源污染；在农业生产过程中，对农民专业合作组织引进以及自身研发的科学施肥、滴灌等低碳技术和模式进行支持；在产后，对农民专业合作组织绿色农产品的销售提供信息、抗风险支持，并基于丰富的秸秆和畜禽粪便等资源，鼓励农民专业合作组织以"资源→农产品→农业废弃物→再生资源"反馈式流程组织农业生产，通过沼气和秸秆资源综合开发利用，大力实施畜禽粪便生产有机肥还田、沼气工程、部分秸秆过腹还田、秸秆生产颗粒燃料等资源循

环，建立"畜—沼—粮""畜—沼—菜""畜—沼—瓜"等多种生态循环
种养模式，改善农业生产和农村生活环境，优化农业系统内部结构，延长
农业生态产业链，构建清洁资源（能源）产业→有机种养业→有机食品加
工业全面升级的产业发展新格局，最终建立以农民专业合作组织为主体的
低碳农业发展践行机制。

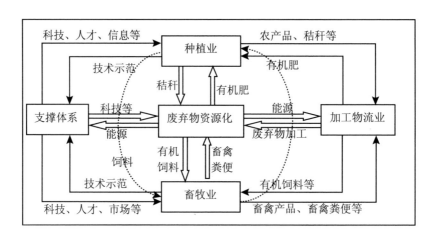

图8—2 农民专业合作组织参与低碳农业发展的支撑体系

二、以组织创新为核心的引导机制

成立经济低碳化发展或循环经济推进管理委员会，该委员会可以是单
独设立，也可以设在市发改局，在该委员会专门设立一个低碳农业发展领
导小组。由发改局牵头，市环保局、财政局、科技局、国土资源局等部门
负责人参加组成。市长任该委员会主任。负责全市经济低碳化发展推进工
作，制定双城市低碳化发展的战略方针与规划方案，落实国家和省市地方
低碳化政策法规，引导农民专业合作组织的发展与低碳农业发展的有机
结合。

低碳农业发展领导小组，主要负责低碳农业发展理念宣传、低碳农业
发展技术的推广与应用、面向农户及农民专业合作组织的相关信息咨询服
务等职责。通过组织的创新，强化低碳农业发展的组织领导能力，促进农

民专业合作组织成为低碳农业发展的主体和动力，实现经济效益和生态效益的有机结合。

三、以低碳技术为导向的技术创新机制

低碳农业发展赖于低碳技术的发展，而低碳技术的创新关键在于人才的培育和引进。低碳农业发展技术包括农田生态固碳技术、农业废弃物资源化利用技术、节省型农业技术等。为此，要建立健全双城市农业技术推广体系，实现市乡两级设有农业技术推广中心。鼓励农业龙头企业、农业科技企业、农民专业合作社、民营科技组织、基层供销社等社会化科技力量积极参与农技推广活动。鼓励农业科研教学单位与农技推广部门密切配合，进村入户，主动参与科技培训和农技推广活动，加快科技成果转化应用，形成新型农科教、产学研结合机制。充分发挥"乡土人才"的作用。按照"村村都有科技示范户"的要求，大力培养农村各类科技示范户，充分发挥"乡土人才"对农业科技的"传、帮、带"作用。乡镇农业技术推广中心以乡（镇）政府管理为主。乡（镇）政府对农业技术推广机构提供必要的工作条件，农业技术推广人员的调配、聘用、考评和晋升等充分听取市级农业行政主管部门的意见。目前，双城市农技推广机构人员实有人数 180 人。其中，市农业技术推广中心现有 72 人，乡镇级农技推广中心现有 107 人。

四、以经济低碳化评估优先的长效管理机制

双城市政府制定土地、城建和环境、经济发展规划时，必须首先进行"经济低碳化或循环经济评估"，从资源、生产、流通、消费、废弃物回收利用等全过程，确立"经济低碳化评估优先"的长效管理机制。从决策"源头"上降低资源消耗、防止生态环境的污染。

双城市政府各相关部门在制定国民经济和社会发展规划、产业政策、产业结构调整和产业布局规划、区域开发计划时，要将经济低碳化建设目标纳入全过程，切实做到把经济低碳化发展理念贯穿于经济社会发展的综

索多元化投融资渠道。加大招商引资力度，鼓励不同经济成分和各类投资主体以不同的方式积极参与；鼓励利用产业投资基金、资产证券化等融资形式，筹措大型工程建设资金；并积极引进各类金融机构对低碳农业项目的支持，尤其是生物质能源等重点项目。借助产业优势，拓宽融资渠道，积极争取和区域外甚至国外的资金支持。

技术的扶持是对农民专业合作组织、涉农企业低碳技术研发的扶持，关键在于对技术人才的激励。双城市农业科技人才主要分为四部分，一是具有国家认可的初级以上技术职称的农业科技人员486人，占全市各类具有技术职称人员总数的4.5%。二是双城市人才交流中心的现存人才1193人，其中216人属于农业方面人才。三是双城市涉农科技型企业、科研单位聘请的农业科技人员，新毕业的大中专毕业生，大约在160人左右。四是经过农函大、农广校、绿色证书、相关培训、自学成才的农业乡土人才8800人。其中，种植业2595人，养殖业2790人，服务业1378人，其他行业2037人。在农村乡土人才中，拔尖人才49人（其中种植业12人，养殖业19人，服务加工业16人，其他行业2人），农村致富带头人892人（其中种植业210人，养殖业335人，服务业236人，其他行业111人）。要在保持现有技术人才的基础上，继续引进低碳农业发展和农民专业合作组织管理等相关人才，同时通过内部培养机制、竞争机制培养本土高端技术和管理人才。

三、实行低碳农业发展奖惩制度

对于在低碳农业发展管理、科学技术研究、产品开发、技术的示范推广工作中作出显著成绩的非政府组织、农民专业合作组织和农户给予表彰和奖励，对于发展农民专业合作组织和低碳农业不积极的政府部门进行问责。对于那些宣传农业理念、推广低碳农业技术和发展模式的非政府组织进行政策、资金和技术支持；对于发展低碳农业作出一定贡献的农民专业合作组织和农户，进行物质奖励和精神表彰，在农业技术推广与应用、融资、市场开拓等方面进行大力的扶持，促进其不断发展壮大，树立低碳农业发展的典型；而对于低碳农业发展不力的，尤其是那些破坏农业生态环境的农民专业合作组织、企事业单位，要进行严苛的惩罚，并责令其恢复被破坏的生态环境。建立企业的环保信用制度，尤其是强化农民专业合作组织和农产品加工企业的环保信用制度；对建设项目实行环境影响评价制度，对未通过环境影响评价的项目，一律不予批准建设；新增污染物排放量不允许突破总量控制指标。将污染物排放量指标和废弃物综合利用、中水回用率等约束性指标逐步纳入环保、环保审批和验收中，对不符合要求的建设项目一律不予审批、验收。并将环境执法信息纳入全国企业信用信息基础数据库，限制环保违法企业贷款等经济活动。

四、建立健全社会保障制度

第一，政府率先垂范。市、乡镇政府及所属各部门公职人员要提高对农民专业合作组织和低碳农业发展的认识，特别是领导干部要认识到推进低碳农业发展是落实科学发展观的具体行动。第二，强化低碳农业宣传，培育具有低碳意识的农民和公众。通过广播电视、报刊杂志、互联网等各种媒体和举办各类文化、艺术活动进行广泛宣传，普及低碳农业和生态建设基本知识，让农民自愿参与低碳农业发展，社会公众自愿担当低碳农业发展的监督员。第三，引导绿色消费。只有较大的消费群体和较大的市场预期，农民专业合作组织才会积极参与低碳农产品的生产。要建立经济消费引导机制，引导全社会正确购物和环境友好型消费。鼓励社会公众合理消费，养成其对绿色、低碳农产品的消费偏好。第四，回收信息中心及网络体系建设。对于农业生产过程形成的秸秆、畜禽排泄物等废弃物、农户和农民专业合作组织生产生活垃圾等要及时分类回收，建立市、乡镇、村一体化物资回收信息网络，实行网络化管理，最终实现资源化利用的同时减少温室气体排放和环境污染。

第五节　黑龙江省双城市低碳农业发展的反馈控制机制

以经济低碳化发展或循环经济推进管理委员会为主要组织部门，对全市农民专业合作组织、低碳农业发展的相关信息，构建低碳农业发展各个行为主体间的信息交流平台，促进信息的有效反馈。以层次分析法（AHP）为工具，从农业发展基础、农民专业合作组织发展状况、投入产出效率、废弃物资源化利用、农业环境效益对农民专业合作组织视角下低碳农业发展反馈机制的反馈信息的内容进行预设计。

表8—6　双城市低碳农业发展的信息反馈指标体系

目标层	准则层	指标层	指标释义
农业低碳化发展信息反馈指标	农业发展基础 B_1	人均耕地面积 C_1	耕地面积/农村人口
		单位面积农业 GDP 产值 C_2	农业总产值/农作物播种面积
		农民人均纯收入 C_3	农民人均总收入 – 农民人均总支出
		人均粮食产量 C_4	粮食总产量/总人口
		粮食单产 C_5	粮食总产量/粮食播种面积
		单位畜禽产品率 C_6	牧业产值/肉类总产量
		单位农机总动 GDP 产值 C_7	农业 GDP/农机动力
		农林牧渔业商品率 C_8	农林牧渔商品产值/总产量
	农民专业合作组织发展状况 B_2	农民专业合作组织产值占农业总产值 C_9	农民专业合作组织产值/农业总产值
		农民专业合作组织发展规模 C_{10}	入社农户/农村总户数
	投入产出率 B_3	化肥产出率 C_{11}	种植业总产值/化肥施用量
		农药产出率 C_{12}	农业总产值/农药使用量
		农膜使用水平 C_{13}	农业总产值/农膜使用量
	废弃物资源化利用 B_4	秸秆综合利用率 C_{14}	秸秆利用量/乡村人口
		畜禽粪便资源化率 C_{15}	畜禽粪便利用量/乡村人口
		农膜回收率 C_{16}	农膜回收量/农膜使用量
	农业环境效益 B_5	森林覆盖率 C_{17}	林地面积/土地总面积×100%
		单位产值温室气体排放 C_{18}	温室气体排放/农业总产值
		单位面积农业碳汇 C_{19}	农业碳汇/耕地面积

根据相关反馈信息的搜集，建立低碳农业发展信息数据库。建设和完

善低碳农业发展信息化平台和专业网站，将一些主要的农民专业合作组织纳入到平台中，及时发布相关资源与环境信息、新技术新工艺新产品信息、节能减排信息、清洁生产信息、生态环境质量状况信息、废旧物资交换信息等。及时向社会公告环保实绩考核、行政绩效考核和污染减排季报、年报制度，建立动态管理台账，逐步形成公开、透明、权威的信息发布制度。同时根据这些反馈信息，并运用构建的反馈信息评价指标体系，对其进行量化评价，以保证低碳农业发展系统不会偏离规划目标。

第六节　黑龙江省双城市低碳农业发展的综合效益分析

从经济效益来看，到 2015 年，双城市低碳农业发展总产值与 2009 年农业总产值比较，新增产值总量达到 190.33 亿元，其中种植业新增产值 42.83 亿元，畜牧养殖业新增产值 119.58 亿元，农产品加工物流业新增产值 18.10 亿元，农业废弃物循环利用新增产值 8.15 亿元。同时由于质量安全水平的提高、产品品牌价值的实现和竞争力的增强、农民专业合作组织的规模效益等方面的作用，双城市的农民从农业生产商获得的收入将显著提高，农民人均纯收入可提高到 1.8 万元左右。农民专业合作组织的经营模式在使农户获得规模效益的同时，低碳绿色农产品的高附加值、废弃物的资源化利用减少其投入成本，经济效益明显。

从社会效益来看，通过发展有机种植业、有机养殖业、农业废弃物资源化利用等，改变双城市传统生产方式，调整农业内部结构，实现低碳农业发展，建设高产、优质、高效、环保、安全农业，对农业现代化、农村城乡一体化建设起到积极的推动作用。同时通过新的产业发展，实现直接新增就业岗位 8000 多个，间接增加就业岗位 70000 余个，以保障农业收入倍增计划将会顺利地实现，激励农户参与农民专业合作组织，农民幸福指数提高，必然会加快社会主义新农村的建设进程。

在生态效益方面，资源化利用畜禽粪便、秸秆等农业废弃物，通过沼气、秸秆固体成型燃料、有机肥等技术，为种植业提供生物有机肥料，同时生产有机饲料，促进农业向无公害、绿色、低碳标准方向发展；通过化肥、农药等的减量化、有机化，以及农业面源污染的治理，农业生态环境将得到有效改善；推广大中型沼气工程、农作物秸秆固体成型燃料及牛粪固体成型燃料技术，将促进农业废弃物的能源化利用，满足双城市人们的生产生活用能，减少化石燃料的消耗，优化能源结构。若实现双城市全境域范围内农业废弃物资源化利用，农作物秸秆和畜禽粪便综合利用率均达到100%，相当于每年减排330万吨二氧化碳，农村生态环境得到大幅度改善，最终实现整个社会福利最大化。

参考文献

一、中文文献

1. 白立忱：《社会主义市场经济的必然产物——关于发展合作经济的一些思考》，《求是》2015 年第 1 期。

2. 蔡松峰：《中国农业源非二氧化碳类温室气体减排政策研究》，中国农业科学院，硕士学位论文，2011 年。

3. 曹云英、朱庆森、郎有忠等：《水稻品种及栽培措施对稻田甲烷排放的影响》，《江苏农业研究》2000 年第 3 期。

4. 陈国亮、雷强、孙万云、曹莉：《农药使用情况调查及发展对策》，《农药科学与管理》2013 年第 2 期。

5. 陈洪波：《低碳城市规划：目标选择与关键领域》，《华中科技大学学报（社会科学版）》2011 年第 2 期。

6. 陈娟、王雅鹏：《中国低碳农业技术创新体系架构与建设路径研究》，《科技进步与对策》2013 年第 16 期。

7. 陈楠：《农民合作经济组织发展中的政府作用机制分析》，《中国农机化学报》2014 年第 4 期。

8. 陈望：《海南政协委员梁源富建议：回收废弃农膜和农药包装物，保护环境》，《农药市场信息》2011 年第 6 期。

9. 陈卫洪、漆雁斌：《土地利用形式对发展低碳农业的影响分析》，《农业技术经济》2012 年第 5 期。

10. 程红、高建中：《发展以秸秆还田为对象的农业碳汇项目的 SWOT 分析——以宝鸡市为例》，《安徽农业科学》2011 年第 31 期。

11. 邓水兰、温诒忠：《我国发展低碳农业存在的问题及对策》，《南昌大学学报（人文社会科学版）》2011 年第 5 期。

12. 董红玉、欧阳竹、李运生、张磊：《肥料施用及环境因子对农田土壤 CO_2 和 N_2O 排放的影响》，《农业环境科学学报》2005 年第 5 期。

13. 杜晓枫：《中国农膜面积居世界首位》，《农资导报》2012 年 11 月 9 日。

14. 费广胜：《农村生态文明建设与农民合作组织的生态文明功能》，《农村经济》2012 年第 2 期。

15. 冯俊、王爱民、张义珍：《农户低碳化种植决策行为研究——基于河北省的调查数据》，《中国农业资源与区划》2015 年第 1 期。

16. 冯秀斌：《减少农药污染途径何在?》，《中国环境日报》2013 年 5 月 23 日。

17. 高伟：《我国发展农村合作经济组织的必要性和模式选择》，《实事求是》2002 年第 5 期。

18. 高文玲、施盛高、徐丽、卞新民：《低碳农业的概念及其价值体现》，《江苏农业科学》2011 年第 2 期。

19. 葛继红、周曙东：《要素市场扭曲是否激发了农业面源污染》，《农业经济问题》2012 年第 3 期。

20. 郭海宁、李建辉、马晗等：《不同养猪模式的温室气体排放研究》，《农业环境科学学报》2014 年第 12 期。

21. 郭辉、张术环：《我国发展低碳农业面临的主要问题及解决途径研究》，《农业经济》2011 年第 9 期。

22. 郭炯、赵宁：《关于我国环境非政府组织发展的探讨》，《中国市场》2012 年第 27 期。

23. 郭新梅：《黑龙江省发展低碳农业的必要性研究》，《农场经济管理》2011 年第 11 期。

24. 郭永奇：《中原经济区低碳农业发展模式与减排对策——以河南省为例》，《农业经济》2012 年第 12 期。

25. 何昌清、龙绍飞、马培华：《农民专业合作经济组织的发展分析——基于经济学视角》,《中国市场》2011 年第 26 期。

26. 何德旭、王朝阳、张捷:《机制设计理论的发展与应用——2007 年诺贝尔经济学奖评介》,《中国经济时报》2007 年 10 月。

27. 何蒲明:《我国发展低碳农业的必要性、前景与对策分析》,《农业经济》2010 年第 1 期。

28. 胡立峰、李琳、陈阜等:《不同耕作制度对南方稻田甲烷排放的影响》,《生态环境》2006 年第 6 期。

29. 胡向东、王济民:《中国畜禽温室气体排放量估算》,《农业工程学报》2010 年第 10 期。

30. 黄国宏、陈冠雄:《土壤含水量与 N_2O 产生途径研究》,《应用生态学报》1999 年第 1 期。

31. 黄凯南:《演化博弈与演化经济学》,《经济研究》2009 年第 2 期。

32. 黄勤、魏朝富、谢德体等:《不同耕作对稻田甲烷排放通量的影响》,《西南农业大学学报》1996 年第 5 期。

33. 黄祖辉、林本喜:《基于资源利用效率的现代农业评价体系研究——兼论浙江高效生态现代农业评价指标构建》,《农业经济问题》2009 年第 11 期。

34. 季加敏、喻瑶、陆星等:《肥料添加剂降低 N_2O 排放的效果与机理》,《植物营养与肥料学报》2012 年第 6 期。

35. 金京淑:《日本推行农业环境政策的措施及启示》,《现代日本经济》2010 年第 5 期。

36. 金书秦、沈贵银:《中国农业面源污染的困境摆脱与绿色转型》,《改革》2013 年第 5 期。

37. 阚和庆:《论农民合作组织对农村政治发展的功能价值》,《山东省农业管理干部学院学报》2010 年第 6 期。

38. 李俊杰:《民族地区农地利用碳排放测算及影响因素研究》,《中国人口·资源与环境》2012 年第 22 期。

39. 李克让著:《土地利用变化和温室气体净排放与陆地生态系统碳循

环》，气象出版社 2002 年版。

40．李鸣：《生态文明背景下低碳经济运行机制研究》，《企业经济》2011 年第 2 期。

41．李萍、许月明：《浅述农业合作组织在社会主义新农村建设中的作用》，《安徽农业科学》2006 年第 22 期。

42．李淑霞、周志国：《森林碳汇市场的运行机制研究》，《北京林业大学学报（社会科学版）》2010 年第 2 期。

43．李晓、林正雨等：《区域现代农业规划理论与方法研究》，《西南农业学报》2010 年第 3 期。

44．李晓宇、张明玉：《我国农村专业技术合作组织发展模式研究》，《管理现代化》2008 年第 2 期。

45．李玉娥、董红敏：《畜禽舍温室气体排放及控制》，《农业工程学报》1999 年第 15 期。

46．李周、任常青：《农村空心化的影响、原因与对策》，《人民日报》2013 年 2 月 3 日。

47．利奥尼德赫维茨、斯坦利瑞特著，田国强等译：《经济机制设计》，格致出版社 2009 年版。

48．梁海音：《机制设计理论中的执行问题研究》，吉林大学，博士学位论文，2010 年。

49．梁龙、杜章留、吴文良、孟凡乔：《北京现代都市低碳农业的前景与策略》，《中国人口·资源与环境》2011 年第 2 期。

50．刘静暖、于畅、孙亚南：《低碳农业经济理论与实现模式探索》，《经济纵横》2012 年第 6 期。

51．刘锐、阳云云：《空心村问题再认识——农民主位的视角》，《社会科学研究》2013 年第 3 期。

52．刘卫国、储祥俊、郑垂勇：《多任务委托—代理模型下企业发展低碳经济的激励机制》，《水利经济》2010 年第 5 期。

53．刘祥国：《我国循环经济规划制度的完善》，《山东社会科学》

2011 年第 1 期。

54．刘彦随、刘玉：《中国农村空心化问题研究的进展与展望》，《地理研究》2010 年第 1 期。

55．刘有贵、年云：《委托—代理理论述评》，《学术界》2006 年第 1 期。

56．刘允芬：《农业生态系统碳循环研究》，《自然资源学报》1995 年第 1 期。

57．刘兆征：《我国发展低碳经济的必要性及政策建议》，《中共中央党校学报》2009 年第 6 期。

58．卢跃东、张电电、虞定海：《我国政绩评估机制的主要缺陷及优化路径选择》，《软科学》2013 年第 7 期。

59．陆日东、李玉娥、石锋等：《不同堆放方式对牛粪温室气体排放的影响》，《农业环境科学学报》2008 年第 3 期。

60．陆日东、李玉娥、万运帆等：《堆放奶牛粪便温室气体排放及影响因子研究》，《农业工程学报》2007 年第 8 期。

61．罗吉文、许蕾：《论低碳农业的产生、内涵与发展对策》，《农业现代化研究》2010 年第 6 期。

62．骆旭添、吴则焰、陈婷、林文雄：《闽北地区低碳农业效益综合评价体系的构建与应用》，《中国生态农业学报》2011 年第 6 期。

63．马涛：《上海农业碳源碳汇现状评估及增加碳汇潜力分析》，《农村环境与发展》2011 年第 5 期。

64．马晓旭：《我国低碳农业发展的困境及出路选择》，《经济体制改革》2011 年第 5 期。

65．马彦丽、孟彩英：《我国农民专业合作社的双重委托—代理关系——兼论存在的问题及改进思路》，《农业经济问题》2008 年第 5 期。

66．马友华、王桂苓：《低碳经济与农业可持续发展》，《产业观察》2009 年第 8 期。

67．闵继胜、胡浩：《中国农业生产温室气体排放量的测算》，《中国人口·资源与环境》2012 年第 22 期。

68．欧阳慧：《两类农民合作经济组织不同发展模式研究》，《经营管理者》2012 年第 5 期。

69．潘家华、庄贵阳、郑艳等：《低碳经济的概念辨识及核心要素分析》，《国际经济论》2010 年第 4 期。

70．彭世彰、杨士红、丁加丽等：《农田土壤 N_2O 排放的主要影响因素及减排措施研究进展》《河海大学学报（自然科学版）》2009 年第 1 期。

71．彭云飞、沈曦著：《经济管理中常用数量方法》，经济管理出版社 2011 年版。

72．齐力著：《农村新型合作经济组织的理论与实践》，暨南大学出版社 2010 年版。

73．齐振宏、王培成：《博弈互动机理下的低碳农业生态产业链共生耦合机制研究》，《中国科技论坛》2010 年第 11 期。

74．秦晓波、李玉娥、刘克樱等：《不同施肥处理稻田甲烷和氧化亚氮排放特征》，《农业工程学报》2006 年第 7 期。

75．任丽新、王庚辰、张仁健等：《成都平原稻田甲烷排放的实验研究》，《大气科学》2002 年第 6 期。

76．任万辉、许黎、王振会：《中国稻田甲烷产生和排放研究 I. 产生和排放机理及其影响因子》，《气象》2004 年第 6 期。

77．任勇、李晓光：《委托—代理理论：模型、对策及评析》，《经济问题》2007 年第 7 期。

78．戎承法、张正河：《论县域经济核心竞争力》，《农业技术经济》2003 年第 6 期。

79．荣湘民、袁正平、胡瑞芝等：《地下水位与有机肥及水分管理对稻田甲烷排放的影响》，《湖南农业大学学报（自然科学版）》2001 年第 5 期。

80．尚杰、杨果、于法稳：《中国农业温室气体排放量测算及影响因素研究》，《中国生态农业学报》2015 年第 3 期。

81. 史东明:《中国低碳经济的现实问题与运行机制》,《经济学家》2011 年第 1 期。

82. 孙超:《关于低碳农业的几点思考》,《农业经济》2010 年第 8 期。

83. 孙瑜、李笑光、朱琳:《农业规划环评编制的主要内容与方法分析》,《农业经济问题》2008 年第 1 期。

84. 谭智心、孔祥智:《不完全契约、非对称信息与合作社经营者激励——农民专业合作社"委托—代理"理论模型的构建及其应用》,《中国人民大学学报》2011 年第 5 期。

85. 唐冬梅:《中国区域农业全要素化肥技术效率分析》,《特区经济》2012 年第 11 期。

86. 唐红侠、韩丹等著:《农林业温室气体减排与控制技术》,化学工业出版社 2009 年版。

87. 万合锋、赵晨阳、钟佳等:《施用畜禽粪便堆肥品的蔬菜地 CH_4、N_2O 和 NH_3 排放特征》,《环境科学》2014 年第 3 期。

88. 万晓红、秦伟:《德国农业生态补偿实践的启示》,《江苏农村经济·月刊》2010 年第 3 期。

89. 汪海珍:《减少农药污染生产无公害果品的对策》,《现代农业》2013 年第 6 期。

90. 王方浩、马文奇、窦争霞、马林、刘小利、许俊香、张福锁:《中国畜禽粪便产生量估算及环境效应》,《中国环境科学》2006 年第 5 期。

91. 王改玲、陈德立、李勇:《土壤温度、水分和 NH_4^+-N 浓度对土壤硝化反应速度及 N_2O 排放的影响》,《中国生态农业学报》2010 年第 1 期。

92. 王积龙:《我国环保非政府组织的舆论监督功能研究》,《西南民族大学学报(人文社会科学版)》2013 年第 6 期。

93. 王明星、李晶、郑循华:《稻田甲烷排放及产生、转化、输送机理》,《大气科学》1998 年第 4 期。

94. 王明星、上官行健、沈壬兴等:《华中稻田甲烷排放的施肥效益及施肥策略》,《中国农业气象》1995 年第 2 期。

95. 王明星著:《中国稻田甲烷排放》,科学出版社 2001 年版。

96. 王平:《基于模型和 GIS 技术估算 1955—2005 年中国稻田甲烷排放》,南京农业大学,博士学位论文,2009 年。

97. 王青、郑红勇、聂桢祯:《低碳农业理论分析与中国低碳农业发展思路》,《西北农林科技大学学报(社会科学版)》2012 年第 3 期。

98. 王松良、C. D. Caldwell、祝文烽:《低碳农业:来源、原理和策略》,《农业现代化研究》2010 年第 5 期。

99. 王文宾:《演化博弈论研究的现状与展望》,《统计与决策》2009 年第 3 期。

100. 王孝莹、张可成、胡继连:《农户生产合作博弈模型》,《运筹与管理》2006 年第 3 期。

101. 王怡、孙菲、王艳秋:《中国低碳经济复杂系统的反馈控制机制研究》,《经济体制改革》2012 年第 3 期。

102. 王昀:《低碳农业经济略论》,《中国农业信息》2008 年第 8 期。

103. 王智平:《中国农田 N_2O 排放量的估算》,《农村生态环境》1997 年第 2 期。

104. 魏超儒:《发展低碳农业实现可持续发展》,《科学咨询》2012 年第 1 期。

105. 魏宏森、姜炜:《科技、经济、社会与环境持续协调发展的反馈机制研究》,《系统工程理论与实践》1996 年第 6 期。

106. 文锦菊、李跃军、吴胜锋:《关于永州市耕地抛荒情况的调查研究》,《湖南行政学院学报》2012 年第 5 期。

107. 吴家梅、纪雄辉、刘勇:《不同施肥处理稻田甲烷排放研究进展》,《农业环境与发展》2010 年第 2 期。

108. 吴金、肖建明:《推进低碳经济发展的激励机制设计》,《环境保护与循环经济》2011 年第 6 期。

109. 吴胜锋:《当前耕地抛荒的特点、原因及治理对策——基于对湖南省 A 市耕地抛荒情况的调研》,《农业经济》2012 年第 12 期。

110. 吴贤荣、张俊飚、田云、李鹏:《中国省域农业碳排放:测算,效率变动及影响因素研究——基于 DEA – Malmquist 指数分解方法与 Tobit 模型运用》,《资源科学》2014 年第 1 期。

111. 吴勇、吴松强、刘卫国:《基于过度自信的企业发展低碳经济激励机制研究》,《企业经济》,2012 年第 2 期。

112. 吴志华:《巴西:低碳农业助推可持续发展》,《农村·农业·农民(A 版)》2012 年第 9 期。

113. 伍国勇、马俊丽、白玉、陆安霞:《基于投入型 Malmquist 生产率指数的低碳农业评价方法与应用——以贵州为个案》,《农村经济与科技》2012 年第 10 期。

114. 夏庆利:《基于碳汇功能的我国农业发展方式转变研究》,《生态经济》2011 年第 10 期。

115. 夏英:《农村合作经济:21 世纪中国农业发展的必然选择》,《调研世界》2001 年第 9 期。

116. 肖宏伟、易丹辉、周明勇:《中国区域碳排放与经济增长脱钩关系研究》,《山西财经大学学报》2011 年第 11 期。

117. 肖文、戴益信:《论大众传播系统中的反馈机制及其现实效果》,《湖南大众传媒职业技术学院学报》2005 年第 6 期。

118. 谢军飞、李玉娥、董红敏等:《堆肥处理蛋鸡粪时温室气体排放与影响因子关系》,《农业工程学报》2003 年第 1 期。

119. 谢淑娟、匡耀求、黄宁生:《中国发展碳汇农业的主要路径与政策建议》,《中国人口·资源与环境》2010 年第 12 期。

120. 谢鑫:《农民合作组织与农村基层政权互作关系分析》,《农业经济》2012 年第 9 期。

121. 邢光熹、颜晓元:《中国农田 N_2O 排放的分析估算与减缓对策》,《农村生态环境》2000 年第 4 期。

122. 徐东:《关于中国现行规划体系的思考》,《经济问题探索》2008

年第 10 期。

123．徐华、邢光熹、蔡祖聪、鹤田治雄：《土壤质地对小麦和棉花田 N_2O 排放的影响》，《农业环境保护》2000 年第 1 期。

124．徐莉、朱同斌、余红伟：《低碳经济发展激励机制研究》，《科技进步与对策》2010 年第 22 期。

125．徐庆国、刘红梅、黄丰：《低碳农业与可持续发展探讨》，《作物研究》2010 年第 4 期。

126．徐威威、马晓旭：《江苏省低碳农业发展的 SWOT 分析》，《经济研究导刊》2011 年第 12 期。

127．徐卫涛、张俊飚、李树明、周万柳：《循环农业中的农户减量化投入行为分析——基于晋、鲁、鄂三省的化肥投入调查》，《资源科学》2010 年第 12 期。

128．徐文彬、刘维屏、刘广深：《温度对旱田土壤 N_2O 排放的影响研究》，《土壤学报》2002 年第 1 期。

129．薛福建、赵鑫、Shadrack Batsile Dikgwatlhe 等：《保护性耕作对农田碳、氮效应的影响研究进展》，《生态学报》2013 年第 19 期。

130．薛庆林：《我国区域农业科技成果转化运行机制与模式研究》，天津大学，博士学位论文，2009 年。

131．杨惠：《我国农业环境资源问题及其诱因分析》，《农村经济》2007 年第 6 期。

132．佚名：《致力发展低碳绿色农业——上海一帆蔬果专业合作社情况介绍》，《上海农村经济》2012 年第 8 期。

133．易远宏：《农民专业合作经济组织发展模式理论分析》，《商业时代》2010 年第 22 期。

134．尤庆国、林万龙：《新农村建设中专业合作组织的作用及发展对策》，《山东工商学院学报》2007 年第 1 期。

135．于立：《控制型规划和指导型规划及未来规划体系的发展趋势——以荷兰与英国为例》，《国际城市规划》2011 年第 5 期。

136. 余建忠:《政府职能转变与城乡规划公共属性回归——谈城乡规划面临的挑战与改革》,《城市规划》2006 年第 2 期。

137. 虞洪:《低碳农业的利益驱动机制》,《农村经济》2012 年第 6 期。

138. 喻国良:《农民合作经济组织与政府关系的研究》,《中国集体经济》2008 年第 1 期。

139. 袁迎珍、郝永翔:《论中国经济定型的目标与条件》,《经济问题》2006 年第 6 期。

140. 张海英:《江西省低碳农业发展质量评价及影响因素分析》,南昌大学,硕士学位论文,2011 年。

141. 张建桥:《当代中国乡村改革的动力与进程——中央、地方与农民三方博弈关系》见 www. xschina. org/show. php? id = 4008。

142. 张开华、陈胜涛:《试论低碳农业发展的支持机制》,《中南财经政法大学学报》2012 年第 1 期。

143. 张克强、高怀有著:《畜禽养殖业污染物处理与处置》,化学工业出版社 2004 年版。

144. 张磊、罗远信、喻元秀、刘金龙:《农民专业合作社在农村环境治理新格局中的角色》,《云南师范大学学报 (哲学社会科学版)》2010 年第 4 期。

145. 张连国:《低碳经济:向生态经济过渡的历史形态》,《生态经济》2012 年第 12 期。

146. 张明洁、李文韬、张京红、黄海静、车秀芬:《海南省农业温室气体排放核算研究》,《中国人口·资源与环境》2014 年第 3 期。

147. 张强、巨晓棠、张福锁:《应用修正的 IPCC 2006 方法对中国农田 N_2O 排放量重新估算》,《中国生态农业学报》2010 年第 1 期。

148. 张田、卜美东、耿维:《中国畜禽粪便污染现状及产沼气潜力》,《生态学杂志》2012 年第 5 期。

149. 张晓山、苑鹏著:《合作经济理论与中国农民合作社的实践》,首都经济贸易大学出版社 2009 年版。

150．张新民：《农业碳减排的生态补偿机制》，《生态经济》2013 年第 10 期。

151．张新民：《中国低碳农业的现状、挑战与发展对策》，《生态经济》2012 年第 10 期。

152．张星联、张慧媛、武文涵、唐晓纯：《农户对农药残留控制意愿的实证研究》，《农产品质量与安全》2013 年第 3 期。

153．张雪凤：《我国低碳农业发展及财政税收支持路径探析》，《河南农业科学》2013 年第 8 期。

154．张妍、杨志峰、何孟常、胡廷兰：《基于信息熵的城市生态系统演化分析》，《环境科学学报》2005 年第 8 期。

155．张艳、漆雁斌、贾阳：《低碳农业与碳金融良性互动机制研究》，《农业经济问题》2011 年第 6 期。

156．张燕、施圣杰：《助推低碳农业发展的绿色信贷法律制度分析——以金融机构践行赤道原则为基础》，《农业现代化研究》2013 年第 6 期。

157．张一宾：《全球主要作物农药应用情况》，《农药市场信息》2013 年第 1 期。

158．张玉铭、胡春胜、董文旭等：《农田土壤 N_2O 生成与排放影响因素及 N_2O 总量估算的研究》，《中国生态农业学报》2004 年第 3 期。

159．赵其国、黄国勤、钱海燕：《低碳农业》，《土壤》2011 年第 1 期。

160．郑恒、李跃：《低碳农业发展模式探析》，《农业经济问题》2011 年第 6 期。

161．郑循华、王明星、王跃思等：《稻麦轮作生态系统中土壤湿度对 N_2O 产生于排放的影响》，《应用生态学报》1996 年第 3 期。

162．中国科学院可持续发展战略研究组著：《2012 中国可持续发展战略报告——全球视野下的中国可持续发展》，科学出版社 2013 年版。

163. 中国农业科学院农业经济与发展研究所著:《农业经济计量模型分析与应用》,中国农业出版社 2008 年版。

164. 中国人民大学气候变化与低碳经济研究所著:《低碳经济——中国用行动告诉哥本哈根》,石油工业出版社 2010 年版。

165. 钟春艳、周连第、郝利:《以农民合作组织推动北京循环农业的发展》,《软科学》2012 年第 1 期。

166. 钟红霞、从荣刚:《后哥本哈根时代对中国减排承诺的认识》,《生态经济》2013 年第 1 期。

167. 周静、马友华、杨书运等:《畜牧业温室气体排放影响因素及其减排研究》,《农业环境与发展》2013 年第 4 期。

168. 周曙东、张宗毅:《农户农药施药效率测算、影响因素及其与农药生产率关系研究——对农药损失控制生产函数的改进》,《农业技术经济》2013 年第 3 期。

169. 朱小雯:《气候变化威胁粮食安全,低碳农业应运兴起》,《农村经济与科技》2009 年第 10 期。

170. 朱兆良、David Norse、孙波著:《中国农村面源污染控制对策》,中国环境科学出版社 2006 年版。

171. 祝华军、田志宏:《稻农采用低碳技术措施意愿分析——基于南方水稻产区的调查》,《农业技术经济》2013 年第 3 期。

172. 庄贵阳:《中国经济低碳发展的途径与潜力分析》,《国际技术经济研究》2005 年第 3 期。

173. 卓成霞:《政治学视角下的农民合作组织考察——以吴湾村为例》,《东岳论丛》2009 年第 11 期。

二、英文文献

1. Arayesh, Bagher, "Identifying the Factors Affecting the Participation of Agricultural Cooperatives Members", *American Journal of Agricultural and Biological Sciences*, No. 4, 2011.

2. Bijman J. , "Governance Structures in the Dutch Fresh Produce Industry", *Quantifying the Agri – Food Supply Chains*, No. 9, 2006.

3. Bouwman A. F. , "Exchange of Greenhouse Gases between Terrestrial Ecosystems and the Atmosphere", *Soils and the Greenhouse Effect*, 1990.

4. Brown, Lester R. , *Building a Sustainable Society*, New York: Norton and Co. , 1981.

5. Charnes A. , Cooper W. W. , Golany B. , et al. , "Foundations of Data Envelopment Analysis for Pareto—Koopmans Efficient Empirical Production Functions", *Journal of Econometrics*, No. 30, 1985.

6. Charnes A. , Cooper W. W. , Wei Q. L. , et al. , "Cone Ratio Data Envelopment Analysis and Multi—objective Programming", *International Journal of Systems Science*, No. 20, 1989.

7. David Norse, "Low Carbon Agriculture: Objectives and Policy Path Ways", *Environmental Development*, No. 1, 2012.

8. Dow G. , *Governing the Firm*, Cambridge: Cambridge University Press, 2003.

9. Drivas K. , Giannakas K. , "The Effect of Cooperatives on Quality – enhancing Innovation", *Journal of Agricultural Economics*, No. 2, 2010.

10. Dubey A. , Lal R. , "Carbon Footprint and Sustainability of Agricultural Production Systems in Punjab, India and Ohio, USA", *Crop Improvement*, No. 23, 2009.

11. Freibauer A. , Rounsevell M. D. A. , Smith P. , et al. , "Carbon Sequestration in the Agricultural Soils of Europe", *Geoderma*, No. 1, 2004.

12. Friechnan D. , "Evolutionary Game in Economics", *Econnom Etrica*, No. 4. 1991.

13. Fulton M. E. , Hueth B. , "Cooperative Conversions, Failures and Restructurings: An Overview", *Journal of Cooperatives*, No. 3, 2009.

14. Fulton M. E. , "The Future of Canadian Agricultural Cooperative a

Property Rights Approach", *American Journal of Agricultural Economics*, No. 12, 2005.

15. Gerichhausen M. , Berkhout E. D. , Hamers H. J. M. , et al. , *Game Theoretic Approach to Analyse Cooperation between Rural Households in Northern Nigeria*, AAAE Conference Proceedings, 2007.

16. Goodland R. , Anhang J. , "Livestock and Climate Change", *World Watch*, No. 11, 2009.

17. Harris, et al. , "New Generation Cooperatives and Cooperative Theory", *Journal of Cooperatives*, No. 11, 1996.

18. Hendrikse G. W. L. , Veerman C. P. , "Marketing Cooperatives: An Incomplete Contracting Perspective", *Journal of Agricultural Economics*, No. 1, 2001.

19. Henry Neufeldt, "Disaggregated Greenhouse Gas Emission Inventories from Agriculture via a Coupled Economic – ecosystem Model", *Agriculture, Ecosystems and Environment*, No. 112, 2006.

20. Hogan K. B. , *Aruthropogenic Methane Emissions in the United States: Estimate for 1990*, Washington D. C. : USEPA, 1993.

21. Holmstrom B. , "Moral Hazard and Observability", *Bell Journal of Economics*, No. 1, 1979.

22. Huixiao Wang, Longhua Qin, Linlin Huang, Lu Zhang, "Ecological Agriculture in China: Principles and Applications", *Advances in Agronomy*, No. 94, 2007.

23. IPCC, *Climate Change 2007: Mitigation of Climate Change*, London: Cambridge University Press, 2007.

24. IPCC, *Fourth Assessment Report of the Intergovernmental Panel on Climate Change*, Cambridge University Press, 2007.

25. IPCC, *IPCC Guidelines for National Greenhouse Gas Inventories Volume 4: Agriculture, Forestry and other Land Use*, Geneva, Switzerland:

IPCC, 2006.

26. IPCC, *IPCC Guidelines for National Greenhouse Gas Inventories*, IPCC Bracknell, 1995.

27. John Dilland, "The Most Important Things I Learned about Running A Coop", *Rural Cooperatives*, No. 1, 2011.

28. John M. Antle, Jetse J. Stoorvogel, "Predicting the Supply of Ecosystem Services from Agriculture", *American Journal of Agricultural Economics*, No. 5, 2006.

29. John R. Dunn, Anthony C. Crooks, Donald A., et al., "Agricultural Cooperatives in the 21st Century", *Cooperative Information Report* 60, *Washington D. C.*, No. 1, 2002.

30. Lang Richard, Roessl Dietmar, "Contextualizing the Governance of Community Cooperatives: Evidence from Austria and Germany", *Voluntas*, No. 5, 2011.

31. Lynn Pitman, "Valuing Your Coop Meeting Weighs Value of Coops in Fast – changing Business Climate", *Rural Cooperatives*, No. 1, 2008.

32. Malo M., Vezina. M., "Governance and Management of Collective User – Based Enterprises Value – Creation Strategies and Organizational Configurations", *Annals of Public & Cooperative Economics*, No. 75, 2004.

33. Maynard Smith J., Price G. R., "The Logic of Animal Conflicts", *Nature*, No. 246, 1974.

34. Mohsin M. Iqbal, "Greenhouse Gas Emissions from Agro – Ecosystems and Their Contribution to Environmental Change in the Indus Basin of Pakistan", *Advances in Atmonpheric Sciences*, No. 6, 2008.

35. Moulaert F., Nussbaumer J., "Defining the Social Economy and its Governance at the Neighborhood Level: A Methodological Reflection", *Urban Studies*, No. 42, 2005.

36. OECD, *Indicators to Measure Decoupling of Environmental Pressure*

from Economic Growth, Summary Report, OECD SG/SD, 2002.

37. Prefo B. , Tardieu H. , Vida A. , et al. , "Public—Private Partnership in Irrigation and Drainage: Need for a Professional Third Party between Farmers Analgovernment", *Irrigation and Drainage*, No. 3, 2006.

38. Rajamani Lavanya, "Public Interest Environmental Litigation in India: Exploring Issues of Access, Participation, Equity, Effectiveness and Sustain-Ability", *Journal of Environmental Law*, No. 1, 2007.

39. Ramaswamy V. , Boucher O. , Haigh J. , et al. , *Radiative Forcing of Climate Change*, Cambridge University Press, 2001.

40. Royer J. S. , "Cooperative Organizational Strategies: A Neo – institutional Digest", *Journal of Cooperatives*, No. 14, 1999.

41. Shui—Yan Tang, Carlos Wing—Hung Lo, Gerald E. Fryxell, "Governance Reform, External Support, and Environmental Regulation Enforcement in Rural China: The Case of Guangdong Province", *Journal of Environmental Management*, No. 5, 2010.

42. Steven K. Rose, "Non – CO_2 Greenhouse Gas Emissions Data for Climate Change Economic Analysis", *GTAP Working Paper*, No. 43, 2008.

43. Tapio P. , "Towards a Theory of Decoupling: Degrees of Decoupling in the EU and the Case of Road Traffic in Finland between 1970 and 2001", *Journal of Transport Policy*, No. 12, 2005.

44. Todd M. Johnson, Claudia Alatorre, Zayra Romo, Feng Liu, *Low – Carbon Development for Mexico*, World Bank Press, 2009.

45. West T. O. , Marland G. , "A Synthesis of Carbon Sequestration, Carbone Missions, and Net Carbon Flux in Agriculture: Comparing Tillage Practices in the United States", *Agriculture Ecosystems and Environment*, No. 9, 2002.

46. Willey Z. , Chameides B. , *Harnessing Farms and Forests in the Low – Carbon Economy: How to Create, Measure and Verify Greenhouse Gas Offsets*, Duke University Press, 2007.

47. Wilson R. , "The Structure of Incentives for Decentralization under Uncertainty", *La Decision*, No. 171, 1963.

48. Zusman P. , Rausser G. C. , "Inter Organizational Influence and Optimality of Collective Action", *Journal of Economics Behavior and Organization*, No. 24, 1994.

责任编辑:吴焰东

封面设计:王欢欢

图书在版编目(CIP)数据

农民合作组织视角下我国低碳农业发展机制研究/杨果 著. —北京:
　人民出版社,2016.6
ISBN 978－7－01－016229－4

Ⅰ.①农…　Ⅱ.①杨…　Ⅲ.①节能-农村合作经济-农业经济发展-研究-
　中国　Ⅳ.①F323

中国版本图书馆 CIP 数据核字(2016)第 109887 号

农民合作组织视角下我国低碳农业发展机制研究

NONGMIN HEZUO ZUZHI SHIJIAO XIA WOGUO DITAN NONGYE FAZHAN JIZHI YANJIU

杨果　著

人民出版社 出版发行
(100706　北京市东城区隆福寺街 99 号)

北京中科印刷有限公司印刷　新华书店经销

2016 年 6 月第 1 版　2016 年 6 月北京第 1 次印刷
开本:710 毫米×1000 毫米 1/16　印张:16.5
字数:240 千字

ISBN 978－7－01－016229－4　定价:46.00 元

邮购地址 100706　北京市东城区隆福寺街 99 号
人民东方图书销售中心　电话 (010)65250042　65289539